인생 와인

찬란한 삶에 스며든 와인,
그리고 인생 이야기

인생 와인

초판 1쇄 발행 2022년 1월 7일
초판 3쇄 발행 2022년 10월 21일

지은이 크리스 배
펴낸이 최익성
출판총괄 송준기

책임편집 정은아
편집 윤소연

마케팅 총괄 임동건
경영지원 이순미
펴낸곳 파지트
디자인 강수진
제작지원 플랜비디자인

출판등록 2021-000049호
주소 경기도 화성시 동탄원천로 354-28
전화 031-8050-0508   **팩스** 02-2179-8994
이메일 pazit.book@gmail.com   **페이스북** @pazitbook

ISBN 979-11-976316-2-7 03300

The story_Fills you

인 생 와 인

찬란한 삶에 스며든 와인,
그리고 인생 이야기

크리스 배 지음

P:AZIT

와인 리스트

Chapter 1

돈을 벌고 싶을 때 마시는 와인 Vino, da soldi

첫 번째 병

두 번째 병

Chapter 2

돈을 벌 때 마시는 와인 Vino, con soldi

마지막 병

두 눈을 비비고 다시 한번 바라보라

어제와 다른 오늘, 오늘과 다른 내일이 기대되는

상세르 블랑 '레샤셰느'(Sancerre Blanc 'Les Chasseignes')

상세르 루즈 '라 크루아 르노'(Sancerre Rouge 'La Croix Renaud')

_비뇨블 베르티에(Vignobles Berthier)

살짝 살펴만 보고 추천사를 쓰려고 했다가 후루룩 본문까지 읽게 됐다. 흡입력 좋고 참 재밌는 책이다. 저자의 필력이 탁월하다. 군더더기 없고 물 흐르는 듯한 글 솜씨는 롤러코스터 같은 인생 경험에서 나왔음이라. 저자의 인생살이 교훈과 와인에 대한 해박한 지식이 궁금하여 계속 읽게 된다. 힘든 때의 스토리를 조금 알기에 저자의 새로운 도전에 박수를 보내며 독자들에게 그리고 와인 애호가들에게 많은 사랑을 받기를 기대해본다.

___ **김남주** 법무법인 도담 대표변호사

저자가 사업가로서 걸어온 인생의 희로애락을 생생하게 느낄 수 있었다. 경제적 자유를 갈망하는 현대인들에게 인생의 성공을 위하여, 추천 와인을 맛보고 싶은 충동을 일으키는 인생 성공을 위한 최고의 지침서이다.

___ **김세훈** ㈜와이넬 총괄이사

저자의 녹록하지 않았던 삶의 여정과 그의 인생에서 와인까지의 만남을 책을 통해 접하면서, 참 절묘하다는 생각이 들었습니다. 와인에 대한 수많은 이야기들을 저자의 관점에서 펼쳐내는 것이 '이것이 참 인생의 묘미구나'라고 느끼게 되었습니다. '인생 와인' 제목 그대로, 우리네 인생 안에 'Vina Liques!' 와인 한잔으로 초대가 느껴지는 책입니다.

___ **김의철** ㈜모바일닥터 대표이사

나는 사업가로서의 그에 대해 잘 모른다. 단지 해지는 노을을 바라보며 와인 한 잔을 기울일 수 있는 따뜻하고 인간적인 이웃으로 그를 안다. 그런 그가 와인에 대한 책을 낸다고 한다. 그것도 돈과 연관 지어 와인을 소개하다니 비즈니스맨이 맞나 보다. 비즈니스에 필요한 와인, 나아가 인생 맞춤 와인을 경험하고 싶다면 이 책을 적극 추천한다.

__ **김현주** 제주한라대학교 호텔경영학과 교수

놀이동산으로 빨려 들어가는 기분을 느끼게 하는 책이다. 스파클링 속 기포처럼 재미 가득한 스토리가 넘쳐난다.

__ **박애경** ㈜행복한 사람들 대표이사

매 장마다 재미있는 꽁트가 넘쳐난다. 자칫 어렵고 지루할 수 있는 전문적인 와인 이야기를 이해하기 쉽게 잘 풀어쓴 책이다. 이 책을 다 읽고 나면 평소 마시던 와인이 달리 보일 것이다. __ **박재영** ㈜SBS 전략기획실

회식 자리에서 와인을 마시고 싶다고 하면 왜 갑자기 소주나 맥주가 아닌 와인이냐며 모두들 의아해한다. 이는 아직까지 와인이 낯설고 익숙해질 기회가 적은 것이 가장 큰 이유라고 할 수 있다. 한때는 법학도에서, 잘나가는 CEO였다가 현재는 와인 전문가로 활약 중인 저자의 《인생와인》을 통해 와인과 친해질 수 있는 알찬 기회가 될 수 있으리라 확신한다. 자, 오늘부터 Wine not? __ **박철** ㈜신한은행 부지점장

20년간 읽지 않았던 책을 하루 만에 정독으로 읽었다. 신기한 일이다. 관심 없던 와인 이야기 인줄 알고 읽기 시작한 책이 아직도 와인처럼 긴 여운이 남는다. 이 책은 인생, 삶, 가족, 친구, 사랑, 행복, 성공, 실패, 돈, 명예… 그리고 와인 이야기이다. 이 책에 나오는 모든 와인을 마시면서 다시 읽을 것이다. 반드시 로마네 꽁띠도 꼭! 마실 것이다. 주종을 바꾸게 해준 저자에게 찬사와 응원을 전한다. __ **변준의** 스포라이프 대표

20대에는 소주 한잔으로 인생의 쓴맛을 알았다면, 40대인 지금에는 와인 한잔으로 인생의 깊은 맛을 알게 해주는 책이다.

__ **송민우** ㈜라온코퍼레이션 대표이사

아주 특별한 몇몇 사람들을 제외하고 오로지 술을 마시기 위해 술자리를 갖는 사람은 없다. 술의 도움을 받아 (때로는 술을 핑계로) 이야기하고 싶어서 우리는 술자리를 마련한다. 특히, 와인을 마시는 경우는 더욱 그렇다. 그러나 아쉽게도 '몇 년도 빈티지인지', '얼마짜리인지' 정도 이야기하면 말문이 막혀 버리고는 만다. 그런 우리에게 제목 그대로 와인에 대한 설명을 시작으로 인생 전반에 걸친 이야기를 술술 풀어낸 이 책은 놀랍도록 유익하면서도 한번 이야기에 빠져들면 손에서 놓기 힘들 정도로 매력적이다. 단, 주의할 점은 탁월한 청년 사업가에서 와인 전도사로 변모한 저자가 들려주는 와인 한 잔에 담긴 사랑과 이별, 성공과 실패 등 우리네 삶과 인생에 대해 들려주는 이 책을 읽다 보면 어느새 와인 한잔 마시지 않고는 참을

수 없어질지 모른다. _ **신인철** ㈜LG화학 조직문화 팀장

이 책에서 소개하는 와인 스토리를 읽다 보면, 당신은 어느덧 와인 초보자
가 아닌 와인 애호가, 와인 프렌즈가 되어 있을 것이다.

_ **우덕형** ㈜라온스토리 대표이사

그저 분위기에 취해 혹은 사람들을 따라, 얕은 지식으로 마시던 와인을 좀
더 재미있고 맛깔나게 즐길 수 있게 해주는 책이다. 흥미 있는 부분을 적당
히 외워 놓는다면 아직 솔로인 자들이 솔로를 탈출할 기회를 얻을 좋은 기
회가 생길 수도 있겠다는 생각이 든다. 와인에 대해 연구하고 와인과 진심
으로 사랑에 빠진 저자에게 박수를 보낸다. _ **이규성** ㈜커넥스 대표이사

그는 한 명의 블랙리스트였다. 때로는 그리움을 훔치고 때로는 바다를 비
추는 노을을 훔치고 그리고 가끔씩 잊고 싶은 현실을 훔친다. 훔치는 데 익
숙했던 그가 이제 뭔가 제자리로 돌려놓고 싶은 모양이다. 특히 그의 또 다
른 삶이 제자리를 찾았으면 한다. _ **이길수** 제주 수 흉부외과 원장

지금까지 몰랐던 와인 책의 깊고 그윽한 맛이 느껴진다. 순식간에 빠져들
어 내리읽고 책장을 덮으니 공부한 줄도 모르게 공부가 되었다. 독자들에
게 더없이 좋은 품격 있는 와인과도 같은 책이다.

_ **이중희** ㈜인디펜던트리쿼코리아 대표이사

이 책은 삶에 대한 이야기다. 봄, 여름, 가을, 겨울 그리고 다시 봄. 삶의 겨울에 만난 와인. 와인이 어떻게 다시 인생의 봄을 꿈꾸게 했는지, 그 진심 어린 인생 이야기를 돈이라는 도발적인 단어로 대치한 저자의 여유가 아름답다. 우리는 돈을 벌고 싶을 때도, 돈을 벌 때도, 돈이 궁할 때도, 돈을 벌었을 때도 와인을 마시며 삶의 이야기를 나눌 것이다. 그래서 와인도, 돈도, 우리의 삶도 아름답다.   __ **최두아** ㈜휴레이포지티브 대표이사

이 책을 두 번 추천한다. 친구로서 추천하고, 경영자로서 추천한다. 이 책의 문장 하나하나를 읽을 때마다 눈물이 난다. 때론 미소가 지어지기도 한다. 때론 슬프고, 때론 벅차고, 때론 행복했다. 그를 알기 때문이다. 그대가 친구라 고맙다. 이 책은 여러 가지 색깔을 가지고 있다. 그래서 배움이 크다. 때론 와인에 대해, 때론 돈에 대해, 때론 경영에 대해, 때론 인문에 대해, 때론 삶에 대해 배우게 된다. 그래서 이 책을 추천한다.

__ **최익성** ㈜플랜비그룹 대표이사

단순히 분위기 맞춰 마시던 포도주라고 생각했던 와인! 와인의 이면에 자리 잡은 새로운 얼굴과 와인이 역사의 한 편을 뒷받침하고 있는 산증인이라는 사실을 알게 된 계기가 되었습니다. 앞으로는 와인 잔을 부딪치며 맛과 향을 음미하며, 깊은 내면에 숨어 있는 이야기도 함께 즐겨 보고자 합니다.

__ **최정모** ㈜센정보통신 대표이사

청년사장

와인을 이야기하기 전에 먼저, 제 이야기를 잠깐 해보자면 저는 참 부자였습니다. 그것도 아주 젊은 시절부터 말이죠. 돈도 많은 부자고, 사람도 부자였습니다. 돈을 모으려니 사람이 필요했고, 돈이 모아지니 사람이 많아지더군요. 그 사람들과 많은 소주잔을 기울였습니다.

젊어서부터 '월급쟁이 생활로는 먹고살 수 있겠지만 풍족하게 살기는 힘들겠다'는 생각을 했습니다. (아, 회사원분들께는 죄송합니다. 당시 제 생각이 그랬다는 겁니다. 물론, 이후에 이 생각 때문에 뼈저리게 후회를 하게 됩니다만⋯.)

아무튼 젊은 나이에 경상북도 구미에 자리를 잡고 사업을 시작했습니다. 일반적인 분들은 대학을 졸업하고 회사에 들어가 이제 막 OJT(직무내훈련)를 마치고 적응할 무렵에 말이죠. 외국 대기업의 국내 대리점 지위를 획득하고 해당 기업에서 생산하는 산업용 전기전자 기능성 테이프를 국내 제조기업에 납품하는 사업을 펼쳤습니다. 운 좋게도 사업은 무척 잘 되었습니다. 지금 생각해보면 기적적인 일이었네요. 사업이 잘 되자 조금씩 욕심이 나기 시작했고, 단순 납품·유통업이 아니라 직접 제조업을 해보고 싶다는 욕심이 생겼습니다. 아니, 욕심이 아니라 당연한 생각이었죠. 사업은 잘 되고 있었고, 관련 산업과 제품에 대한 지식과 경험도 착착 쌓이고 있었으며, 무엇보다 당시의 저는… 젊었으니까요.

사업이 잘 되고는 있었지만 진짜 잘나가는 대리점, 도매상들에 비하면 새 발의 피도 안 되는 수준이었습니다. 제가 1년 벌어야 겨우 모을 수 있는 돈을 불과 일주일 만에 벌어들이는 진짜 '큰손'들이 시장에 즐비했습니다. 대리점은 제품을 주는 회사에 선택권이 있었기 때문에 제가 아무리 '더 큰 판권을 달라'고 매달려봐야 순조롭게 큰 규모의 매출을 일으키고 있는 기존의 대리점들을 두고 비교적 소규모로 운영하던 지에게 모험을 걸 리 만무했습니다.

그런 생각에 시간만 보내고 있을 무렵, 제 눈에 들어온 것이 제조업이었습니다. 가만히 보니 진짜 사업가들은 역시 제조업에 있었습니다. 힘들다 뭐다 하지만 넓디넓은 공장부지에 원료와 완성된 제품을 실어나르는 트레일러들이 밤낮으로 드나들고, 아침이면 수십, 수백, 수천 명의 임직원들이 자동차와 오토바이, 자전거를 타고 출근해서 일하고, 낮에는 구내식당에서 점심을 먹고 족구를 즐기는 시끌벅적한 모습을 보며 제 눈에는 '저게 진짜 회사고, 저런 회사를 운영하는 게 진짜 사업가지!'라는 생각이 들었습니다.

서른다섯 살의 나이에 제조업에 뛰어들어 대규모 공장부지를 마련하고, 직원들을 채용했습니다. '전화위복轉禍爲福', '호사다마好事多魔' 같은 사자성어처럼 뭔가 일이 잘 풀린다 싶으면 반드시 발목을 잡는 사건들이 튀어나오는데, 그 당시의 제 수첩에는 이런 단어들이 없었습니다. 유일하게, 그리고 굵직하게 적혀 있던 사자성어는 '승승장구乘勝長驅' 이 네 글자였습니다.

제조업 창업 초기부터 국내 유수의 전자회사에 납품하는 1차 벤더Vendor(협력사)와 파트너십을 맺고, 당시로서는 첨단 제품이었던 PDP나 LCD TV의 화면 패널에 들어가는 테이프와 광학 필름을 임가공해서 납품하는 기회를 얻게 되었습니다. 낮에는 정신없이 공장과 거래처를 오가며 회사를 운영하고 저녁이면 직원들이나 동료 사장들, 잘나가는 유명인들과 어울려 소주, 맥주, 막걸리에 '양주'라고 통칭하는 위스키, 보드카 등을 마시며, 조금만 더하면 삼성, LG, SK와 어깨를 나란히 하는 기업집단이 될 수 있을 거라는 꿈에 부풀어 있던 시기였습니다.

전화 한 통,
아니 수십 통

　　　　　　　　그러나 알지 못했습니다. 아니, 그 무렵에는 알았어도 저 스스로가 인정하지 않았을 겁니다. 이미 수많은 '전화轉禍'와 '다마多魔'가 주변에 몰려 들어와 호시탐탐 저를 노리고 있었다는 것을….

　수많은 기업이 운영의 효율성과 생산단가 문제로 중국으로, 베트남으로 빠져나가고 있을 때 저는 꿋꿋하게 한국을 지키고 있었습니다. 아니, 오히려 가전제품에 들어가는 소재 사업에 더해 전기전자 산업의 총아로 떠오른 휴대전화 부품 사업으로까지 영역을 확장하고 있었습니다. 당시로서는 무척이나 고가였던(사실, 지금도 엄청나게 비싼 장비입니다), 최첨단 다이아몬드 커팅 기계들 Computer Numerical Control(CNC조각기)을 추가로 사들여, 납품하는 제품의 품질을 끌어올렸습니다. 품질로 중국, 베트남에 나가 있는 업체와의 경쟁에서 우위를 점하겠다는 생각이었습니다.

　그리고 그 생각은 적중했습니다. 폭발적으로 성장하던 휴대전화 시장에서 우위를 점하기 위해 경쟁하던 굴지의 전자회사들은 앞다퉈 우수한 하청업체를 확보하기 위해 혈안이 되어 있었습니다. 해외가 아닌 국내에서, 요구하는 단가를 맞춰가며 정해진 납기일자에 맞춰 납품할 수 있는 업체는 많지 않았습니다.

(자랑은 아닙니다만) 저희는 이미 가장 큰 기업의 2차 벤더로 안정적인 수익을 창출하고 있었는데, 그 기업의 경쟁회사에서 자신들의 물량도 작업해 달라며 찾아왔습니다. 기존에 거래하던 회사에 양해를 구하고 경쟁기업의 신제품 물량까지 맡아서 납품하게 되었습니다.

"야, 너희가 어느 회사 휴대전화를 쓰든지 간에 어찌 됐든 내가 만든 걸 쓰게 되는 거야!"

술자리에서 친구들에게 농담조로 건넨 이 말들이 당시에는 허풍만은 아니었습니다. 한창 잘 될 때는 1차 벤더도 아닌 2차 벤더 대표들의 회식자리에 유수의 대기업 고위 임원이 직접 찾아와 '잘 부탁드린다'며 큰절을 올리기까지 할 정도였습니다. 그랬으니 제가 주변에 몰려온 '화와 마'를 알아채지 못한 것도 무리는 아니었습니다.

시작은 전화 한 통이었습니다. 당시 저희 회사는 스마트폰 시장 경쟁에서 밀리던 한 업체가 국면 전환을 위해 야심 차게 내놓은 휴대전화 몸체 가공작업의 하청을 맡아서 진행하고 있었습니다. 그런데 어느 날부터인가 하루에 한두 통 오던 것이 전부였던 클레임 또는 문의 전화가 수십 통씩 걸려오기 시작하는 것이었습니다. 발주를 낸 휴대전화 업체의 디자인과 제조방식 그대로 납품할 경우 문제가 생길 것 같아 수차례 개선해 달라고 요청한 상태였습니다. 하지만 발주업체는 이런저런 이유를 대며 하청업체들의 의견을 묵살했습니다. 결국, 그 부분에서 문제가 터진 것이었습니다. 발주를 낸 원청업체는 적반하장격으로 납품한 물건들을 불량품이라 반품하며 약속했던 납품대금을 지급하지 않겠다고 했습니다. 이 물량을 납품하기 위해 구매한 장비의 할부대금도 몇 달 치밖에 납부하지 못한 때였습니다.

드디어 '전화轉禍'와 '다마多魔'가 몰려들었습니다. 여기저기서 문제가 펑펑 터지기 시작했습니다. 믿었던 이들의 배신이 이어졌고, 그중 특히 가까웠던 이를 멀리 떠나보내야 하는 아픔을 겪기도 했습니다. 각종 송사에 휘말렸고, 요즘 젊은 후배님들의 표현대로 되는 일이 '1'도 없었습니다. 매일 아침 '오늘은 또 무슨 일이 터질까?', '오늘은 또 누구와 싸워야 할까?' 하는 생각으로 눈을 떠서, 저녁에는 '오늘도 겨우 살아남았구나…' 하는 생각으로 잠자리에 들었습니다. 아니, 사실 잠을 이루지 못하는 날의 연속이었습니다.

도저히 더는 사업을 할 수도, 이곳에서 매일 얼굴을 봐야 하는 이들을 마주치며 살아갈 수도 없었습니다. 일상의 삶이 너무나 고통스러워, 막심한 손해와 부채를 감수하고 하던 일을 정리한 후 제주도로 내려가기로 했습니다. 지금 이곳에서 가장 멀리 떨어져 있는 곳 중 한국말이 통하는 곳을 찾다 보니 내리게 된 결정이었습니다.

그러나 제주도에 내려가서도 삶은 녹록지 않았습니다. 처음 얼마간은 미친 듯이 사업에 몰두하느라 이제껏 해보지 못한 것들 (가족과 저녁 식사하기, 아내와 한가롭게 산책하기, 집안 청소하고 수리하기 등)을 하며 제주도의 이국적인 자연과 풍광을 즐겼습니다. 그러나 그런 생활도 하루 이틀밖에 가지 않았습니다. 그러한 생활이 일상이 되자 다시금 고민거리들이 찾아왔습니다. 물론, 그 사이 제과제빵 기술을 배워 함덕에 수제 베이커리 카페를 차려보기도 했고, 조리사 자격증을 따서 식당일을 배우며 제주도에 참신한 콘셉트의 식당을 하나 내볼 생각이었습니다. 그러나 한번 들이닥친 불운의 음험한 기운은 쉽게 사라지지 않았습니다. 하는 일마다 죄다 어그러지거나 실타래 엉키듯 뒤죽박죽되어 버렸습니다. 매일 오후면 인근 방파제에 나가 멍하니 바다를 바라보며 깡소주를 마시는 날이 늘어갔습니다.

행운의 아이콘에서 불행의 상징으로, 다시 행복의 서포터로 돌아와

그러다 와인을 만났습니다. 아니, 와인이 제게 찾아왔습니다. 가깝게 지내던 인품 좋은 부부가 이웃에 있었는데 오가며 인사를 나누다 친해져 가끔 저녁 식사를 함께했습니다. 그때마다 식탁 위에 와인이 올라와 있었습니다. 물론, 처음 제 앞에는 별도로 소주와 소주잔이 준비돼 있었죠. 그러다 저 혼자 마시는 술 종류를 달리하는 것도 우습고 '매일 소주나 위스키 같은 독한 술만 마셔 왔으니 이제 와인도 한번 마셔볼까' 하는 생각에 몇 번 시도해보았는데, 나쁘지 않았습니다. 마시기 전 코끝으로 느껴지는 향도 괜찮았고, 긴 시간을 마셔도 많이 취하지 않고 다음 날 컨디션 역시 나쁘지 않은 것도 괜찮았습니다. 그리고 무엇보다 폼이 나더군요. 하하, 와인은 제게 처음에는 그 정도였습니다.

그런데 와인을 마시면 마실수록 재미난 것들이 눈에 들어왔습니다. (성급한 일반화일지는 모르겠지만) 소주를 마실 때 패턴은 한참 이야기를 나누다 '자자, 한잔 해'라며 '건배, 짠! 들이켜고, 캬!' 하면 한 타임이 끝납니다. 다시 이야기를 나누다 '다시 한잔 해'라며 '건배, 짠!'의 반복이죠. 그런데 와인은 달랐습니다. 향을 음미하고 와인을 입에 넣고 혀 위에서 한번 굴리고 꿀꺽, 그다음에 본격적인 이야기, 다시 한 모금 꿀꺽, 그리고 다시 끝도 없이 이어지는 이야기. 소주가 이야기의 마무리라면 와인은 이야기를 여는 역할을 한다고나 할까요? 심지어 마시기 전에 와인셀러에 들어 있는 모습을 볼 때부터 와인 병을 열 때, 디캔팅^{Decanting}을 하느라 기다릴 때, 잔에 따를 때, 따라져 있는 와인의 빛깔을 볼 때, 모든 순간 모든 것이 '이야깃거리'였습니다.

인생 와인

소주를 마시는 술자리에서 소주는 조연으로 시작해서 주연으로 끝나는 (혹은 술자리를 끝장내는) 경우가 대부분입니다. 그런데 와인은 주연으로 시작하지만 술자리가 끝날 무렵에는 와인 그 자신은 조연이 되고, 함께한 사람들의 이야기가 주연이 된다는 말이 생각납니다. 실제로 제가 참석했던, 수많은 와인과 함께한 자리들이 그러했습니다.

와인을 좀 더 제대로 배워보고 싶다는 생각이 든 것도 그때부터였습니다. 그리고 나서 둘러보니 제 주변에 많은 사람이 와인을 즐기고 있었고, 관련된 사업을 하는 이들도 여럿이더군요. 체면 불고하고 그들에게 와인에 대해 묻고, 같이 즐기며 하나씩 배워 나갔습니다. 교육 과정에 등록해서 체계적으로 배우면서 지나치게 학문적·기술적으로만 와인을 알게 되는 것을 경계하기 위해 일단 몸으로 부딪혔습니다(수많은 분과 엄청나게 많은 와인을 비웠다는 표현을 이렇게 하게 되는군요).

그렇게 와인을 배우고, 와인을 마시며 제 생각은 크게 바뀌었습니다. 많은 사람이 '술' 또는 '음주'에 지불하는 돈은 전적으로 '소비' 혹은 (술을 즐기지 않거나 더 나아가 여러 가지 사연으로 싫어하게 된 이들의 경우) '불필요한 낭비'로 생각합니다. 저 역시 그 생각과 크게 다르지 않았습니다. 물론, 저 같은 경우는 술을 엄청나게 좋아하고 즐겼으니 '불가피한 소비' 정도로 생각했었죠. 맞는 이야기입니다, 당연한 이야기고요. 아무리 싼 가격의 술이라도 일정 수준 이상의 가격을 지불해야 하고, 안줏거리라도 장만하려면 제법 돈이 드니까요. 그러나 와인을 즐기면서부터 꼭 그렇지 않다고 생각하게 되었습니다.

물론, 와인 역시 마시려면 돈이 듭니다. 돈을 지불하고 '소비' 활동을 통해 구매해야 하죠. 심지어 다양한 와인이 소개되며 저렴하게 즐길 수 있게 되었지만, 여전히 와인을 마시려면 소주나 맥주에 비해 조금은 비용 부담을 각오해야 합니다. 그런데 배우고 즐기면서 살펴보니 와인은 그리고 와인을 즐기고 여러 사람과 함께하는 것이 전적으로 소비만은 아니라는 생각이 들었습니다 (낭비는 더더욱 아니고요).

다시 한번 말씀드리지만, 와인에는 이야기가 담겨 있습니다. 와인을 만드는 사람들, 그리고 그들이 운영하는 와이너리에도 많은 이야기가 담겨 있습니다. 그런 이야기들은 마치《그리스 로마 신화》처럼 우리에게 유쾌한 즐거움을 주기도 하고, 타고르 Rabindranath Tagore나 롱펠로Henry Wadsworth Longfellow의 시처럼 감미로운 문학적 아름다움을 선사하기도 합니다. 온갖 어려움을 극복하고 포도 재배와 와인 생산에 성공한 이의 이야기를 들을 때면《베오울프Beowulf》같은 장엄한 영웅 서사시나 위대한 인물의 위인전을 읽는 듯한 감동이 느껴지기도 합니다. 최근 들어 친환경 추세에 맞춰 새로운 농법을 접목하거나 다양한 마케팅 기법을 구사하고 있는 와이너리의 이야기 속에서는 스티브 잡스의 자서전이나 〈보그Vogue〉, 〈엘르Elle〉 같은 패션지의 참신성과 창의성이 느껴집니다.

그런 이야기를 나누면서 와인에 대한 이해가 더 넓어지고, 그런 이야기 속에 일상생활과 내가 하는 일에 필요한 다양한 교훈과 스킬을 배우는 학습의 기회를 찾아낼 수 있다는 것을 알게 되었습니다. 그냥 와인만 마셔도 좋지만, 와인을 마시며 그와 연관된 이야기들과 그 이야기들을 통해 우리 삶에 필요한 것들을 풀어내며 함께하면 더욱 좋겠다는 생각이 들었습니다. 그리고 그것이 가능한지를 저 스스로가 입증해보고 싶었습니다. 제가 돈과 와인이라는, 어찌 보면 이질적인 두 가지를 하나의 스토리로 연결해 책을 쓰게 된 이유입니다.

아직 와인에 대해 더 많은 것을 배워야 하고, 더 많은 와인을 접해 봐야겠지만, 배움의 과정이 첫 대단원을 앞둔 이 시점, 보다 많은 사람이 와인을 제대로 알고 느끼고 즐기는 데 도움을 주기 위해 '와인프렌즈'라는 새로운 사업을 시작하게 된 지금이 그간의 생각과 학습, 경험의 산물을 여러분에게 선보일 가장 적기라는 생각에 이 책을 쓰게 되었습니다.

살아오며 너무나 많은 분으로부터 사랑과 도움을 받아오다 보니 책을 여는 이 공간에 그분들께 감사의 인사 말씀만 전해도 이름으로 가득할 듯합니다. 하여, 그분들께는 책이 나오면 직접 찾아뵙거나 연락드려 감사의 뜻을 전하기로 하고 아쉽지만 몇 분께

만 지면을 빌어 감사의 뜻을 전합니다.

수많은 고비마다, 거센 바람이 불 때마다 든든하게 곁을 지켜주며 제가 다시 서도록 지켜봐주고, 믿어주고, 힘을 불어넣어 주었던 고마운 아내 양수정, 대견하고 항상 미안한 큰딸 정원, 손재주가 저를 쏙 빼닮은 둘째 딸 정민, 세상에서 제일 예쁘고 똑똑한 셋째 딸 정현, 잘생기고 의젓한 저의 분신 넷째 큰아들 정우, 그리고 신이 제게 다시 살아보라고 보내주신 다섯째 막내 태랑이까지 사랑하는 우리 가족에게 이 책을 바칩니다.

고향에 계신 어머니와 살아계셨더라면 아들이 거둔 이 결실을 누구보다도 좋아하셨을 아버지, 그리고 대구에 계시는 또 다른 아버지와 어머니께 감사의 뜻을 전합니다.

길지 않은 인생에 워낙 평지풍파를 많이 겪다 보니 그럴 때마다 신세를 진 분들이 너무 많네요. 동생이 힘들 때면 먼길을 마다하지 않고 한걸음에 달려와 주셨던 엄마 같은 애란 누님과 주원, 주화 형님, 제주에서의 외롭고 힘든 시간을 버틸 수 있도록 물심양면으로 도움을 주신 제주 수 흥부외과 이길수 원장님과 부인이신 김현주 교수님, 악몽 같았던 침울한 시기에 세상을 피해 한없이 숨으려고만 했던 저를 세상으로 다시 꺼내준 형 같은 동생 송민우, 우덕형 그리고 마지막으로 30년간 변함없는 우정으로 함께한 저의 또 다른 삶의 일부이자 앞으로 평생을 함께 갈 인생의 벗 최익성, 변준의, 이인흠, 박재영, 박철, 또 다른 벗 임주성, 박애경.

그리고 앞서 양해를 구하기는 했지만 지면 관계상 이곳에 이름을 올리지 못한 수많은 분과 쉽지 않은 선택이었을 텐데 이 책을 구매하여 이 순간 이 책장 위에 시선을 두고 함께하고 계신 모든 독자분께 감사의 인사를 올립니다.

자, 이제 온전히 여러분께서 이 책을 음미하실 시간입니다.
비나 리쿠에스^{Vina Liques}!*

한 해의 마무리를 생각해야 하는 어느 겨울날,
와인 색보다도 더 붉은 노을로 물들어가는 하늘을 보며
와인과 함께하는 지성과 감성의 공간 파지트에서
마시고 씀

---

* '와인을 드세요'라는 뜻의 라틴어로, '현재에 충실하라'는 의미의 '카르페 디엠(Carpe Diem)'이라는 문구가 들어 있는 것으로 알려진 로마 시인 호라티우스의 시 〈송가(Odes)〉의 한 구절이다.

Chapter 1

돈을 벌고 싶을 때
마시는 와인

Vino, da soldi

Wine cheers the sad,

revives the old, Inspires the young,

makes weariness forget his toil.

✦ ✦ ✦

와인은 슬픈 사람을 기쁘게 하고,

오래된 것을 새롭게 하고, 신선한 영감을 주며,

피곤함을 잊게 해준다.

__ 바이런 경*(1790~1824)

---

* George Gordon Byron(6th Baron Byron): 낭만주의 문학을 선도했던 영국의 시인이자 애주가, 와
  인 애호가

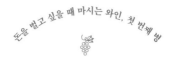
돈을 벌고 싶을 때 마시는 와인, 첫 번째 병

손에 쥔 게 없을수록,
배에 힘 딱 주고 건배!

든든한 배포와 남다른 관점으로 밑바닥에서 눈부시게 성장한

그랑 퀴베 엑스트라 브뤼(Gran Cuvee Extra Brut)

로제 브뤼(Rosé Brut)

_ 로저 구라트(Roger Goulart)

지울 수 없는 빈티

영화 〈공공의 적〉 시리즈의 3편 격
인 〈공공의 적 1-1〉 초반부에 재미있는 장면이 나옵니다. 강력
반 형사인 주인공 강철중(설경구 분)은 은행 대출을 거절당하고 돈
이 없어 쩔쩔매다가 과거 자신이 잡아넣었던 절도범 사안수(이문
식 분)를 우연히 만나게 됩니다. 사안수는 (본인의 말대로라면) 손을
깨끗이 씻고 사업에 매진하여 제법 많은 돈을 번 것으로 보입니

다. 일단 (어울리지 않지만) 최고급 슈트를 입고, 타고 다니는 차 또한 독일 M사의 최상위급 세단입니다.

인사를 나눈 두 사람은 식당으로 자리를 옮겨 '1인분에 5만 5,000원짜리 한우'를 구워 먹는데, 구워지기가 무섭게 고기를 입에 쑤셔 넣으며 소주를 들이켜는 강철중과는 달리 사안수는 고기는 손도 대지도 않은 채 우아하게 레드 와인을 한 모금씩 홀짝이며 흐뭇한 얼굴로 바라볼 뿐입니다. 그러다가는 툭 한마디를 던지죠.

"형사님, 돈 필요하지요~잉."

돈이 절실했던 강 형사는 깜짝 놀라서 사안수를 쳐다보지만 이내 평정심을 찾고 아니라며 다시 고기를 굽습니다. 그러나 놀라웠던 것은 그가 '강철중이 돈이 필요할 것'이라고 판단한 근거였습니다. 그 근거는 바로 다음 대사에 등장합니다.

"돈 궁한 사람들 눈 밑에 엽전 주름이 지는 거 모르시죠~잉."

한 번이라도 돈이 궁했던 이들이나, 돈이 궁한 사람들을 자주 만나게 되는 사람들은 알 겁니다. 이 대사가 현실을 얼마나 잘 묘사한 표현인지.

사람들은 '있는 체', '부티' 등의 이름으로 돈이 풍족한 이들, 부자들이 보여주는 모습에 관심을 가집니다. 그들의 모습을 묘사하는 방식도 다양하고, TV 등을 포함한 각종 매체에서도 수시로 볼 수 있습니다. 그러나 실은 그런 모습을 발견하기란 쉽지 않으니다. 진짜 부자일수록 있는 걸 감추거나 심지어 없어 보이도록 하는 데 묘한 능력이 있기 때문이죠(물론, 요즘 케이블 TV나 SNS 등을 보면 부자들이 꼭 그렇지도 않은 것 같긴 합니다만…).

반면 돈이 없는 사람들의 '궁한 모습'이나 '빈티'는 쉽게 발견할 수 있습니다. 단순히 입고 다니는 옷이나 신은 신발이 남루하고 궁색해서가 아닙니다. 진짜 궁한 모습과 빈티는 행동과 표정, 말과 글로 드러나는 사고에서 두드러지게 보입니다. 어딘지 모르게 구부정하고 위축된 자세, 영화 속 사안수가 '눈 밑의 엽전 주름'이라고 표현한 어두운 눈빛과 외부의 자극에 별 반응 없이 굳어 있는 표정, 입을 열 때마다 튀어나오는 수동적이고 부정적인 어휘. 그런 것들이 복합적으로 그 사람의 '빈티'를 만들어냅니다.

어떻게 그렇게 잘 아냐고요? 제가 그랬으니까요.

5억 원, 처음 와인의 세계에 문을 두드렸을 때 제 수중에 있었던 돈이었습니다(정확히 말하면 아내가 상속받은 집 한 채가 전부였습니다). 아, 나쁘지 않다고요? 맞습니다. 이 정도 돈이라면 무슨 일을 해서라도 재기할 수 있는 수준이지요. 그러나 이 무렵 제가 갚아야 할 돈은 이보다 몇십 배쯤 더 많았습니다. 당연히 제 표정과 눈빛, 태도와 행동 그리고 생각과 그 생각으로부터 만들어진 말들은 늘 부정적이고 소극적일 수밖에 없었습니다. 그런 것들은 복합적으로 제게 떨쳐 내기 어려운 빈티를 가져다주었습니다.

그럴 때 만난 와인이 하나 있습니다. 스페인에서 온 까바^{Cava}라는 친구입니다.

뭔가 미심쩍은
샴페인의 탄생기

세상엔 독특한 와인이 참 많지만, 이 까바라는 친구 역시 특이한 걸로 치면 둘째가라면 서러울 정도입니다. 일단 고향은 페네데스^{Penedès}라는 지역으로 카탈루냐 지방에 속해 있습니다. 스페인의 다른 지역에서도 까바가 생산되기는 하지만, 극히 소량에 불과하고 90%가 넘는 까바는 대부분 페네데스를 고향으로 하고 있습니다.

그런데 신기한 것은 그 재료나 만드는 방법이 이웃한 다른 카탈루냐 지방의 와인들과 전혀 다르다는 점입니다. 여러 종류의 포도를 사용하여 와인을 만든 뒤 병에 넣어 2차 발효를 진행시켜 거품을 함유한 산뜻한 향의 스파클링 와인으로 만들어냅니다. 그런데 이 방식은 오히려 피레네 산맥 너머 위치한 프랑스의 북동쪽 멀리에 자리 잡은 샹파뉴^{Champagne} 지방의 특산품인 샴페인과 만드는 방식 등이 매우 흡사합니다. 어떻게 직선거리로 1,200킬로미터나 떨어져 있는 샹파뉴의 샴페인 만드는 방식으로 까바가 만들어지게 되었을까요?

프랑스에서도 비교적 북쪽에 자리 잡은 샹파뉴는 남쪽 지방인 코트 데 바Côte des Bar를 제외하면 험준한 산지와 협곡으로 이뤄져 있어 프랑스에서도 제법 추운 지역입니다. 때문에 겨울이 되면 효모의 활동이 둔해져서 발효가 중단되었다가 봄이 되면 다시 발효가 진행되어 탄산가스가 부글부글 끓어오르면서 특이한 와인이 만들어지고는 했습니다. 누군가 우연히 그 맛을 보았는데 상큼 달콤하면서도 톡 쏘는 맛이 일품이었죠.

하지만 문제는 탄산가스의 양과 발생하는 속도를 통제하는 방법을 그 누구도 몰랐다는 점입니다. 병 속에서 기포가 조금씩 올라오는 듯싶다가도 다음 날 보면 가스의 압력에 병이 터지는 경우가 비일비재했습니다. 때문에 사람들은 부글부글 거품이 끓어오르는 달콤 상큼한 그 와인을 대량으로 생산할 엄두를 내지 못했고, 어쩌다 만들어지면 자기들끼리 나눠 마시며 즐기는 정도였지요. 만일 수많은 '그 누군가' 중에서 도전정신이 각별하거나 남다르게 부지런한 사람이 있었다면 샴페인은 훨씬 더 일찍 세상에 등장할 수 있었고, 그 유명한 '돔 페리뇽'이란 브랜드 역시 '그 누군가'로 바뀌었겠죠.

아무튼, 그 누구도 터져 오르는 기포를 통제하지 못해 우연히 만들어지는 스파클링 와인 한두 병을 집에서 즐기던 샹파뉴에 드디어 '그'가 등장합니다. 1668년 샹파뉴 지방 오빌레Hautvillers 수도원에서 취사를 담당하는 수도사로 파견된 피에르 페리뇽Pierre Pérignon이 바로 그 주인공입니다. 시각장애인이었던 그는 앞을 못 보는 대신 천부적인 미각을 보유하고 있었습니다. 탁월한 미각 덕분에 발효의 속도와 당분을 미세하게 조절하여 병이 터지지 않으면서도 거품은 살아있는 스파클링 와인을 대량 생산할 수 있는 방법을 찾아냈습니다. 그리고 이 와인이 유럽 각지로 팔려 나가 큰 인기를 끌게 되면서, 샹파뉴 지방의 영어식 발음인 샴페인과 그 샴페인을 대표하는 브랜드 돔 페리뇽이 탄생하게 되었다고 합니다. 그러나!

　많은 사람이 역사적 사실로 알고 있는 샴페인과 돔 페리뇽의 탄생에 얽힌 이 이야기는 최근 들어 대부분 허구라는 주장이 힘을 얻고 있습니다. 사실은 오빌레 수도원의 살림을 도맡아 하던 돔 그로사르Dom Grossard라는 수도사가 수도원에서 생산되는 와인을 더 많이 팔기 위해 그럴듯한 이야기를 지어내기로 합니다. 자신의 전임자이자, 과감한 가지치기와 새벽 수확방식을 전파하여 샹파뉴 지방 와인 품질 개선에 혁혁한 공이 있었던 돔 페리뇽의 실제 삶에 이것저것 이야기를 갖다 붙여 마치 신화 속의 바쿠스*와 같은 인물로 재탄생시켰다는 것이 유력한 설로 받아들여지고 있죠. 시각장애인이었다는 설 역시 블라인드 테이스팅Blind tasting을

＊ Bacchus: 그리스 신화의 디오니소스(Dionysos)에 대응하는 로마 신화 속 포도주의 신

기가 막히게 잘했던 그의 미각을 강조하려다 보니 부풀려진 이야
기라는 것이 정설입니다.

하지만 여전히 반론이 만만치 않습니다. 수도원에 남겨진 기록
을 통해 페리뇽 수도사가 와인을 병에 담아 숙성을 시키는 방법
을 도입하고, 코르크 마개로 병의 입구를 막은 뒤 뮈즐레Muslet라
고 부르는 철실을 이용해 기포가 새어 나가지 않도록 단단히 고정
하는 방식을 고안해냈다는 사실을 밝혀낸 이들은 피에르 페리뇽
이 샴페인의 공식적인 발명자라는 주장을 굽히지 않고 있습니다.

어찌 되었든 샹파뉴 지방은 이후 스파클링 와인의 발상지이자
최대 산지로 명성을 굳히게 되었습니다. 그리고 1832년 고급 라
인업의 샴페인 제품을 출시한 모엣 샹동Moet & Chandon사가 제품의
이름에 최고 권위의 성직자를 뜻하는 도미누스Dominus와 피에르
페리뇽 수도사의 성을 더해 '돔 페리뇽Dom Pérignon'이라는 이름을
붙이면서 그 이름도 유명한 돔 페리뇽 샴페인의 신화가 시작되었
습니다! 한참 이후의 이야기이기는 하지만, 샹파뉴 지역의 사람
들은 프랑스 정부에 압박을 가하고, 스스로도 철저하게 브랜드를
관리하여 오직 샹파뉴 지역에서 생산된 포도를 전통 양조법으로
생산한 것에만 샹파뉴(혹은 샴페인)라는 이름을 붙일 수 있도록 하
였습니다.

와인업자가 부러웠던
나무꾼들이 담근 스파클링 와인

　　아, 얘기가 순식간에 샹파뉴 지방으로 너무 멀리 가버렸는데 스페인 페네데스로 다시 돌아갑니다. 그나저나 까바는 어쩌다가 이웃한 다른 스페인 지역의 와인이 아닌 멀고 먼 프랑스 샹파뉴 지방의 제조법과 흡사한 방식으로 만들게 되었을까요?

　　시간을 1800년대 중반으로 거슬러 올라가 보면, 당시 페네데스 지방은 와인 산지라기보다는 울창한 코르크참나무 숲으로 더 유명한 지역이었습니다. 나무의 겉껍질과 속껍질 사이에서 분리해낸 두툼한 부스러기였던 코르크를 압축해서 와인 병의 입구를 막는 마개로 사용되었습니다. 이전까지는 나무 조각을 최대한 병 입구 사이즈에 맞게 깎아서 박아 넣어 구멍을 막은 뒤, 그 바깥을 기름에 적신 천으로 감아 술이 새거나 알코올이 날아가는 것을 막았습니다. 하지만 병을 조금만 기울여도 술이 줄줄 흘러나오고, 장기간 보관하면 기름이 병 속으로 스며들어 와인의 맛을 변질되게 하는 등 문제가 많았습니다. 반면 코르크로 만든 마개는 탄성이 있어 꽉 틀어막으면 액체는 물론 공기도 새어 들어가거나 새어 나오지 못하고, 무미무취하여 와인의 맛을 변질시킬 우려도 적었기에 와인 병 마개 시장을 삽시간에 석권해 버렸습니다.

품질 좋기로 유명했던 페네데스 지역의 코르크는 특히 인기가 좋았습니다. 전 유럽에서 몰려들어 경쟁적으로 코르크를 사 갔는데, 그중에서도 샹파뉴 지방의 스파클링 와인 생산자들이 가장 큰손이었습니다. 기포가 새어 나오지 않도록 하는 것이 맛을 지키는 관건이었기 때문에 그들은 가장 질 좋은 코르크를 싹쓸이하다시피 사 가지고 갔습니다. 웃돈을 주고 매점매석하는 경우도 비일비재했습니다. 이로 인해 페네데스 지역 코르크 생산업자 사이에서는 샹파뉴 지방의 와인 산지와 생산자들에 대한 관심이 날로 커져 갔습니다.

"도대체 누구이길래 저렇게 많은 코르크를 사 가는 거지?"

"그것도 제때 현금으로 척척 결제하는 걸 보니, 꽤 돈벌이가 좋은 것 같은데?"

페네데스 사람들은 샹파뉴 지역에서 만든 스파클링 와인은 독특한 맛과 향 덕분에 유럽 최고로 꼽히며 비싼 값으로 팔려 나가는데, 코르크를 아무리 많이 팔아봐야 그 이윤의 발끝도 못 따라간다는 사실을 알게 되었죠. 그들은 코르크를 사가는 샹파뉴 사람들에게 부탁해 스파클링 와인 제조법을 어깨너머로 배우기 시작했습니다.

그들 중 주제프 라벤토스 파츄Josep Raventós i Fatjó라는 사람이 있었습니다. 그는 스페인에서 가장 오래된 와이너리인 코도르뉴Codorníu의 후손이었는데, 샹파뉴의 샴페인 제조법을 면밀하게 분석한 끝에 그들과 거의 흡사한 방식으로 제조가 가능하다는 사실을 알게 되었죠. 비슷한 맛을 내면서 가격은 훨씬 더 저렴하게 책정하면 충분히 경쟁력이 있을 거라고 생각했습니다.

주제프 라벤토스는 몇 년간의 연구와 실패를 거쳐 인근에서 재배한 포도 품종으로 스파클링 와인을 대량으로 생산해내는 데 성공했습니다. 당시에는 그저 샴페인을 흉내 낸 아류에 불과했지만, 나날이 생산량과 판매량이 늘어나면서 샴페인과 어깨를 겨루는 수준으로 성장했습니다. 아, 물론 생산과 판매가 그렇다는 거고 평론가들의 평가와 이름값이야 아직까지는 그에 못 미치지요. 아무튼 그렇게 약 100여 년간 다양한 이름으로 불리던 페네데스의 스파클링 와인은 1972년 비로소 카탈루냐어로 '동굴'을 뜻하는 '까바'라는 이름을 갖게 되었습니다.

비록 샴페인의 어깨너머로 보고 베껴 만든 아류로 시작했고, 정식 이름을 갖게 된 것은 불과 수십 년밖에 안 됐지만 까바의 성장세는 무서웠습니다. 카탈루냐 주정부는 철저한 원산지 명칭 보호Cava Denominación de Origen 정책을 통해 페네데스 까바 브랜드를 가꿔 나갔습니다. 그리고 생산자들 역시 치밀한 품질관리를 통해 자칫 샴페인의 아류나 표절로 보일 수 있는 까바를 오리지널리티를 갖춘 그럴 듯한 상품으로 가꿔 나갔습니다. 그냥 까바로 표기되는 가장 기본적인 등급의 까바라도 기포 형성을 위해 2차 발효후 효모와 함께 최소한 9개월 이상 숙성하도록 규정했습니다.

그리고 그 위의 등급인 까바 리제르바Cava Reserva의 경우 최소 15개월 이상을 숙성하도록 했습니다. 그보다 더 상위 등급인 까바 그란 리제르바Cava Gran Reserva 는 최소 30개월 이상 숙성하도록 하였지요. 최근에는 36개월 이상 숙성한 까바에 대해 까바 데 파라헤 칼리피카도Cava de Paraje Calificado라는 새로운 등급을 부여하며 점점 더 고급화를 추구하는 정책을 추진하고 있습니다.

그럼에도 불구하고, 페네데스의 까바는 샴페인에 비해 사용하는 포도 품종, 만드는 방식이나 절차 등에 있어 아직까지는 약간 너그러움과 여유가 있는 편입니다. 샹파뉴 지방의 샴페인 제조법은 피노 누아Pinot Noir, 피노 뫼니에Pinot Meunier, 샤르도네Chardonnay만을 사용해 배합 비율, 병입 시기, 발효 온도와 기간 등을 신경질적으로 깐깐하게 따지고 챙기죠. 그에 비해 까바는 스페인 토착 품종 포도인 파레야다Parellada, 마카베오Macabeo, 자렐로Xarel-lo를 주로 사용하되 또 다른 토착 품종인 트레파트Trepat, 가르나차Garnacha, 모나스트렐Monastrell 등도 즐겨 사용하며 외래종인 샤르도네와 피노 누아를 사용하는 데 있어서도 거리낌이 없는 편입니다.

덕분에 소비자들은 샴페인의 반값도 안 되는 저렴한 가격으로 정통 샹파뉴 방식으로 만든 훌륭한 스파클링 와인을 맛볼 수 있고 다양한 실험적인 맛과 향을 경험해볼 수 있게 되었지요.

과연 스페인의 돔 페리뇽일까,
코도르뉴의 따라쟁이일까

최초의 까바가 시장에 등장했을 무렵, 이웃 마을의 와인 생산자였던 코도르뉴가 샴페인과 맛이 흡사한 스파클링 와인을 개발하고 생산에 성공했다는 소식을 들은 조셉 카날Josep Canal은 배가 아파 미칠 지경이었습니다. 그는 샴페인의 오랜 애호가로서 '어떻게 하면 그와 비슷한 스파클링 와인을 만들 수 있을지'를 연구해오고 있었는데 선수를 빼앗겨 버린 것이었지요. 크게 상심했지만, 이내 마음을 다잡고 연구개발을

▲ 로저 구라트 포도밭

거듭했습니다. 몇 차례 실패를 겪으며, 먼저 개발에 성공한 '코도르뉴에 찾아가서 방법을 알려달라고 해볼까?' 하는 유혹도 있었지만 좀 더 정통 샴페인에 가까운 와인을 만들어내고 싶다는 의지로 이겨냈습니다.

결국, 최초의 까바가 탄생한 지 5년 뒤인 1882년 카날은 자신만의 까바를 만들어냈습니다. '스페인의 돔 페리뇽'이라고 불리는 로저 구라트^{Roger Goulart} 까바의 탄생이었죠. 비록 '세계 최초'라는 타이틀은 코도르뉴에게 양보해야 했지만, 로저 구라트에게는 비장의 무기가 있었습니다. 그것은 바로 '까바^{Cava}'라는 이름의 어원이 되기도 하는 '동굴^{Cave}'이었습니다. 1차적으로 발효가 이뤄진 와인을 병에 넣은 뒤 진행하는 2차 발효 과정이 필수적이었던 스파클링 와인에 가장 적합한 환경을 찾던 카날의 눈에 오래전부터 방치되어 있던 동굴 하나가 눈에 띄었습니다. 어두컴컴하고 축축한 공기가 가득한….

그들은 포도를 재배하고 와인을 생산하는 시간 외에는 삽과 곡괭이를 들고 동굴로 들어갔습니다. 1919년, 추가적인 굴착 작업과 안전설비 보강 작업 등을 통해 쓸모없던 동굴을 지하 30미터, 길이 1킬로미터에 달하는 그럴듯한 와인 저장고로 탈바꿈시켰습니다. 동굴 안 온도와 습도는 바깥세상의 계절과 날씨에 상관없이 연중 15℃에 85% 정도로 유지되는데, 이는 스파클링 와인의 2차 발효를 안정적으로 일어나게 만드는 최적의 환경에 가까웠

▲ 로저 구라트 셀러

습니다.

지상의 평범한 와인 저장고에서 이뤄지는 일반적인 스파클링 와인에 비해 동굴 속에서 전통적인 방식으로 진행되는 로저 구라트의 느리면서도 자연스러운 2차 발효는 와인 본연의 적절한 산미를 유지하면서 단맛은 조금씩 사라지고 그 자리를 부드럽고 섬세한 기포가 채워나갈 수 있도록 하였습니다. 덕분에 로저 구라트의 까바는 샴페인처럼 너무 달지 않게 단맛이 적당히 유지되면서도 한 모금 머금으면 청량한 탄산과 감미로운 향이 은은하게 배어 나왔습니다. 다른 지역에서 샴페인을 흉내 내서 만든 스파클링 와인에서는 맛보기 힘든 맛과 향이었습니다.

로저 구라트의 까바는 날개 돋친 듯 팔려 나가기 시작했고 동굴 역시 유명해지기 시작했습니다. 동굴을 구경하기 위해 '스페인 건축의 아버지'로 불리는 세계적인 건축가 안토니 가우디Antoni Gaudí, 아르헨티나 출신의 '전설적인 F1 드라이버' 후안 마누엘 판히오Juan Manuel Fangio, 20세기 스페인이 낳은 가장 유명한 초현실주의 화가 살바도르 달리Salvador Dalí 등이 로저 구라트를 찾을 정도였습니다.

이 같은 로저 구라트의 성공 이후 페네데스의 수많은 스파클링 와인 생산자 사이에는 인근 지역의 동굴을 사들이거나, 새롭게 토굴을 파서 그곳에서 2차 발효를 진행하는 것이 하나의 룰처럼 자리 잡게 되었습니다. 덕분에 페네데스의 스파클링 와인 하면 곧 동굴이 자연스럽게 연상되었고, '까바'라는 이름 역시 그로부터 탄생하게 되었습니다. 로저 구라트는 이후 다양한 시도와 변신을 거듭하며 새로운 제품들을 만들어내며 페네데스와 함께 스페인을 대표하는 까바 생산자로 자리를 굳건히 지키고 있습니다.

비록 간발의 차이로 후발주자가 되었지만 로저 구라트의 까바는 전 세계 30여 개국에 수출하며 스페인은 물론 세계적으로도 큰 인기를 끌고 있습니다. 특히, 이웃나라(최근 몇 년간은 그다지 이웃답지 못한 면도 없지 않습니다만…) 일본에서의 인기는 조금 이상스러울 정도로 유별납니다. 일본인들의 와인 소비량이 아시아에서는 넘사벽 수준이기는 하지만, 특히 까바의 경우 전 세계에서 스페인 다음으로 많이 소비하는 국가가 일본이라는 이야기가 있을 정도입니다.

얼마 전에는 TV아사히의 인기 프로그램이었던 〈연예인 등급 체크芸能人格付けチェック〉라는 프로그램에서 시음회를 열기까지 했는데요. 이 프로그램의 포맷은 유명 연예인들을 데려다가 여러 가지 음식, 옷, 액세서리, 악기, 술 등을 경험하게 한 뒤 어떤 것이 더 비싼지를 맞추는 것입니다. 100그램에 10만 원을 호가하는 마츠자카규松阪牛와 저렴한 미국산 수입육을 맛보게 한 뒤 어떤 소고기가 더 좋은 고기인지를 맞추게 하는 식으로 말이죠. 이 프로그램에서 난다 긴다 하는 연예인들을 데려다 놓고 돔 페리뇽 로제와 로저 구라트 로제를 비교해서 시음하도록 했는데, 어떻게 됐을까요? 놀랍게도 다섯 명 중 세 명이 로저 구라트 로제 '까바'의 손을 들어줬습니다.

물론, 이 프로그램 자체가 "내가 얼마나 비싼 술들을 많이 마셔 봤는데!" "나는 최고급 와규和牛 아니면 먹지를 않는다고!"라며 거들먹거리던 연예인들이 제대로 맛을 분간하지 못하고 엉뚱한 답을 적어내서 큰 망신을 당하는 것으로부터 재미와 웃음 포인트를 만들어내는 것입니다. 때문에 이 시음회의 결과만을 두고 '까바가 샴페인을 이겼다'라거나, '몇만 원 안 하는 저렴한 스파클링 와인이 수십만 원을 호가하는 명품 샴페인을 이겼다'라고 단정 짓기는 쉽지 않습니다. 그래도 까바, 특히 로저 구라트가 나름 탄탄한 맛의 내공을 지니고 있음을 알 수 있는 일대 사건이었습니다. 자신 있게 훨씬 비싼 돔 페리뇽의 샴페인일 것이라고 고른 것이 로저 구라트의 까바라는 것을 알게 되었을 때 보였던 출연자들의 표정을 잊을 수가 없습니다.

그들의 그 표정 속에, 앞서 제가 말씀드렸던 지우려야 지울 수 없었던 제 눈 아래의 빈티에, 돈을 벌고 싶을 때 마시는 와인의 첫 번째로 로저 구라트의 까바를 꼽게 된 이유가 있습니다.

많은 사람이 돈을 벌고 싶을 때, 무언가를 시작하며 거창하게 샴페인, 기왕이면 돔 페리뇽으로 건배를 하고 싶어 합니다. 형편상, 여러 가지 여건상 모든 것을 다 갖춰 놓고 그런 건배를 하며 시작할 수 있는 사람은 많지 않습니다. 아무리 특별한 날, 기념하고 싶고 축하하고 싶다고 하더라도 병당 수십만 원을 호가하는 '진짜' 샴페인을 터뜨리는 건 부담이 되지요. 우리가 터뜨리는 것은 싸구려 화이트 와인에 탄산을 인위적으로 잔뜩 집어넣은 가짜인 경우가 대부분입니다. 그럴 수밖에 없지요. 그럴 때 차라리 '진짜' 까바로 건배하는 것은 어떨까요?

가진 것 없는 우리, 힘없이 처져 있지만 말고, 우리가 마실 수 있는 최대한 저렴한 것으로 기분을 내고 힘도 내면 어떨까요?

저렴하지만 당당한 까바로 건배Salud!!

친구들의 와인 노트

Wine Friends' Note

♦ 그랑 퀴베 엑스트라 브뤼(Gran Cuvee Extra Brut)

와이너리(Viña)	로저 구라트(Roger Goulart)
포도 품종(Uva)	샤르도네(Chardonnay) 마카베오(Macabeo) 자렐로(Xarel-lo) 파렐라다(Parellada)
생산지역(Región)	스페인(España), 페네데스(Penedès)
와인 스타일 (Estilo de Vino)	스페인 까바(Spanish Cava) 계열의 스파클링 와인으로 달지 않으면서도 상큼한 맛이 인상적이다. 딸기, 라즈베리, 레몬, 서양배 등 다양한 과일의 맛과 향, 로스티드 너츠, 토스트 등의 긴 숙성이 주는 아로마가 복합적으로 느껴진다. 부드럽고 섬세하게 지속되는 버블과 길게 이어지는 산도가 주는 아름다운 미감에 미소가 절로 난다.
등급(Grado)	Cava DO
도수(Contenido Alcohólico)	12%
어울리는 음식(Maridaje)	신선한 해산물 요리, 각종 샐러드 및 디저트류

♦ 로제 브뤼(Rosé Brut)

와이너리(Viña)	로저 구라트
포도 품종(Uva)	가르나차(Garnacha) 모나스트렐(Monastrell) 피노누아(Pinot Noir)
생산지역(Región)	스페인, 페네데스
와인 스타일 (Estilo de Vino)	스페인 까바 계열의 스파클링 와인으로 짙고, 선명한 레드-핑크 컬러가 아름답다. 달지 않으면서도 상큼한 맛이 인상적이다. 피노누아 품종이 주는 체리 등의 짙은 과일 아로마, 신선한 산도가 동반된 섬세한 버블과 체리, 딸기 등의 과일이 주는 긴 피니시가 인상적이다.
등급(Grado)	Cava DO
도수(Contenido Alcohólico)	12%
어울리는 음식(Maridaje)	붉은 살 생선 회, 각종 어패류, 생선 요리

성공의 시작도, 마무리도 결국은 가족과 함께

가족 간의 사랑과 든든한 지지 덕분에 성공 스토리를 써 가는

몬테규 카베르네 소비뇽 '더 바론'(Montagu Cabernet Sauvignon 'The Baron')

_ 몬테규(Montagu)

남 일 아닌 내 일

가끔 볼일을 보러 광화문이나 서울역에 갈 일이 있습니다. 그곳에서, 예전에 비해 그 수는 줄었지만, 자의에 의해서건 타의에 의해서건 집을 떠나 길거리에서 생활하는 분들을 마주치게 됩니다. 물결 위의 조각배처럼 정처 없이 떠다니는 신세라 하여 부랑자浮浪者라고 불렀는데 어감이 안 좋아서인지, 다른 이유에서인지 모르지만 최근 들어서는 홈리스Homeless

라고 부르는 것 같습니다(부랑자나 홈리스나 어감이 안 좋기는 마찬가지입니다만…).

요즘에는 잘 쓰지 않아서 젊은 분들은 그 뜻을 모를 수도 있는데, 불과 10여 년 전까지만 해도 행려병자行旅病者라는 말도 사용했습니다. 사실 '행려병'이라는 말은 나쁜 뜻으로만 쓰인 말은 아니었습니다. 조선시대 경치 좋은 산수를 떠돌아다니며 시를 읊고 풍류를 즐기느라 시간을 허비하는 선비들을 일컬어 '행려병에 걸렸다'고 했다고들 하지요. 그랬던 것이 집 없이 떠돌아다니는 이들 중 몸에 병이 든 이들을 국한해서 지칭하는 말로 굳어졌다고 합니다. 쓰고 보니, 예전에도 그리고 지금도 썩 좋은 의미로 사용되는 말은 아닌 것도 같군요.

그런 이들을 마주치게 될 때마다 버릇처럼 걸음을 멈추고 물끄러미 바라보곤 합니다. 그저 측은한 생각이 들어서나 안타까워서만은 아닙니다. 저도 어쩌면… 그들과 같은 삶을 살 수도 있었다는 생각에, 남 일 같지 않은 마음이 제 발길을 멈추게 한 것일지도 모릅니다. 저는 한때 200여 명의 직원들을 고용하고 굴지의 대기업을 고정 납품처로 둔 탄탄한 알짜 중소기업의 창업자이자 CEO였습니다. 왕년에 한 번쯤 잘나간 적 없었던 사람 드물다 하지만, 저 역시 한창 잘나갈 때는 과장 조금 섞어서 돈 버는 시간보다 번 돈을 세는 시간이 더 많이 걸렸던 적도 있습니다. 그러나 뜻하지 않은 환경의 변화와 몇 가지 불운이 겹치면서 순식간에 부도 기업의 오너이자 막대한 채무를 진 빚쟁이가 되고 말았습니다.

사업에 실패한 뒤 재기를 마음먹기까지는 쉽지 않았습니다. 하루에도 몇 번이고 포기하고 싶었고, '모든 인연을 끊고 훌훌 떠나버릴까?' 하는 생각이 든 것도 한두 번이 아닙니다. 길 위에서 생활하는 분들을 뵐 때마다 남 일 같지 않다는 생각이 드는 것도 바로 그 때문입니다. 이제와 고백하건대, 사정이 너무 안 좋을 때는 '더 먼 곳으로 영원히 떠날까?' 하는 나쁜 생각을 한 적도 있었습니다. 그러나 훌훌 떠나지 못하도록 단단하게 저를 옭아맨 밧줄 하나가 있었습니다. 그것은 바로 '가족'입니다. 좋지 않은 생각을 할 때마다 질기게도 붙잡았던 것은 가족의 현재와 미래에 대한 생각이었고, 나약해질 때마다 다시금 단단하게 저를 단련시켰던 것은 저에게 의지하고 기대하는 가족의 모습이었습니다.

그런데 평온한 삶을 포기하고 어디론가 떠나려는 사람을 현실에 단단하게 붙들어 매주는 것도 가족이지만, 현실의 안온한 삶을 딛고 새로운 도전이나 남다른 시도를 하려는 사람들에게도 유용한, 아니 가장 필요한 것 역시 가족입니다. '수신제가치국평천하修身齊家治國平天下', '가화만사성家和萬事成'이란 뻔한 말을 들먹이지 않더라도 가정, 가족은 우리가 하는 모든 사회활동, 친목활동, 경제활동 등의 시작점이자 기반이요, 근원이자 근본입니다.

이런 이야기를 가장 실감나게 영상으로 담아낸 영화가 한 편

인생 와인

있습니다. '가족의 소중함'에 대해 재미있으면서도 감동적이고, 폼 나게 진지하면서도 유머러스하게 그려낸 영화라고 생각하는 데, 바로 〈대부Godfather〉입니다.

단순히 이탈리아 출신 미국 마피아의 권력과 암투, 배신, 폭력과 증오의 드라마로만 알고 있는 영화 〈대부〉는 사실 꼼꼼히 살펴보면 전적으로 '가족'과 '와인'에 대한 이야기입니다. 마피아 집단끼리 서로 속고 속이며, 폭력과 총격이 난무하기에 갱스터 무비로 오해하기 쉽습니다. 하지만 영화 속 등장인물들은 대부분 마피아 패밀리 혹은 실제 혈연관계로 이어진 가족이며, 그들이 내세우는 명분과 가치는 결국 가족과 가족애라는 하나의 지향점으로 모아집니다.

영화의 시작 장면부터 딸의 복수를 의뢰하는 아버지가 등장합니다. 그리고 수많은 다툼과 다양한 에피소드는 언제나 아들에게 모든 것을 물려주고 싶은 아버지, 아버지의 안녕을 지키려는 아들, 친한 듯하면서도 묘한 경쟁의식에 사로잡혀 있는 형과 동생, 사랑하면서도 절묘한 애정의 평행선을 달려나가는 남편과 아내 등 가족의 이야기가 중심입니다. 그리고 그 이야기들의 중간중간에 언제나 와인이 등장합니다.

그게 우리 가족이야,
내가 아니라*

　　　　　　　　영화 속 대부 돈 비토(말론 브란도 분)
가 자신의 부하들이나 가족들과 함께 식사하는 장면에 빠짐없이
와인이 등장합니다. 그가 아들 마이클(알 파치노 분)에게 조직관리
와 비즈니스 운영 그리고 인생에 대한 속 깊은 이야기를 나눌 때
도 두 사람은 와인 잔을 손에서 놓지 않죠. 심지어 마이클이 경쟁
조직의 보스 버질 솔로초, 그리고 그와 결탁한 비리경찰인 맥클
러스키 서장과 평화협정을 맺는 척하면서 화장실에 숨겨두었던
총으로 이들을 살해하는 장면에서도 여지없이 테이블에는 와인
이 서빙됩니다. 가히 가족과 와인 영화라고 해도 무방할 수준입
니다.

　영화 〈대부〉에 와인이 이토록 자주, 많이 등장하는 것이 우연
은 아닙니다. 물론, 이탈리아는 세계 1위 또는 2위(해마다 프랑스와
엎치락뒤치락합니다)의 와인 생산량을 자랑하고, 프랑스에 못지않은
다양한 종류의 와인이 높은 평가를 받고 있습니다. 이탈리아 사
람 역시 거의 매 끼니에 와인을 마실 정도로 와인에 대한 애정이
높습니다. 하지만 단지 와인과 친숙한 이탈리아, 그 이탈리아에

---

*　영화 〈대부〉에서 마이클 꼴레오네의 대사 "That's my family, Kay. It's not me"에서 차용했다.

서 미국으로 넘어온 이민자들의 모습을 보여주기 위해 영화에 쉴 새 없이 와인이 등장하는 것은 아닙니다. 맥주나 위스키를 제치고 와인이 중요한 조연으로 영화에 출연하도록 지대한 영향력을 미친 사람이 있었으니, 바로 이 영화의 감독 프란시스 포드 코폴라 Francis Ford Coppola입니다.

그는 이 영화를 포함한 여러 편의 걸작을 연출해 세계적인 거장으로 꼽히고 있지만, 그는 자신의 성을 딴 와이너리를 운영할 정도로 지독한 와인 애호가로도 유명합니다. 코폴라 감독이 자신 소유의 와이너리를 갖게 된 계기가 상당히 흥미롭습니다.

그는 아내 엘레노어와의 사이에 세 아이를 두었는데, 가족을 끔찍이 사랑하는 가정적인 남편이자 아버지였습니다. 그와 가족들은 샌프란시스코의 오래된 맨션에 거주했는데, 건물 자체는 마치 빅토리아 양식을 본뜬 고풍스러운 모습을 자랑했지만, 도심 한가운데 있어서 다소 삭막한 느낌이 있었습니다. 자녀들이 자연과 벗하면서 자라기를 원했던 그는 〈대부〉로 막대한 흥행 수입을 올리자마자 거액을 들여 캘리포니아 나파 밸리Napa Valley 내에 정원이 세 개나 있고, 널따란 수영장이 있는 니바움 맨션Niebaum Mansion을 별장으로 구입했습니다. 영화 촬영이 없을 때면 아이들을 데리고 그곳에 머물렀습니다.

니바움 맨션은 '골드러시Gold Rush' 시대 캘리포니아 일대에서 명성이 자자했던 구스타프 니바움이 세운 곳이었습니다. 핀란드 출신의 뱃사람이었던 그는 일찍이 미 서부의 경제적 잠재력을 눈여겨 보고, 거의 무일푼으로 신대륙으로 넘어와 모피 등을 사고 파는 무역회사를 설립해 엄청난 부를 축적했습니다. 그를 발판삼아 나파 밸리 일대의 땅을 사들여 니바움 맨션을 짓고 '잉글누크 Inglenook'라는 와이너리를 일군 입지전적인 인물이죠.

그런 그가 세운 니바움 맨션에 머물며 가족 간의 우애는 깊어졌지만, 코폴라 감독의 영화 작업은 순탄치 못했습니다. 1975년부터 촬영에 들어간 영화는 여러 가지 난관에 부딪히면서 3년이 다 되도록 완성하지 못하고 있었습니다. 저택에 들어가는 어마어마한 관리비와 생활비 탓에 〈대부〉로 벌어 놓은 돈을 거의 다 탕진해 버렸죠. 어느 날 코폴라 감독은 답답한 마음에 아내에게 "땅도 넓은데 다른 집들처럼 포도나 심어서 와인이나 만들어 팔까?"라고 농담을 했습니다.

그런데 그 농담이 현실이 되었습니다.

포도가 자라기에 최적의 조건을 갖춘 천혜의 땅, 나파 밸리. 그곳에서도 좋은 땅을 차지하고 있었던 코폴라 가족은 '와인이나 만들어 팔자'는 농담을 주고받다가 이내 합심하여 포도나무를 가꾸고, 손수 수확해서 와인을 만들었습니다. '내다 팔' 만큼의 양과 질은 아니었지만, 집에서 가족끼리 나눠 먹기에는 손색이 없는 와인이었습니다. 다행히 첫 와인을 병에 담을 무렵 영화 촬영이 재개되었고, 어렵사리 만든 영화는 병에 담은 와인을 개봉해서 첫 잔을 음미할 즈음인 1979년 8월에 개봉하였는데, 그 이름도 유명한 〈지옥의 묵시록Apocalypse Now〉이었습니다.

이후 몇 차례의 부침을 겪기는 했지만, 그는 미국, 아니 전 세계 영화 산업에 막강한 영향력을 발휘하는 거물급 영화인으로 우뚝 서게 되었습니다. 그와 동시에 영화에서 벌어들이는 돈으로 포도나무를 심을 농지를 구매하고, 와인 생산 설비에 투자를 아끼지 않았습니다. 이미 집에서 가족끼리 먹는 수준의 와인을 넘어 나파 밸리에서도 손에 꼽히는 준수한 와인을 생산하고 있었습니다. 하지만 코폴라 가족의 와인에 대한 애정은 그 정도로는 만족하지 못했죠. 1995년 오매불망 꿈에도 그리던 잉글누크 와이너리까지 구입해 과거 구스타프 니바움이 구축했던 와인 왕국을 거의 완벽하게 재현하는 데까지 성공합니다.

이런 코폴라 가족의 사례는 특별한 것이 아닌데, 와인 산업은 그 태생적인 특성상 가족이 물려받아 대를 이어가며 경영하는 사례가 많습니다. 그리고 가족들이 힘을 합쳐 동업 또는 협업하여 성공한 사례도 다른 산업에 비해 많은 편입니다. 코폴라처럼 나파 밸리에서 멋진 부티크 와인을 생산해내고 있는 와이너리 몬테규도 그중 하나입니다.

환희의 여신과 함께 온
조상님

몬테규를 비롯한 몇몇 와이너리를
소유하고 있는 와인 생산업체 실버 고스트^{Silver Ghost}의 창업자이자
촉망받는 와인 생산자 웨스턴 아이슨^{Weston Eidson}은 원래 법률을 전
공한 테크놀로지 컨설턴트였습니다. 무언가에 한번 빠져들면 먹
고 자는 것도 잊은 채 몰두하는 워커 홀릭에 가까웠던 그는 어느
날 친구로부터 전화 한 통을 받았습니다. "가까운 지인이 나파 밸
리에서 와이너리를 하는데 같이 놀러가지 않을래?"라는 친구의
제안에 무심코 "그래"라고 답했던 당시만 해도 그는 몰랐습니다.
그 '전화 한 통'이 자신을 포함한 가족의 운명을 바꿔 놓으리라는
것을 말이죠.

친구들과 와이너리를 둘러보던 그는 망치로 머리를 맞은 것 같
은 충격을 받았습니다. 최첨단 테크놀로지 기업들이 서로 먹고
먹히느냐를 두고 총성과 포성만 없다 뿐이지 처절한 전투를 벌이
던 전장의 한복판에 서 있던 그에게 이처럼 평화로운 풍경 속에
서 전 세계 소비자를 행복하게 사로잡는 멋진 제품(와인)들이 탄
생하는 모습은 경이로움 그 자체였습니다. 순식간에 와인과 와인
을 만들어내는 와이너리의 매력에 푹 빠져들었습니다. 친구의 지
인인 제이슨 무어^{Jason Moore}를 만나고 나서는 더더욱 그랬습니다.

'세상만사의 작동 원리'를 뜻하는 라틴어 단어 모두스 오페란디 Modus Operandi라는 심오한 이름의 와인 레이블을 고집스레 운영해 온 무어는 텍사스 출신이었습니다. 같은 동향 사람이자 8년 먼저 와인 제조업에 뛰어들어 온갖 박진감 넘치는 경험을 하고 있던 무어를 만난 아이슨은 쉴 새 없이 궁금한 것들을 물어보았습니다. 이야기를 나누면 나눌수록 아이슨은 이 일이 자신의 천직일 지 모른다는 강한 확신이 들었습니다.

얼마 뒤 텍사스 집으로 돌아가려는 아이슨에게 무어는 "정말로 와인 생산에 뜻이 있다면 얼마 뒤 포도 수확을 할 무렵 다시 와이 너리를 방문해줄 수 있습니까"라고 물었습니다. 무어가 이야기한 포도 수확철은 아이슨이 몸담고 있는 회사에서 새로운 프로젝트 를 맡을지 말지를 결정하는 중요한 시기였습니다.

며칠간 고민하던 그는 무어의 와이너리를 다시 찾아가 포도 수 확부터 돕기 시작했습니다. 일을 도우며 어느 정도 확신이 든 아 이슨은 소개를 받아 나파 밸리와 소노마 밸리Sonoma Valley의 좋은 포도밭을 사들였습니다. 테크놀로지 컨설턴트 웨스턴 아이슨에 서 나파 밸리의 와인메이커 웨스턴 아이슨으로 거듭나는 순간이 었습니다. 그렇게 2012년 아이슨의 첫 와인을 세상에 선보이게 되었습니다. 초기부터 과감한 투자를 아끼지 않았고, 무어를 포 함해 탁월한 인재들을 적극적으로 영입한 덕분에 그가 만든 와인 의 품질은 첫해부터 호평을 받았습니다. 인위적 간섭을 최소화하고 나파와 소노마의 자연과 카베르네 소비뇽 포도가 지닌 탄탄한 힘을 기반으로 한 요란스럽지 않고 미니멀한 맛과 향의 독창적인 와인에 많은 관계자가 큰 기대감을 표했습니다.

그러나 한 가지 문제가 있었습니다. 그것은 '브랜드'였습니다. 전통과 스토리를 중시하는 와인 시장의 특성상 테크놀로지 컨설팅 업계에서 경력을 쌓아오다 갑자기 와인을 생산하기 시작한 텍사스 출신의 아이슨은 '아직까지 믿지 못할 존재'였습니다. 선뜻 그의 와인을 팔아주겠다고 나서는 이가 없었습니다. 한마디로 '(히)스토리가 부족한', '근본이 없는' 와인 취급을 받은 것이지요.

그때 아이슨의 눈에 띈 것이 (외)할아버지의 가족사진이었습니다. 아직 어린 할아버지가 어머니인 증조할머니의 품에 안겨 대

▲ 몬테규 포도밭

가족과 함께 찍은 사진 속에는 이야기로만 들었던 증조, 고조할 아버지가 함께 계셨습니다.

고조부 존 몬테규^{John Douglas Scott Montagu} 경은 남작 작위를 가진 귀족으로 영국 상원의원이었습니다. 그는 활발하게 정치활동을 했는데, 자동차와 비행기에 관심이 많아서 20세기 초 영국의 운송 수단 관련 법령 제정에 큰 공헌을 했습니다. 그러다 보니 자연스럽게 그는 최고급 승용차 브랜드였던 롤스로이스^{Rolls-Royce}사의 고위 임원들과도 친분을 쌓게 되었습니다.

1910년대 초반, 롤스로이스의 공동 창업자였던 클라우드 존슨^{Claude Goodman Johnson}은 롤스로이스의 가치와 품격을 대표할 만한 상

▲ 몬테규 셀러

징물을 만들기 위해 고심하고 있었습니다. 그런 그에게 존 몬테규 남작은 동료 귀족들의 흉상을 제작해주던 찰스 사이크스Charles Robinson Sykes라는 조각가를 소개해주었습니다. 존슨으로부터 롤스로이스가 원하는 바를 전해 들은 사이크스는 존 몬테규 남작의 의원실 비서였던 엘레노어 손튼Eleanor Velasco Thornton을 모델로 은빛으로 반짝이는 조각상을 만들어냈습니다. 드레스를 펄럭이며 날아가는 여신의 모습을 본뜬 '환희의 여신Spirit of Ecstasy' 상은 100여 년이 지난 지금까지도 최고급 럭셔리 세단 롤스로이스 하면 자연스럽게 떠오르는 상징물이 되었습니다. 아이슨은 바로 그 환희의 여신상을 가장 먼저 부착한 모델명인 실버 고스트를 자신의 와인

▲ 몬테규 와이너리

인생 와인

회사의 이름으로 사용하기로 했습니다.

증조부였던 에드워드 몬테규Edward Douglas-Scott-Montagu 경 역시 웨스턴에게 큰 선물을 가져다주었습니다. 에드워드 몬테규 남작은 존 몬테규 남작으로부터 귀족 작위를 세습했고 상원의원 직위도 물려받았지만 아버지와는 달리 정치에는 그다지 큰 관심이 없었습니다(이후 사회운동에 눈을 떠 영국 성 소수자 권리 증진 운동에 한 획을 긋게 됩니다). 대신 그는 문화 예술에 조예가 깊었습니다. 영국 재즈 문화의 발전을 위해 다양한 활동을 펼쳤고, 박물관을 설립해 영국의 문화유산 보호와 전승에 앞장섰으며, 문예 관련 잡지의 발행인으로도 명성을 떨쳤습니다. 특히 그는 와인에도 무척이나 조예가 깊어, 와인이 만들어지기 어려운 환경으로 알려진 영국 땅에서 와인을 생산하기 위해 많은 노력을 기울였습니다. 유럽의 와인 산지와 그나마 자연 환경이 가장 비슷한 영국 남부에 땅을 사들여 다양한 시도를 통해 '영국제 와인'을 만들어내기도 했습니다. 그런 증조부로부터 영감을 받아 그는 자신의 와이너리 이름을 몬테규Montagu로 짓기로 했습니다.

조상님의 든든한 지원 덕분이었을까요? 이후 몬테규 와인은 짧은 역사에도 불구하고 놀라운 품질의 와인들을 생산하며 빠르게 인지도를 높여갔습니다. 그리고 현재는 (생산량 탓에) 숫자가 많지는 않지만 충성도 높은 골수 팬을 보유한 컬트 와인으로 그 명성을 떨치고 있습니다.

성공의 선택지에서
가족은 지워 주세요

　　　　　　　　돈을 벌기 위해, 목표를 이루기 위해, 성공하기 위해 우리가 여러 가지 시도와 도전을 할 때 가족은 도움일까요, 아니면 부담일까요? 이런 물음에 대해 대다수의 사람은 "무슨 소리냐? 이 고생을 하는 것도 다 가족들 잘 먹고 잘 살게 하기 위해서인데…"라며 말도 안 되는 소리 하지 말라고 할 것입니다. 하지만 실제로 들여다보면 사정은 다릅니다.

　많은 사람이 어려운 상황을 겪게 되거나 그를 극복하기 위해 노력할 때 큰 부담을 갖게 됩니다. 부담을 덜기 위해 가급적이면 몸과 마음의 무게를 덜고 싶어 하지요. 늘 만나던 친구를 멀리하거나, 항상 참가하던 친목 모임에 참여하지 않는 식으로 말이죠. 새로운 분위기를 유지하기 위해 습관적으로 하던 것들을 단숨에 딱 끊거나, 늘 만나던 이들을 일부러 만나지 않는 경우도 많습니다. 그리고 그런 노력은 일정 부분 의도했던 것을 이루는 데 도움이 됩니다. 그런데 그 노력에 '가족'을 끼워 넣는 이들이 있습니다. 아니, 많습니다.

　물론, 이해는 합니다. 가족만큼 내 삶에 밀접하게 연결되어 있고, 내 삶의 영역 가장 깊숙한 곳에 들어와 있고, 내 삶에 대해 잘 알고 있는 사람도 없습니다. 당연히 '새로움'을 추구하거나 '변화'

　　　　　　　　　　　　　　　　　　　　　　　　　인생 와인

를 모색해야 할 때 가장 큰 부담으로 작용할 가능성이 충분히 있습니다. 그러나 자신 있게 말할 수 있습니다. 그런 생각은 반드시 후회하게 될 잘못된 생각입니다.

저는 몬테규 와인을 마실 때마다 이런 생각을 합니다. 만일, 몬테규 와이너리의 웨스턴 아이슨이 가족사진을 발견하지 않았다면 오늘날의 몬테규 와인이 존재했을까? 사진 속 고조할아버지와 증조할아버지, 그리고 그들이 살아왔던 삶에 대한 깊은 애정과 진지한 탐구가 없었더라면 지금의 몬테규 와인이 있을 수 있었을까? 물론, 아이슨을 와인의 세계로 이끈 제이슨 무어와 그들을 도와 몬테규 와인의 품질을 한 단계 더 업그레이드했다고 평가받는 와인 제조 기술자 러셀 비번Russell Bevan이 있었기에 몬테규 와인은 일정 수준 이상의 평가를 받았을 것이고, 판로만 잘 구축하면 어느 정도의 판매량은 충분히 거두고도 남았을 것입니다. 그러나 결코 지금과 같은 성공을 거둘 수는 없었을 것입니다.

물론, 우리의 가족은 영화 속 마피아 대부도 아니고, 그 영화를 만든 코폴라 감독도 아니며, 롤스로이스 창업자와 친분이 있던 귀족도 아닙니다. 그래서 나 대신 복수를 해줄 수도 없고, 걸작을 만든 돈으로 취미 삼아 거대한 포도밭을 사들일 수도, 귀족 작위를 물려주거나 유명한 일화를 전해줄 수 없습니다. 하지만 그렇게 대단한 사람들이 아니더라도 가족은 그 존재만으로도 우리에게 다른 무엇으로도 대체할 수 없는 큰 힘과 영감을 줍니다.

제가 그랬습니다. 힘들었던 시기, 재기하겠다는 생각조차도 사치라고 느껴지던 그 순간에 결국 다시 저를 일으켜 준 것은 사랑하는 아내와 예쁘게 잘 자라준 다섯 명의 아이들이었습니다. 실패를 벗어나기 위한 노력, 성공을 추구하기 위한 도전을 위해 버리거나 멀리하거나, 그 정도까지는 아니더라도 관심의 순위에서 조금 뒤로 밀어도 될 것들의 순위에서 '가족'은 지워 주세요. 대신 오늘 저녁, 가족들과의 저녁식사 자리에 흔하지 않은 몬테규 와인 한 병 사 들고 가 함께 건배를 하는 것은 어떨까요?

힘들지만 다시 한번 힘을 내서 시작해보자고, 우리 가족 모두 힘내서 새로 도전해보자고!

Wine Friends' Note

♦ **몬테규 카베르네 소비뇽 '더 바론'**(Montagu Cabernet Sauvignon 'The Baron')

와이너리(Viña)	몬테규(Montagu)
포도 품종(Uva)	카베르네 소비뇽(Cabernet Sauvignon) 100%
생산지역(Región)	미국(US), 캘리포니아주(California), 나파 밸리(Napa Valley)
와인 스타일 (Estilo de Vino)	강렬한 느낌을 주는 진한 보라색. 나파 밸리, 러더포드 AVA의 최상급 레드 와인으로 블랙커런트, 시가박스, 바닐라와 민트 향 등이 복합적이다. 풍부한 검은 과일 향과 절제된 오크의 느낌이 하나로 잘 어우러져, 기품 있고 호소력 있는 중후한 면모를 느낄 수 있다. 특히 여운이 길게 가는 피니시는 압권이다.
등급(Grado)	나파 밸리(Napa Valley) 컬트 와인(Cult Wine)
도수(Contenido Alcohólico)	15%
어울리는 음식(Maridaje)	소, 양, 사슴과 같은 붉은 육류 또는 향이 짙은 치즈

벌려야 벌리고, 달라야 다다르고, 미쳐야 미친다

남들은 이해 못 할 무모함과 집요함으로 결국은 결실을 이뤄낸

테스타마타 로쏘(Testamatta Rosso)

_ 비비 그라츠(Bibi Graetz)

돈 버는 게
제일 쉬웠어요

1990년대 중반 우리나라 서점에 혜성처럼 등장해서 요즘 표현으로 베스트셀러 순위를 그야말로 '씹어 먹었던' 책 한 권이 있습니다. 내용을 떠나 책 제목만으로 당시 백만 수험생들의 뒷목을 잡게 만들었던 책《공부가 제일 쉬웠어요》가 바로 그 주인공입니다. 가정 형편으로 인해 건설현장

을 전전하며 막노동으로 생계를 이어가던 저자가 수천 년 전 고사에 등장하던 주경야독晝耕夜讀과 형설지공螢雪之功의 신공을 발휘합니다. 남들은 밥만 먹고 공부해도 혹은 집안의 전폭적인 지지를 받아도 여간해서는 문턱도 넘기 힘들다고 알려진 서울대학에, 그것도 수석으로 입학하기까지의 과정을 담담히 써 내려간 이 에세이는 '책을 읽기 위해 사는 사람'보다 누군가(주로 자녀겠지만)에게 '읽히기 위해 사는 사람'이 몇 배나 더 많았다는 전설 같은 후기들을 남기며 한동안 큰 화제를 불러 모았습니다.

책의 내용은 크게 특별할 것은 없습니다.

비슷한 수많은 자전적 에세이가 그러하듯 일반인은 감내하기 어려운 환경이 먼저 등장하고, 그럼에도 불구하고 좌절하지 않았던 주인공의 이야기가 나옵니다. 그리고 보통 사람이라면 실천은 커녕 상상하기조차 어려운 각고의 노력을 기울여 원하던 꿈을 성취해낸 전형적인 영웅 서사의 구조를 띠고 있습니다. 이 책이 수많은 사람에게 공감을 이끌어내고, 여러모로 반향을 일으킨 것은 저자의 치열한 삶 자체가 주는 감동, 숱한 어려움과 고난의 과정을 설명하면서도 과장하거나 지나치게 감정에 치우치지 않고 솔직 담백하게 풀어낸 이야기가 책을 읽는 독자들에게 진한 울림을 주었기 때문인 듯합니다. 아무튼, '공부가 제일 쉬웠다'는 책 제목 자체만으로 저 같은 일반적인 수험생들은 진한 한숨을 내쉬어야만 했습니다.

그런데 이런 책의 저자 같은 사람들이 '공부' 분야에만 있는 것은 아닙니다. 사업을 하다 보면 여러 사람을 만나게 되는데, '돈 버는 것'에서도 비슷한 이야기를 하는 이들이 있습니다. 이른바 '돈을 버는 것보다 쓰는 게 더 어렵다'는 부류입니다. 이들이 공통적으로 하는 얘기가 어느 정도 금액까지는 돈을 버는 것이 당연히 쓰는 것보다 힘들지만, 일정 규모 이상의 돈이 모아지면 돈을 쓰는 것이 버는 것보다 훨씬 더 어렵다는 말들을 합니다.

쳇…

'일정 규모 이상의 돈'을 모아보지 못해서 모르겠습니다만, 일반 사람들에게는 '공부가 제일 쉽지도, 돈을 버는 것이 쓰는 것보다 더 쉽지도' 않습니다. 특히, 돈을 모으는 것은 정말로 쉽지 않죠. 돈을 벌고 모아본 분들은 아마도 공감하실 텐데, 돈이라는 것은 묘하게도 모아 놓으면 흩어지는 습성이 있습니다. 열심히 돈 좀 모으겠다고 마음먹으면 꼭 집안에 대소사가 생기거나, 가족 중에 아픈 사람이 생겨서 목돈이 들어갈 일이 생깁니다. 그런 큰일은 아니더라도 푼돈 모아 목돈 만들기는 쉽지 않은데, 얼마 되지 않은 돈이 줄줄 새어나가 버리는 것은 눈 깜짝할 새인 경우가 많습니다.

때문에 '흩어져서 사라져' 버리려는 돈의 습성을 거슬러서 돈을 벌고 모으기 위해서는 기존에 살아오던 삶과는 조금 다른 치열함과 지독함이 있어야 합니다. 그런데 사실 돈만 그런 것은 아니죠. 좋은 와인을 만드는 것 역시 웬만큼 독하지 않고서는 성공할 수 없습니다.

누군가는
목숨을 걸고 만든 와인

　　　　　　　인류 최초의 와인이 어떻게 만들어졌는지에 대해서는 의견이 분분합니다. 어떤 학자들에 따르면 지금으로부터 7000여 년 전 지금의 아르메니아 지역에는 칡뿌리와 포도나무의 중간 형태쯤 되는 나무들이 들판 가득 방치된 채로 자라고 있었다고 합니다. 나무가 너무 많다 보니 사람들은 그 열매를 거들떠도 보지 않았습니다. 그러다 보니 나무에서 떨어진 열매는 땅 위에 쌓여 자연적으로 발효되었고, 그렇게 만들어진 액체가 낮은 구릉으로 흘러내려가 고이기 시작했다고 합니다. 그런데 사람들은 들짐승들이 그 시금털털한 냄새가 나는 열매 썩은 물을 마실 때마다 흥에 겨운 듯 행동하거나 노곤한 표정으로 평온하게 잠드는 모습을 보고 호기심을 갖게 되었습니다. 그중 용기 있는(?) 한 사람이 그 열매 썩은 물을 한 모금 떠 마시면서 우리 인류의 삶 속으로 와인이 들어왔다고 주장합니다.

　다른 학자들은 그보다 1000년쯤 뒤인 6000년 전에 와인이 최초로 만들어졌다고 주장합니다. 소아시아 지방의 한 농부가 포도를 딴 뒤, 남은 포도를 나중에 먹으려고 항아리에 넣어 뒀는데 그만 깜빡 잊고 말았다고 합니다. 몇 달 뒤 항아리를 열어보니 포도는 간데없고 검붉은 빛이 감도는 액체만 한가득 있었는데, 무슨 맛일까 싶어 한 모금 마셔보니 '신께 바칠 만한 진귀한 꽃"과 같은 맛과 향을 느낄 수 있었다고 합니다. 이내 그 신비한 액체에 대한 소문이 퍼졌고, 페니키아 무역상에 의해 이집트, 그리스, 로마 등지로 퍼져 나가면서 본격적으로 와인의 시대가 열렸다는 주장이 상당히 유력하다고 인정받고 있죠.

이외에도 인류 최초의 와인 탄생에 얽힌 다양한 주장들이 있는데, 하나같이 공통점이 있습니다. 그것은 누군가 발명한 것이 아니라 발견된 것이라는 것이죠. 즉 와인은 만들려고 해서 만들어진 것이 아니라 어쩌다 보니 만들어졌고, 그를 우연히 인간이 맛본 것뿐이라는 것이 정설입니다.

그러나 이런 식으로 와인이 만들어진 것은 아주 오래전, 와인이 갓 인류의 삶에 들어오기 시작했을 때의 일입니다. 이후 와인 제조는 목숨을 건 전쟁터에 비할 정도로 온갖 노력과 정성을 짜내고 들이부어야 하는 극한의 일이 되었습니다. 특히, 비싼 값에

---

* 와인을 예찬한 프랑스 시인 보들레르(Charles Baudelaire)의 시 〈람 뒤 방(L'âme du vin)〉에 나오는 시구 "한 송이 귀한 꽃처럼 신을 향해 피어오르도록!(Qui jaillira vers Dieu comme une rare fleur!)" 에서 차용했다.

·인생 와인

팔려 나가는 높은 등급의 와인을 만들기 위해서는, 아니 꼭 높은 등급이 아니더라도 사람들에게 인정받는 맛과 향의 와인을 생산하기 위해서는 각고의 노력이 필요했습니다.

포도가 심어진 땅에는 배수를 위해 돌을 깔아 놓는데, 시간이 지나면 돌들이 중력에 의해 혹은 농부들의 발에 밟혀 꽉 끼어서 차곡차곡 쌓인 형태가 됩니다. 때문에 본격적인 농사에 앞서 물이 잘 빠지도록 돌들을 갈아엎어야 하는데 이게 보통 일이 아닙니다. 들어가는 힘도 힘이지만, 작업을 하다가 부러진 쟁기 날 혹은 튀어 오른 돌멩이에 다치기 십상이었습니다.

게다가 아시다시피 포도는 넝쿨 식물입니다. 지지대를 세워주지 않으면 어디로 뻗어나가 버릴지 모르고 나무들끼리 얽히고설켜 포도 재배가 어려워집니다. 또 서로의 목숨 줄까지 끊어 버릴 수 있기 때문에 나뭇가지의 뻗을 방향과 포도가 열릴 위치에 맞춰 나무마다 지지대를 세워줘야 합니다. 최근에는 일부 저가 와인을 다량으로 생산하는 와이너리를 중심으로 플라스틱이나 스테인리스 재질의 지지대를 사용하기도 합니다. 하지만 한번 들으면 그 이름을 알 만한 와이너리에서는 전통적인 방식으로 손으로 나무를 깎아서 지지대를 만듭니다. 그것도 포도나무를 자극하지 않기 위해 와이너리 인근에 서식하는 나무의 가지들을 베어다가 일일이 손으로 깎고 다듬어서 만듭니다.

본격적인 더위가 찾아오면 손은 더 많이 갑니다. 여름철 호우에 포도가 짓물러지지 않도록 신경 써야 하고, 가뭄이 찾아오면 수시로 물을 대야 합니다. 물을 대는 과정 역시 세심한 작업이 필요합니다. 자칫 잘못하면 뿌리가 썩어 버리기 때문입니다. 한창 성장이 빨라지는 시기이다 보니 나뭇잎이 크게 자라서 포도송이를 덮어 햇볕을 막는 경우가 빈번하게 발생합니다. 웃자란 나뭇잎을 태양의 각도와 일조량을 계산해서 일일이 잘라 내주는 것 역시 모두 사람의 손으로 해야 합니다(저와 친분이 있는 이탈리아의 한 와인 제작자는 농담으로 이 작업이 '로봇이 대체할 수 없는 인류의 마지막 자존심'이라고 하더군요.)

포도를 수확해야 하는 가을이 오면 이제 진짜 전쟁이 시작됩니다. 우선 언제 포도를 수확할지 결정하는 것부터가 문제입니다. 날짜가 정해지면 수확할 인부를 모아서 며칠에 걸쳐 작업이 이뤄지는데, 이때가 되면 전 세계 인구가 포도밭에 다 모인 게 아닌가 싶을 정도로 각 와이너리에는 사람도 (그들에게 지불할) 돈도 넘쳐 납니다.

수확한 포도는 후처리 과정을 거쳐 발효를 진행하는데, 이때 와이너리의 분위기는 살벌해집니다. 포도 껍질에 붙은 효모 성분 혹은 추가적으로 주입한 효모로 발효를 진행하는데, 효모와 반응해 당분이 알코올과 이산화탄소로 바뀌는 이 과정에서 제대로 공기가 차단되지 않아 산소가 들어가면 알코올이 아닌 물과 몇몇 부산물이 만들어지고 맙니다. 한 해, 아니 수십 년간 여파가 있을

　　　　　　　　　　　　　　　인생 와인

대형사고가 벌어지는 것이지요. 때문에 와이너리 기술자들은 곁에서 말 걸기 무서울 정도로 고도의 집중력으로 발효작업을 관리하고 진행합니다.

어느 정도 발효가 마무리되면, 원액 수준의 와인에서 껍질, 침전물, 기타 불필요한 부산물을 걷어내는 작업을 해야 발효가 완료됩니다. 이산화탄소로 가득한 발효조에 들어가서 하는 이 작업은 말 그대로 목숨을 건 위험한 작업입니다. 포도밭에 따라서는 발효조 주변에 촛불을 켜 놓아 이산화탄소 농도가 갑자기 높아지면 작업자가 알 수 있도록 한다거나, 공기 질의 변화에 민감한 새를 데리고 들어가기도 하고, 최근 신식으로 지어진 와이너리에서는 이산화탄소 센서를 설치하는 등 안전장치를 하긴 합니다. 하지만 매년 이 작업을 진행할 시기에 주요 와이너리가 위치한 지역 신문을 보면 불행한 사고 소식을 심심치 않게 볼 수 있습니다.

와인을 만드는 험난한 여정은 여기서 끝이 아닙니다. 어찌 보면 와인 제조의 숨겨진 하이라이트라고 할 수 있는 숙성의 시간이 이어지게 됩니다. 필터링을 거쳐 최종 불순물을 걷어내고, 오크통에 담은 뒤 숙성 과정을 거쳐야 합니다. 이때 와인의 깊은 맛과 향이 제대로 자리 잡게 됩니다. 그리고 최종 단계라고 할 수 있는 병입과 라벨링 작업을 거쳐 박스에 넣어져 전 세계로 팔려나가 우리의 식탁에까지 오르는 것입니다.

토스카나에 혜성처럼 등장한
'진짜 독한 녀석들'

　　　　　　　　　　　　그냥 만들어도 이렇게 어렵고 복
잡한 와인을 진짜 어렵고 독하게 만든 이들이 이탈리아 토스카나
지방에 있습니다. 와인 마스터 비비 그라츠Bibi Graetz가 세운 와이너
리 비비 그라츠가 바로 그 주인공입니다. 자신의 이름을 그대로
와이너리 이름으로 사용한 비비 그라츠의 가문은 원래 북유럽 출
신입니다. 폴란드, 덴마크, 노르웨이, 스웨덴 그리고 독일 북부 인
근에 거주하던 유태인이 주로 사용하던 성씨였던 그라츠는 가문
자체의 노력과 화려한 혼맥에 힘입어 한때는 왕실을 위해 일하는
유명 학자와 고관대작을 여러 명 배출할 정도로 융성했던 가문이
었습니다.

　그러나 근래에 와서 가세가 급격하게 기울게 되었고, 근거지인
북유럽에서는 화려했던 그 흔적을 찾아볼 수 없게 되었습니다.
가문의 대다수 사람은 캐나다와 미국으로 이민을 떠났습니다.
1940년대 기록을 찾아보면, 미국에 거주하는 그라츠 가문 남자
들의 절반 이상이 단순 노동이나 농업에 종사했다는 기록이 남
아 있을 정도로 가문의 영광은 철저하게 무너져 버리고 말았습
니다.

　비비 그라츠는 그런 가문의 후손이었습니다. 노르웨이에 거주
하던 비비 그라츠의 아버지는 새로운 기회를 찾아 이탈리아로 내

▲ 비비 그라츠

려왔습니다. 그의 눈에 띈 것은 토스카나주의 주도 피렌체 인근 피에졸레Fiesole 마을에 위치한 빈칠리아타 성Castello di Vincigliatta과 그 성에 딸린 포도밭이었습니다. 북유럽에서는 볼 수 없는 찬란한 태양과 단내가 느껴지는 감미로운 바람, 그리고 종류가 다른 수천 가지 초록색으로 물든 낮은 구릉. 부모님과 네 명의 남매였던 비비 그라츠의 가족은 토스카나에서 꿈 같은 생활을 시작했습니다.

  미술에 재능과 관심이 있었던 비비 그라츠는 자연스럽게 피렌체에 있는 예술학교에 입학했습니다. 그때까지만 해도 비비 그라츠는 와인을 마시는 것은 좋아했지만, 자신이 와인을 만들 거라는 상상은 단 한 번도 해본 적이 없었습니다. 그때 중대한 한 가

▲ 비비 그라츠 포도밭

지 사건(?)이 터졌습니다. 그라츠 가족이 살고 있던 성 주변을 둘러싼 포도밭을 다른 와인 제조업자에게 장기 임대했었는데, 그 계약이 끝나가고 있었던 것입니다. 다시 계약을 갱신하든지, 아니면 직접 포도 농사를 짓는 수밖에 없었습니다. 가족회의를 열었지만 의견은 팽팽하게 맞섰습니다.

'토스카나의 성에 살면서 그 성에 딸린 포도밭을 다른 사람의 손에 맡기는 것은 진정한 토스카나인의 삶이 아니다'라는 의견과 '수십 년간 그 일에 매달린 사람도 제대로 된 와인을 만드는 게 힘들다고 할 정도로 어려운 일이다. 하물며 한 번도 와인을 만들어보지 않은 우리 가족에게는 더 말할 나위가 없다'라는 의견이

인생 와인

한 치의 물러남이 없었습니다.

몇 날 며칠을 계속한 가족회의 끝에, 그라츠 가족은 포도밭을 더 이상 남에게 임대하지 않고 직접 포도를 재배해서 와인을 양조하기로 하였습니다. 특히, 비비 그라츠가 직접 포도 농사를 짓고 와인을 만들자는 주장을 강력하게 펼쳤습니다. 사실, 그가 그렇게 주장한 것은 단순히 그냥 '와인을 만들고 싶다'는 의지 또는 '뭐 잘 되겠지' 하는 근거 없는 낙관 때문은 아니었습니다. 자신이 살고 있는 빈칠리아타 성과 그 인근 지역이 갖고 있는 무한한 잠재력을 꾸준히 관찰해온 결과였습니다.

그는 이곳의 땅이 점토와 이회토가 고루 섞인 독특한 떼루아*라는 것을 알고 있었습니다. 이회토는 석회암과 진흙의 혼합물이 퇴적되어 만들어지는데, 주로 강이나 개울, 호수나 바다 주변에서 발견되는 토질이었습니다. 이 흙에는 다량의 탄산칼슘이 들어 있어서 '자연이 준 천연 비료'라고 불렸습니다. 과일 나무의 재배에 최적인 토질인 것이죠. 게다가 일교차가 크고 일조량이 많아서 과일의 맛과 향을 깊게 만들기에도 유리했습니다. 이런 조건의 포도밭에서 그동안 포도밭을 임차했던 이들이 왜 그 정도 수준의 와인밖에 못 만들어냈는지 이해가 가지 않을 정도였습니다. 비비 그라츠는 야심만만하게 와인 생산에 나섰습니다.

---

* Terroir: 프랑스 말로 '토양', '풍토'를 뜻한다. 원래는 포도나무가 심어진 땅의 토질을 뜻하는 단어였으나, 이후 포도가 재배되는 자연적인 환경 전반을 말하는 단어로 쓰이고 있다.

그러나 생각과 달리 와인을 만드는 과정은 어렵고 복잡했습니다. 어려서부터 포도밭과 와인을 생활 속에서 친숙하게 접하며 살았지만, 와이너리를 경영하는 것은 하늘과 땅 사이보다 포도나무 한 그루 정도 더 먼 일이었습니다. 비비 그라츠는 선택을 해야 했습니다. 전문적인 와인 양조 기술을 배운 것도 아니었고, DOC^{Denominazione di Origine Controllata}나 DOCG^{Denominazione di Origine Controllata e Garantita} 등 기존의 양조업자들이 만들어 놓은 규정과 방식을 따를 마음도 없었습니다. 자신의 손으로 와인을 만들기로 한 이상, 이제껏 경험해보지 못한 맛과 향의 와인을 만들어 사람들을 깜짝 놀라게 해주기로 했습니다.

비비 그라츠는 그날 이후로 독하게 와인 제조에 매달렸습니다. 그가 내건 모토는 '일절의 타협을 허용하지 않는다!'였습니다. 카나이올로^{Canaiolo}, 콜로리노^{Colorino} 같은 잘 알려져 있지 않지만 피렌체 인근 지역에서는 잘 자라는 토착 품종을 중심으로 연구를 거듭했습니다. 두 품종 모두 단독으로 사용하여 와인을 만들기에는 무리가 있지만, 산지오베제 품종으로 만든 와인에 적절하게 사용하면 그 맛과 향을 배가시키는 효과를 가져다주었습니다(물론, 다루기 엄청나게 어렵다는 약점이 있었습니다). 우아한 허브 향과 부드러운 탄닌을 지니고 있는 카나이올로는 잘만 다루면 산지오베제의 지나치게 강한 맛과 향의 밸런스를 잡아주고 맛을 한층 더 업그레이드하는 효과가 있었습니다. 콜로리노는 특유의 강렬한 색상으

▲ 비비 그라츠 와이너리

로 산지오베제와 섞으면 와인을 훨씬 더 아름답고 맛있게 보이도
록 만드는 마법을 부렸지요. 비비 그라츠는 미친 듯이 파고들어
자신만의 특징적인 와인을 만들어냈습니다.

비비 그라츠는 와인의 라벨 하나도 그냥 넘어가지 않았습니다.
미술학교 출신답게 직접 그린 그림을 와인 라벨로 사용했습니다.
화려한 색감으로 표현해낸 한 폭의 추상화 같은 라벨을 붙이고,
병 속에는 이제껏 맛본 적 없는 독특한 맛과 향을 담아 시장의 뜨
거운 반응을 얻었습니다. 2000년에 처음으로 출시된 그의 와인
은 세계적인 와인 비평가 로버트 파커Robert Parker M. Jr.에게 높은 평
가를 받는 기염을 토했습니다.

비비 그라츠는 거기에 만족하지 않았습니다. 비비 그라츠의 주력 와인의 이름은 테스타마타Testamatta인데, 이는 이탈리아어로 '미친 머리Crazy Head'라는 뜻입니다. 원래는 베토벤을 연상시키는 비비 그라츠의 헝클어진 머리 스타일에서 시작된 이름인데, 많은 사람은 테스타마타가 지칭하는 것이 머리 스타일이 아니라 '진짜 와인에 미친' 비비 그라츠의 머릿속일 거라고 말할 정도였습니다. 한번 와인에 미친 그는 만족하는 법이 없었습니다.

계속된 품종 개선 작업과 다양한 와인 제조방식의 변화를 통해 매년 이전 연도보다 더 나은 '미친 머리(테스타마타)'를 만들기 위해 시도했습니다. 결국, 2006년도 빈티지 테스타마타는 〈와인 스펙테이터Wine Spectator〉로부터 98점이라는 경이로운 점수를 획득하며 그해 최고의 슈퍼 투스칸으로 선정되었습니다. 그리고 비비 그라츠는 단순히 신예 와이너리를 뛰어넘어 최고의 와이너리를 향해 순항 중입니다. 그럼에도 불구하고 비비 그라츠는 여전히, 오늘도 '최고의 와인'을 만들기 위해 (좋은 의미로) 미쳐 있습니다.

즐길 때 즐기더라도
독하게 즐기는 사람이 이긴다

흔히 '열심히 하는 사람 위에 잘하는 사람이 있고, 잘하는 사람 위에 즐기는 사람 있다'는 말을 합니다. 어떠한 일을 하는 데 있어 오랜 시간 많은 것을 포기하고 몰입하는 사람이 잘 되는 법인데, 그보다는 그 일을 원래부터 잘하던 사람, 잘할 수 있는 기술과 방법을 알고 도와줄 수 있는 지원세력을 뒷배로 두고 있는 사람이 더 유리합니다. 그리고 그보다도 더 유리한 사람은 그 일을 즐겁게, 행복하게, 별 노력을 기울이지 않고 자연스럽게 해낼 수 있는 사람일 겁니다.

그러나 적어도 '돈을 버는 것'만큼은 이 말이 안 통할 듯합니다.

앞에서도 얘기한 것처럼 돈은 모이면 흩어지려는 습성이 있습니다. 기껏 한데 모아서 자산으로 만들었다 싶으면 이사, 질병 치료, 학자금 등 돈이 새어 나가야 할 이유가 수두룩하게 만들어집니다. 모을 때는 온갖 어려움을 이겨내야 하지만, 나갈 때는 별다른 수고를 하지 않아도 절로 잘 나가기만 합니다.

성공 역시 마찬가지입니다. 성공을 향한 탑이나 사다리는 허물어지려는 습성이 있습니다. 무언가 조금 이뤘다 싶으면 알 수 없는 이유로, 혹은 이유 없이 훼방꾼이 등장하여 무너뜨리고는 합니다. 혹자는 '그게 인생이다'라며 이해하라고 하지만, 그렇게 생각하고 털어 버리기에는 너무나도 쓰린 상처를 주는 일들이 빈번하게 발생합니다.

때문에 푼돈이나마 벌어들인 돈을 내 주위에 단단히 붙들어 놓기 위해서는, 조금이나마 이룬 성과를 나만의 성공으로 일궈가기 위해서는 일상의 평범한 노력으로는 어렵습니다. 분명한 목표 의식을 갖고 세심하고 꼼꼼하게, 또 때로는 집요하게 물고 늘어져야 합니다.

'악마는 디테일에 있다The devil is in the detail'라는 말이 있습니다. 어떤 문제점이나, 문제를 해결하기 위한 방안은 세부사항 속에 숨어 있다는 의미로 어떤 것이든 제대로 해내려면 예상했던 것보다 더 많은 시간과 노력을 집요하게 쏟아부어야 한다는 것을 의미합니다. 그런데 그거 아시나요? 이 문장이 실은 포도 재배와 와인 제조와 무척이나 관련이 깊다는 것을 말이죠.

여기서 '디테일detail'이라는 단어는 고대 라틴어 단어인 '탈레아talea'로부터 파생되었습니다. 탈레아는 '자르다'라는 뜻을 갖고 있지만, 그 자르는 대상이 옷감이나 종이가 아니라 나무에만 국한하여 사용해왔습니다. 때문에 '자르다'라는 뜻보다는 (가지를) '치다', (싹을) '솎아내다'라는 뜻으로 쓰여 왔죠. 탈레아라는 단어는 주로 와인용 포도나무를 재배할 때 접붙이기용 가지를 잘라내는 행위를 뜻하는 말로 쓰였는데, 이 행위는 보기와 달리 엄청난 정교함과 고도의 기술력을 필요로 했습니다. 가지를 너무 길게 잘

라내면 원래의 나무가 죽어 버리고, 그렇다고 짧게 잘라내면 옮겨간 나무에 잘 안착하지 못해서 접붙이기가 실패로 돌아갑니다. 때문에 '딱 알맞게' 나뭇가지를 잘라내는 것은 숙련된 기술자들만이 할 수 있는 일이었습니다. 그로부터 고도의 정교함과 세밀함을 뜻하는 단어인 디테일이 탄생한 것이었습니다.

부자가 되기 위하여, 성공하기 위하여 오늘 하루도 힘차게 달려오신 여러분. 마음을 다잡고 피렌체에서 온 '미친 머리Testamatta' 한잔 어떠실까요?

남들이 보기에 조금은 무모한 도전을 시작하며 현실에 적당히 타협하기보다는 새로운 시도를 하는 데 주저함이 없었고, 무엇 하나라도 그냥 하기보다는 놀라운 집중력과 몰입을 발휘해 와인 라벨의 디자인을 포함해 세세한 것 하나하나까지 악마의 디테일을 발휘한 비비 그라츠의 와인. 그 와인을 마시며 다시금 부자가 되기 위해, 성공하기 위해 우리 함께 지독하게 달려나가 보시지요.

Wine Friends' Note

◆ 테스테마타 로쏘(Testamatta Rosso)

와이너리(Viña)	비비 그라츠(Bibi Graetz)
포도 품종(Uva)	산지오베제(Sangiovese) 100%
생산지역(Región)	이탈리아(Italia), 토스카나(Toscana)
와인 스타일 (Estilo de Vino)	색깔은 선명한 다크퍼플-루비 컬러로 블랙베리와 카시스 등의 농익은 과일 향과 오크터치에서 오는 바닐라, 에스프레소, 담뱃잎, 가죽 등의 다양한 아로마와 부케가 인상적이다. 오밀조밀한 탄닌과 산도, 질감의 우아함과 길게 이어지는 피니시가 완벽하다.
등급(Grado)	슈퍼 투스칸
도수(Contenido Alcohólico)	14%
어울리는 음식(Maridaje)	대부분의 육류, 생햄

인생 와인

결국, 성공은
꿈의 횟수 싸움이다

남다른 꿈을 그리고 그 그림을 현실로 이뤄나간

뉘 생 조르주 루즈-마거리트 다요크

(Nuits Saint George Rouge - Marguerite D'York)

_ 셀리에 데 담(Cellier des Dames)

모든 이에게 똑같은
백 개 중 하나

와인 테이스팅을 하는 자리에서 제
절친한 후배에게 들은 얘기입니다. 지금으로부터 십수 년 전, 후
배가 20대 후반이었던 무렵 처음으로 스노보드를 배울 때의 일
이라고 합니다. 당시만 하더라도 스키나 스노보드를 배우는 가장
빠른 방법은 대강 기초만 익힌 뒤 무조건 상급자 코스로 올라가

서 넘어지건 미끄러지건 간에 일단 내려오면서 배우는 방식이었습니다. 후배 역시 기본 기술만을 겨우 익힌 뒤 바로 선배의 손에 이끌려 중급자 코스로 올라갔다고 합니다.

'까짓 거 미끄러지건 구르건 내려오긴 하겠지.' 이렇게 편하게 생각하고 올라갔지만, 경사는 가팔랐고, 채 10미터도 내려오지 못해서 다른 스키어와 크게 부딪치고 말았답니다. 겨우 정신을 차리고 보니 쓰러져 있는 스키어는 연세 지긋한 할아버지였다고 합니다. 후배는 얼른 장갑과 고글을 벗고 할아버지를 일으켜 드리며 물었답니다.

"할아버지, 괜찮으세요?" 그러자 '나 죽는다'고 드러눕거나, '조심하지 않고 뭐 하는 짓이냐?'며 역정을 낼 것이라고 생각했던 할아버지가 오히려 눈을 털고 일어나시더니 미안해서 어쩔 줄을 몰라 하시더랍니다. "내 오늘 처음으로 스키를 타다 보니 젊은 사람을 다칠 뻔하게 했네. 미안합니다."

나중에 이 모든 일의 원흉이자, 다짜고짜 중급자 슬로프로 끌고 올라간 선배에게 물어보니 후배가 균형을 잃고 정신없이 내려갈 때 뒤에서 그 후배보다 먼저 균형을 잃은 할아버지가 이미 반쯤 구르다시피 하며 덮쳤다고 합니다. 엉금엉금 슬로프를 내려온 두 사람은 겨우 숨을 돌리고 카페로 가 언 몸을 함께 녹였답니다. 놀란 가슴을 진정시킨 후배는 자신과 부딪친 할아버지의 고글 벗은 얼굴을 보고 깜짝 놀랐습니다. 못 되도 일흔 살 가까이는 돼

인생 와인

보이는 어르신이었기 때문입니다.

"어르신, 멋지시네요. 스키가 연세 드신 분이 쉽게 할 운동이 아닌데…"

그러자 할아버지 스키어는 쑥스럽게 웃으며 "그러게요. 뒤늦게라도 한번 해보겠다고 나서기는 했는데, 영 맘대로 되지 않네."

알고 보니, 할아버지는 일제강점기 때 '일본의 MIT'로 불렸던 명문 도호쿠東北 공대로 유학을 다녀오시고, 1970년대 초반부터 유명한 외국계 기업의 한국 지사장을 두루 지내다 은퇴하신 분이었습니다. '늦은 나이에 스키 배우느라 힘들지 않으시냐'는 후배의 물음에 할아버지는 '당연히 나이를 먹으니 힘에 부치기는 한데…'라며, 이야기 하나를 들려주셨다고 합니다. 할아버지가 유학을 하던 당시 도호쿠 공대가 위치한 센다이시 교외에는 유명한 스키장이 있었다고 합니다. 식민지에서 온 가난한 유학생의 눈에 설원을 가르며 내려오는 형형색색의 스키어들은 그야말로 오르지 못할 나무요, 까마득한 꿈이었습니다.

"그때 속으로 '죽기 전에 꼭 저 사람들처럼 스키를 타봐야겠다'라고 생각했는데, 귀국 후에는 전쟁이다, 돈 벌어야 한다, 이런저런 이유로 미루다 이제야 이렇게 배운다고 나섰습니다. 50년 만에 이룬 꿈인데, 이까짓 거 조금 힘든 것쯤이야. 허허허."

그러면서 '한 번이라도 더 타봐야겠다'고 리프트로 달려가 줄을 서시더랍니다. 그 모습에 감명받은 후배가 할아버지를 따라

리프트를 타고 올라가면서 대화를 조금 더 이어나갔는데, 할아버지께서 들려준 마지막 말씀이 수십 년이 지난 지금까지도 후배의 가슴을 울리는 그 '한마디'로 남아 있다고 합니다. 리프트가 정상에 다다를 무렵 할아버지는 "하고 싶은 일이 있다면, 이루고 싶은 꿈이 있다면 무조건 해보는 겁니다. 실패하면 또 어떻습니까? 어차피 꿈인데. 영웅이나 바보나 꿈을 현실로 이루는 비율은 1% 미만이라고 해요. 단, 바보는 평생에 채 100번도 꿈을 꾸지 않기에 단 하나의 꿈도 현실로 이루지 못하지만, 영웅들은 늘 수천, 수만 번의 꿈을 꾸기에 보통 사람은 상상도 못할 업적들을 이뤄내는 겁니다. 자, 나는 한 번 더 꿈을 이루러 갑니다!"

이 말씀을 남기고 산 아래로 미끄러지듯(사실은 구르듯) 스키를 타고 내려가셨다고 합니다.

흔히 사회적으로 성공한 사람들, 막대한 부를 일군 부자들, 회사나 기관 등에서 높은 지위에 오른 이들을 보며 그들은 단 한 번도 우리와 같은 쓰라린 실패를 맛보지 않았을 거라고 생각합니다. 늘 승리했고, 실패란 없었으며, 항상 행운이 함께했으리라고 생각하죠. 그러나 사실이 아닙니다. 언론 매체 등에서 각광받는 모습만을 봐서 그렇지 그들의 삶의 겉포장을 한꺼풀만 벗겨내고 들여다보면 그들은 우리보다 더 독한 실패를 훨씬 더 여러 번 겪었음을 발견할 수 있습니다. 그럼에도 불구하고 그들이 현재의 그 위치에 올라와 있는 것은 바로 할아버지 스키어가 하신 말씀처럼 지치거나 포기하지 않고 일반인보다 훨씬 더 많이, 더 큰 꿈을 꿔왔기 때문입니다.

그런데 와이너리 중에서도 그런 곳이 있습니다. 숱한 어려움과 시련을 겪었지만 끝끝내 포기하지 않았고, 최고의 와인을 만들어 내겠다는 꿈을 버리지 않았던, 그리고 결국 그 꿈을 조금씩 이뤄가고 있는 와이너리 말이지요. 그들 스스로 '부르고뉴의 위대한 와인Grands Vins de Bourgogne'이라 자부하는 셀리에 데 담Cellier des Dames이 바로 그 주인공입니다.

28년 만에
꿈을 이룬 절친

전 세계에는 와인을 생산하는 수많은 지역이 있습니다. 그중에는 보르도나 부르고뉴, 모젤과 키안티처럼 지역 이름을 듣는 순간부터 벌써 코와 입으로 와인의 맛과 향이 느껴지고 머리에는 얼큰하게 취기가 오르는 그런 지역도 있습니다. 하지만 '어? 그런 곳에서도 와인을 만들어?' '거기서도 포도가 재배가 되나?' 등과 같은 생각이 먼저 드는 곳들도 있습니다. 대표적인 와인 산지에서 포도를 재배하고 와인을 만드는 것은 여러모로 장점이 많습니다. 지역명 자체가 좋은 와인을 보증하는 일종의 등급 증명서, 혹은 브랜드 역할을 해주기에 와인 생산자 입장에서는 든든한 아군을 꽤 여럿 거느리고 전 세계의 적들과 싸우는 셈이 됩니다.

반면, 그 지역의 내부를 좀 더 들여다보면 사정이 좀 복잡해집니다. 이 지역들은 외부적으로 유명한 만큼이나 내부에는 전 세계 와인 시장을 주름잡는 전설적인 강자들이 즐비합니다. 그들 덕분에 해당 지역이 더욱더 유명세를 누리게 되는 장점도 있지만, 반대로 그들을 제외하면 다른 와이너리들은 존재감을 갖기 쉽지 않다는 명확한 단점이 존재하죠. 셸리에 데 담은 그런 전설적인 강자가 즐비한 부르고뉴에서 짧은 역사와 극히 작은 규모를 극복하고 매년 놀라운 와인들을 선보이며 알찬 성장을 하고 있는 와이너리입니다.

셸리에 데 담의 공동 창업자인 프랑수아François Bannier와 그레고리Gregory Hecht가 처음 만난 것은 1993년으로 거슬러 올라갑니다. 당시 프랑수아는 프랑스 최고의 명문 대학원 중 한 곳인 HEC 파리를 막 수료한 야심만만한 비즈니스맨이었습니다. 그레고리는 학교를 졸업하고 자신이 인턴십을 했던 라를로 클로 와이너리 Domaine de L'Arlot Clos에 취업해 일을 배우고 있던 초보 와인 제조기술자였습니다. 두 사람은 디종Dijon에 있는 한 와인 마스터 클래스에서 같이 와인을 공부하고 있었는데, 처음 만났을 때부터 묘하게 말이 잘 통했습니다. 특히, 부르고뉴 와인에 대한 애정과 그와 관련한 풍부한 지식을 갖고 있다는 공통점이 있었습니다. 수업이 끝나고 나면 사용하고 남은 와인을 잔에 채워 들고 창가에 기대 서서 부르고뉴 와인에 대한 대화를 나누느라 매번 강의장 문을 가장 늦게 나섰다고 합니다.

그렇게 와인에 대한 서로의 생각이 비슷함을 알게 된 프랑수아와 그레고리는 자신들의 이름을 딴 회사 헥트앤드바니에Hecht & Bannier를 설립했습니다. 초기에는 무역업에 집중했습니다. 엑상프로방스Aix-En-Provence 지역에서 생산되는 산물들을 유럽 지역에 내다 파는 것이 주된 사업 아이템이었습니다. 물론, 다루는 아이템의 상당 부분은 와인이었지만, 다른 잡다한 아이템들도 상당했습니다. 와이너리를 사들일 돈을 벌기 위해서였죠. 하지만 두 사람은 '잠시 다른 일을 하고 있지만, 언젠가 우리가 해야 할 일은 최고의 와인을 만드는 일이다'는 생각을 버리지 않았습니다. 아니, 오히려 날이 갈수록 더욱더 의지가 확고해졌습니다.

그 사이에 몇 차례 질곡과 부침이 있었지만, 결국 2019년 두 사람은 자신들만의 와이너리를 설립하게 됩니다. 그것도 꿈에 그리던, 전 세계 와인 애호가들의 성지이자 세계 정상급 와인들의 고향인 부르고뉴에 말이죠. '귀부인들의Des Dames 와인 저장고Celliers'라는 의미인 셀리에 데 담의 시작이었습니다.

무려 28년이라는 긴 시간 동안 버리지 않고 가꿔온 꿈이어서 그럴까요? 그들은 꿈꿔오던 부르고뉴 와이너리를 세우게 되었지만, 규모를 늘리지 않고 극소량의 생산량을 유지하고 있습니다. 연간 2~3배럴 수준인데, 1배럴이 158.9리터이니 매년 생산하는 와인의 양이 300~500리터 수준으로 일반적인 용량의 와인병 기준으로 약 600병 정도를 생산하는 것이 고작입니다. 때문에 '부르고뉴의 위대한 와인Grands Vins de Bourgogne'이라고 내건 슬로건을 재미있게 바꿔 '부르고뉴의 가장 작은 와이너리Le plus petit Vinerie de Bourgogne'라고 그들을 부르는 이들까지 있을 정도입니다.

그러나 당분간, 아니 앞으로도 쭉 절친 프랑수아와 그레고리는 셀리에 데 담의 규모를 늘릴 생각은 없는 듯합니다. 오히려 규모는 작게 유지하면서 포도밭의 토질과 나무마다의 특성을 살린 독

NUITS - SAINT - GEORGES
APPELLATION NUITS-SAINT-GEORGES CONTRÔLÉE

CELLIER des DAMES
Grands Vins de Bourgogne

▲ 뉘 생 조르주 라벨

창적인 와인을 계속해서 우리에게 선보이는 데 집중할 듯합니다.

셀리에 데 담의 모든 와인 라벨에는 그 와인의 이름과 연관된 인물들의 초상화가 그려져 있습니다. 예를 들어 마거리트 다요크Marguerite D'York라는 와인의 라벨에는 와인 이름을 제공한 부르고뉴 공국 샤를 공작Charles the Bold의 부인인 드요크

공작부인의 초상화가 그려져 있지요. 이런 것들이 복합적으로 작용해 셸리에 데 담의 와인들은 마시는 이에게 묘한 여운을 길게 제공하고 있습니다.

모두에게
0.01%

많은 사람이 오해하는 것이 사람마다 바라는 것을 현실로 이뤄내는 확률이 다를 거라는 생각입니다. 나는 하는 일마다 안 풀리고 되는 일이 하나도 없는 반면, 내 친구는 손대는 것마다 대박이요, 만나는 사람마다 귀인이며, 하고자 하는 일은 죄다 절로 술술 풀려 속상하다고 얘기하는 사람도 있습니다. 물론, 사람의 능력에 따라 혹은 주어진 환경(쉬운 예로 부모님으로부터 물려받은 재산 등)에 따라, 아니면 진짜로 타고난 운에 따라 확률이 조금씩 다를 수는 있습니다. 그러나 주관적인 감정을 배제하고 보다 냉정하게 살펴보면 사람이 바라는 바, 꿈꿔오던 바를 현실로 이뤄내는 비율은 거의 비슷합니다. 대부분 '0'에 수렴하지요.

우리가 꾸는 꿈, 바라는 이상, 되고자 하는 목표라는 것이 현실에 기반한 것 같지만 의외로 허황된 것인 경우가 많습니다. 우리가 허황된 사람이라서 그런 것이 아니라 꿈, 이상, 삶의 목표 같은 것들의 특성 자체가 그러하기 때문입니다. 인간에게 꿈, 이상, 삶의 목표 등을 말해보라고 하면 지금 없는 것, 이제까지 못했던 것들을 주로 이야기하기 때문에 실현 가능성은 극히 낮을 수밖에 없습니다. 그럼에도 불구하고 꿈을 현실로 이뤄낸 이들, 특히 남들보다 많은 꿈을 현실로 이룬 이들에게는 두 가지 특징적인 모습을 발견할 수 있었습니다.

첫 번째는 셀리에 데 담의 두 창업자와 같은 집요함, 그것도 오랫동안 변함없이 포기하지 않고 유지해온 집착 수준의 집요함이었습니다. 두 사람처럼 28년까지는 무리겠지만 짧게는 1년, 길게는 10년 이상 꿈을 잊지 않고 꾸준하게 매달린 이들이 꿈꾸는 바를 현실로 이뤄내는 확률이 높았습니다.

두 번째는 바라는 것, 꿈꾸는 것의 총량을 늘려 남들과 비슷한 수준의 실현 확률이라도 실현하는 것 자체의 수가 많아지게 하는 것이었습니다. 같은 실현 확률 0.01%라 하더라도 평생 10개의 꿈을 꾸고 마는 이는 단 한 개의 꿈도 현실로 이뤄내지 못하고 삶을 마치게 됩니다. 하지만 1,000개의 꿈을 꾼 이는 10개, 1만 개의 꿈을 꾼 이는 100개를 현실로 이루게 될 테니까 말이죠. 앞서 후배가 십수 년 전에 스키장에서 만났던 할아버지 스키어가 해주신 말씀과 일맥상통하는 이야기입니다.

가끔 일이 잘 안 풀릴 때, 특히 오랜 시간 추진해왔던 일이 답보 상태를 면치 못하고 있을 때면 전 셀리에 데 담의 와인 중 하나를 골라 열고는 합니다. 와인을 한 모금 마시며 28년간 자신들의 꿈을 위해 꾸준하게 달려온 두 사람의 모습을 떠올리면서요.

다시 한 모금 더 마시며, 꿈을 이루지 못한 나 자신을 탓하거나 꿈을 이룰 만한 지원을 해주지 못하는 내 주변을 탓하기보다, 아직 몇 년밖에 달려오지 않았으면서 벌써 지쳐 뒤돌아서 뛰어온 거리를 재고 있는 나 자신을 가다듬어 봅니다. 못 이뤄서 실망하는 한이 있더라도 과감하게 더 많은 꿈을 리스트에 올려놓아야겠다고 다짐해봅니다.

돈을 벌고 싶은 분들, 성공하고 싶은 분들.

오늘 저녁, 부르고뉴의 숙녀들과 함께 그녀들의 와인 저장고 셀리에 데 담을 방문해보는 것은 어떨까요? 아직 이루지 못하고 있는 자신의 꿈들을 안주로 곁들여서 말이죠.

♦ 뉘 생 조르주 루즈-마거리트 다요크
  (Nuits Saint George Rouge-Marguerite D'York)

와이너리(Viña)	셀리에 데 담(Cellier des Dames)
포도 품종(Uva)	피노누아(Pinot Noir) 100%
생산지역(Región)	프랑스(France), 부르고뉴(Bourgogne)
와인 스타일 (Estilo de Vino)	부르고뉴 코트 드 뉘 레드(Burgundy Côte de Nuits Red) 스타일의 레드 와인으로 비교적 강한 산미와 드라이함이 느껴지나 반면 진한 블루베리, 허브, 꽃 향기와 시가박스 향 등 다양하고 풍부한 맛과 향을 함께 느낄 수 있는 와인이다. 입체감 있는 산도와 함께 탄닌의 구조감이 훌륭하다. 입 안에서는 깔끔하고 오랜 시간 여운을 남기는 부르고뉴 고급 와인이다.
등급(Grado)	AOC
도수(Contenido Alcohólico)	14%
어울리는 음식(Maridaje)	다양한 종류의 육류 요리

NUITS-SAINT-GEORGES
APPELLATION NUITS-SAINT-GEORGES CONTRÔLÉE

CELLIER des DAMES
Grands Vins de Bourgogne

돈을 벌고 싶을 때 마시는 와인, 마지막 병

'때문에'와 '불구하고'가 싸우면 언제나 이기는 것은 '불구하고'이다

모두가 불가능이라 한 것을 가능하게 만들어낸

키요미(靑見, Kiyomi)

_토카치

조금은 뜬금없지만,
포도와 와인의 나라 조지아*

보통 한 대상을 지칭하는 한글과 영어의 어원이 같은 지역에서 유래한 경우는 극히 드뭅니다. 아니, 아직까지 저는 보지 못한 것 같습니다. 생각해보면 당연한 애

---

* 과거에는 러시아어 표기에 따라 그루지아로 불림

기일 듯도 합니다. '사과와 애플Apple', '연필과 펜슬Pencil', '인간과 휴먼Human'이라는 단어가 어떻게 같은 지역에서 탄생할 수 있을까요? 그런데 특이한 단어가 하나 있습니다. 지칭하는 대상은 같지만 발음이 크게 다른데, 동양과 서양에서 쓰는 단어의 어원이 거의 유사한 지역에서 유래한 단어가 있습니다. 포도葡萄, Grape가 바로 그 주인공입니다.

본인들은 애써 연결고리를 지우려 노력하지만, 전 세계인들에게는 소련의 독재자 고향이자 동쪽으로는 아제르바이잔과 서쪽으로는 터키, 그리고 북쪽으로는 러시아와 영토를 맞대고 있는 조지아Georgia는 알고 보면 포도와 와인의 역사에 엄청나게 중요한 나라 중 한 곳입니다. 조지아는 오랜 기간 실크로드를 통해 동쪽에서 건너온 동양 문명이 흑해를 지나 서양 문명과 연결되는 관문 역할을 했습니다. 반대로 서양 사람들이 (당시로서는 한참을 앞서 있던) 동양의 신기한 문물을 찾아 동쪽으로 본격적으로 출발하는 베이스캠프로 동서양 인적 교류의 전초기지 역할을 하기도 했습니다. 때문에 물자가 풍부했고, 신기한 물건들이 넘쳐났습니다.

와인 역시 그중 하나입니다. 조지아는 나라 자체로도 포도 재배와 와인 제조가 발달했지만, 곳곳에서 수확한 포도 및 그것으로 제조한 와인이 유통되는 시장과 보급로 역할로도 유명했습니다. 조지아의 한 유적에서 8000년 전 사람들이 먹고 버린 포도씨가 발견되면서 포도 재배 그리고 와인 제조의 역사적 실타래가

인생 와인

풀리게 된 것만 보아도 그들이 얼마나 오래전부터 포도를 재배하고 와인을 즐겨왔는지 잘 알 수 있습니다.

특히, 포도라는 이름의 형성과 유행에도 조지아의 역할이 컸습니다. 얘기가 이쯤까지 흘러가면 많은 사람이 '말도 안 되는 소리 하지 마라'는 표정으로 이렇게 묻고는 합니다.

"배 대표, 그럼 당신 얘기는 '포도'가 조지아어라는 말이요?"

제 대답은 '그렇기도 하고, 아니기도 합니다'이지만 조금 과감하게 답하자면 '네, 그렇습니다.'

과거 메소포타미아 지방에서 주로 사용되던 아카드어에서는 포도주를 담는 토기 항아리를 일컬어 '바투Batu'라고 불렀습니다. 그러나 정작 그 바투라는 항아리를 애용했던 것은 조지아 일대에 거주하던 페르시아계 주민들이었죠. 그들은 자신들이 사용하던 박트리아어로 그 항아리를 '바다와Badawa'라고 불렀는데, 그 안에 들어가는 포도주도 바다와, 심지어 포도주를 만드는 포도까지도 바다와라고 불렀습니다. 그 단어와 단어가 지칭하는 과일인 포도가 실크로드를 오가던 상인들에 의해 중국으로 전해졌고, 중국 사람들은 바다와를 한자로 음차하여 푸타오葡萄로 읽고 썼습니다. 그 단어와 포도가 다시 한국으로 전래되면서 오늘날에 이르렀습니다.

와인을 만들지 못하는
나라들

그런데 제가 하려는 말은 서양을 제외한 전 세계가 비슷한 발음으로 부르는 포도라는 과일의 신기함이라든지, 포도라는 이름(발음)에 대한 역사적 유래가 아닙니다. 이름으로부터 유추할 수 있는 포도의 주산지, 혹은 주된 재배 지역에 대한 이야기를 하고 싶어서입니다. 이름의 유래와 원산지만 봐도 알 수 있지만, 포도는 춥지 않은 곳에서 자생하거나 재배되었던 과일입니다. 포도'나무'라고는 하지만 낙엽성 덩굴식물의 일종이기에 그냥 가만히 두면 덩굴손을 길게 뻗어 다른 물체를 휘감으며 끝도 없이 뻗어나가는 수풀에 가깝습니다. 때문에 모양을 다듬어주고 감아 올라갈 지지대를 세워주고 끊임없이 가지를 치고 열매를 솎아내는 작업을 해주어야 그나마 나무다운 형체를 갖춰 나가는 '아주 손이 많이 가는' 친구입니다.

특히 온도에 매우 민감해서, 일반적으로는 연평균 기온이 15도 정도 되는 지역에서 잘 자란다고 알려져 있습니다. 그보다 더울 경우 제대로 열매를 맺지 못하거나 웃자라 버리기도 하고, 추울 경우에는 생장을 멈추기도 합니다. 더위보다 추위에 매우 약해서 날이 추우면 연한 껍질로 겨우 몸을 감싸고 있던 포도송이가 얼어 버려 상품성을 잃게 되고, 많이 추워지면 아예 나무 자체가 죽어 버리고 맙니다.

때문에 여러 차례의 개량 작업과 지구 환경의 변화(정확히는 온난화)로 점차 추운 북쪽으로 재배 지역이 넓혀지고는 있습니다. 하지만 여전히 영국이나 독일이 위치한 북위 50도선을 질 좋은 포도 재배 및 와인 생산의 한계선으로 보고 있습니다. 그러나 재배와 생산이 '가능'하다는 얘기지, 독일 등지의 일부 아이스바인 산지를 제외하면 일반적으로 와인은 그보다 훨씬 아래 위도의 온난한 환경에서 제대로 만들 수 있다는 것이 정설입니다.

많은 사람이 '좋은 와인을 만드는 것은 100% 자연'이라고 말합니다. 아니, 이게 무슨 말일까요? 좋은 포도를 재배하고 원활한 발효가 이뤄지게 하는 데 자연환경의 역할이 크다는 것은 인정합니다. 모르는 바가 아닙니다. 하지만 뭐 마케팅이나 판매 같은 나중의 일은 빼고서라도, 사람이 포도나무를 가꾸고 수확해서 와인으로 만들기 위해 얼마나 많은 중노동을 하는데 80~90%도 아니고 100% 자연의 덕분이라는 말을 하는 것일까요? 얄밉게도 이 말은 사실인 듯합니다.

인간의 과학기술은 엄청난 속도로 발전했지만, 아직까지도 좋은 와인이 재배되는 조건 중 가장 으뜸가는 조건이자, 가장 절대적인 조건은 기후와 토양 등 인간이 어쩌지 못하는 자연환경입니다. 때문에 세계인들의 사랑을 받는 와인을 생산해내는 포도밭, 그리고 와이너리들은 거의 예외 없이 특정 기후대 또는 위도에 몰려 있습니다. 앞서 얘기한 조지아를 포함해, 우리가 익히 잘 알고 있는 스페인 북부, 프랑스 중남부, 이탈리아 중북부 등이 바로 그런 곳이지요. 그 기후대와 위도, 그리고 기타 자연환경의 특성에 있어서 한국을 포함한 동북아 지역은 그다지 훌륭한 자연환경적 조건이 아니었습니다. 물론, 경제적·문화적인 이유도 있지만, 동북아 지역에서는 곡물을 발효시킨 주정으로 만든 술이 와인과 같은 과실주의 자리를 대신해왔지요. 그러다 보니 아시아 국가, 특히 한국과 일본은 와인 시장의 규모에 비해 제대로 된 국내산 와인이 없는 와인 생산의 불모지에 가까운 취급을 받아왔습니다.

그러나 고정관념을 깨고 당당히 세계 와인 시장에서 그 위상을 높여가고 있는 일본 와인이 있습니다. 시중에서 흔하게 만날 수는 없지만, 유럽이나 신대륙 와인에만 익숙해져 있던 우리 입맛에 색다른 경험과 이국적인 즐거움을 주는 홋카이도 토카치^{十勝} 와이너리가 바로 그 주인공입니다.

먹고살기 위해
와인을 넘본 사람들

1954년의 어느 가을날 해질 무렵, 홋카이도北海道 나카가와군 이케다초池田町의 읍장었던 마루타니 카

인생 와인

네야스丸谷金保 씨는 한 곳을 뚫어져라 응시하고 있었습니다. 그의 시선이 향한 곳은 황량한 마을 들녘이었습니다. 그는 몇 시간째 같은 자리에서 같은 곳을 하염없이 바라보고 있었습니다. 고운 서리가 내린 들판 위로 붉은 노을이 물감 번지듯 비치는 모습이 예전 같으면 낭만적으로 보였겠지만, 이날만큼은 그렇지 않았습니다. 그는 연거푸 한숨만 내쉬고 있었습니다.

'아아, 어떻게 하면 좋지?'

들판은 몇 년째 제대로 된 작물 재배가 이뤄지지 않은 듯 방치된 모습이었습니다. 그도 그럴 것이 불과 몇 년 전인 1952년 3월, 이케다초가 속해 있는 홋카이도 도토道東 지역 앞바다에서 진도 8.2의 대지진이 발생했습니다. 6,000명 이상이 사망한 1995년도의 한신 대지진이 진도 7.3이었고, 현재까지도 그 피해 복구가 제대로 이뤄지지 않고 있습니다. 2011년도의 도호쿠 지방 태평양 해역 지진이 진도 9.0이라고 하니, 얼마나 큰 지진이었을지 짐작될 것입니다. 지진은 연이어 해일을 몰고 왔고, 바닷물에 잠긴 농토는 짠 소금기를 잔뜩 머금어 어떠한 작물을 심어도 제대로 자라지 못했습니다. 몇 년간 연속으로 극심한 흉작이 이어지자 농사로 생계를 연명하던 이케다초의 젊은 농부들은 쟁기와 곡괭이를 버리고 일자리를 찾아 인근 도시로 떠나 버렸습니다.

다시 한해 농사를 시작해야 할 시기가 찾아왔지만 척박한 땅의 상태는 그대로였고, 농사를 지을 젊은 청년들도 더 이상 마을에

는 없었습니다. 마루타니 읍장이 땅이 꺼져라 한숨을 내쉬는 것
도 무리는 아니었습니다. 땅의 지력이 회복되고 운 좋게 일할 사
람들을 구한다고 해도 문제는 여전히 남아 있었습니다. 도쿄나
오사카 같은 대도시의 확실한 시장을 선점할 유명한 특산물을 재
배한 뒤 전국으로 내다 팔아야 하는데, 춥고 척박한 이케다초 땅
에 어떤 농작물을 심어야 차별화된 가치로 전국적으로 인기를 끌
수 있을지 확신이 서지 않았습니다. 마루타니 읍장은 또다시 한
숨을 크게 내쉬었습니다.

"아오모리青森처럼 사과를 길러볼 수도 없고, 유바리夕張처럼 멜
론을 키울 수도 없고, 그렇다고 포도를… 포도?"

순간, 그의 머릿속에 번쩍이며 무언가가 떠올랐습니다. 홋카이
도는 북위 42~45도 정도이지만 아한대 기후에 속하기 때문에 질
좋은 포도 재배 및 와인 생산의 한계선이라 여겨지는 북위 50도
와 비슷한 재배 환경이었습니다. 수십 년간 농촌에 살아온 그였
기에, 이케다초와 같은 기후와 토양의 환경에서는 포도가 잘 자
라지 않는다는 사실을 이미 알고 있었습니다. 다만, 그가 생각한
것은 어떻게 해서든 와인용 포도 재배에 성공해서 그 포도를 가
지고 희귀한 일본산 와인을 만들어낼 수만 있다면 무언가 돌파구
가 되지 않을까 하는 믿음이었습니다.

"그럼에도 불구하고… 홋카이도의 혹독한 겨울, 그럼에도 불구
하고…."

마루타니 읍장은 '그럼에도 불구하고'를 반복적으로 되뇌었습니다. 그의 머릿속에 떠오른 것은 '그런 척박한 환경에도 불구하고 키워낸 포도' 그리고 '그런 포도로 어렵사리 만들어낸 일본산 와인'이라는 타이틀이었습니다. 그 정도 타이틀이라면 일본은 물론 전 세계 시장도 노려볼 만하다는 생각이 들었습니다.

생각이 거기까지 미친 마루타니 읍장은 곧바로 생각을 실천에 옮겼습니다. 처음에는 해외 품종의 포도나무를 수입해 마을 내에 놀려지던 경사지 밭에 심어보았습니다. 하지만 1년이 지나기도 전에 모두 시들어 말라죽어 버리고 말았습니다. 이케다초의 추위는 생각보다 매섭고 독했습니다. 그러나 물러날 곳이 없는 마루타니 읍장의 의지는 더 독했습니다. 지역 농업연구소의 문턱이 닳을 만큼 찾아간 끝에 추위에 강하면서도 와인을 만들 수 있을 정도의 당도와 산미를 가진 키요미淸見라는 품종을 만들어냈습니다. 거기서 멈추지 않고 상품성은 낮지만 한겨울에도 죽지 않고 덩굴을 뻗어나가는 홋카이도 자생종 산포도와 키요미를 교접해 키요마이淸舞 야마사치山幸라는 품종도 개발했습니다. 이 포도 품종은 일본 과수농가들을 대상으로 한 경진대회를 시작으로 해외 유수의 대회에서 입상할 정도로 우수성을 인정받았습니다.

이때부터였습니다. 춥고 건조한 겨울 날씨로 유명한 홋카이도에서 포도를 재배하고, 게다가 당시의 일본에서는 그다지 인기가 없었던 와인을 만들겠다는 마루타니 읍장의 계획에 콧방귀도 안

▲ 토카치 셀러

꿔던 마을 사람들이 조금씩 관심을 보이기 시작했습니다. 그리고 먹고살 길이 막막해 마을을 버리고 삿포로나 하코다테로 떠났던 젊은이들도 다시 돌아오기 시작했습니다.

마루타니 읍장의 끈질긴 집념과 훌륭한 리더십, 이케다초를 다시 한번 살려보자는 마을 사람들의 열정이 상호작용을 일으키며 토카치는 홋카이도는 물론이거니와 일본을 대표하는 와이너리로 성장했습니다. 그리고 지금까지도 매년 훌륭한 와인을 선보이고 있습니다.

인류 성공의 역사는
곧 '그럼에도 불구하고'의 역사

　　　　　　　　　어떠한 일을 할 때나 부여받은 과
제나 업무를 할 때, 혹은 조직을 꾸리고 사업체를 운영할 때 우리
는 무언가 멋진 성과를 창출하고 성공을 향해 질주하는 것이라
고 생각합니다. 그러나 실은 다들 아시겠지만, 그렇지가 않습니
다. 그 모든 일이 이뤄지는 과정은 시시각각, 아무 때나 불쑥불쑥,
생각지도 못한 상황에서 예고 없이 던져지는 온갖 종류의 문제와
그것을 받아든 우리가 문제를 해결하기 위해 애쓰는 과정인 경우
가 대부분입니다.

　이런 이야기를 좀 더 그럴 듯하게 한 사람이 있는데, 여러분
도 이름을 들어봤을 아놀드 토인비^{Arnold J. Toynbee}입니다. 영국의 역
사학자였던 그는 역사에 길이 남을 명저《역사의 연구》에서 "인
류 문명의 발전은 '도전과 응전'을 통해 이뤄져 왔다!"고 하였습
니다. 풀어서 이야기하자면 인류가 아직 미개했던 시절로부터 발
전을 거듭하여 현재와 같은 모습으로 변모한 것은 인류에게 닥
친(혹은 주어진) 수많은 자연과학적, 사회과학적인 도전(혹은 과제 또
는 문제)들에 대해 인간이 물러서지 않고 당당히 맞서 해결책을 찾
고, 더 나은 방안을 모색하기 위해 끊임없이 노력한 결과물이라
는 주장입니다.

즉 우리가 이전과 달리 돈을 많이 벌고 싶을 때, 또한 이전과 다르게 성공적인 삶을 살고 싶을 때, 안 하던 일을 하려고 하면 필연적으로 문제가 주어지는 것(도전)은 너무나도 당연한 일입니다. 그리고 그런 도전을 해결해 나가는 과정(응전)을 통해 개인, 조직, 사회, 국가, 인류의 발전이 일어나는 것입니다. 이제부터는 문제가 터질 때마다 좀 반가워해야겠다는 생각이 들기도 하네요.

아무튼 우리가 어떠한 일을 하고자 할 때 또는 문제를 해결하고자 할 때에는 두 가지 생각과 행동 중 하나를 선택합니다. 이른바 '문제 위주의 사고Problem based thinking'와 '가능성 위주의 사고Possibility based thinking'입니다. 전자는 자신에게 주어진 문제를 두고 그 문제를 해결하기 위해 어떻게 해야 할지를 중심으로 생각하고 행동하는 것을 말합니다. 후자는 무언가 하고 싶은 것을 정하고, 그를 가능하게 하기 위해서는 어떻게 해야 할지를 중심으로 생각하고 행동하는 것을 말합니다.

말장난 같지만, 전자의 경우에는 매번 주어지는 문제를 해결하는 데 급급하다가 어느새 원래 자신이 원하던 것이 무엇이었는지조차 잊고 문제의 해결에만 집착하게 됩니다. 또 자신이 원한 결과를 얻지 못했음에도 불구하고 주어진 문제를 해결한 것에 만족해서 더 이상의 발전이 없는 상태에 머물게 되는 것입니다. 반면, 후자는 항상 모든 의사결정과 행동의 기준이 명확(자신이 간절히 원하는 것)하므로 그를 가능하게 만드는 것이 무엇인지, 도움이 되거

인생 와인

나 필요한 것들이 무엇인지를 찾는 쪽으로 집중하게 됩니다.

둘의 차이는 어려움에 봉착하면 극명하게 드러납니다. 문제 위주의 사고를 하는 이들은 문제 상황에만 집중해서 '이 문제가 누구 책임이지?', '누가 이걸 해결해야 하지?', '어떻게 하면 문제를 크게 만들지 않고 넘어갈 수 있을까?'에 집착하는 경우가 많습니다. 반면, 가능성 위주의 사고를 하는 이들은 해당 문제 역시 자신이 원하는 것을 달성하는 여정이라고 여기고, 그 문제의 해결 과정을 통해 무엇을 배울 것인지, 어떻게 하면 문제에 적합한 답을 찾아 그로부터 성장할 수 있을지를 생각하고 행동하는 경우가 많습니다. 아놀드 토인비가 이야기한 '도전과 응전', 그 숨 막히는 싸움터에서 결국 원하는 것을 얻어 승자가 된 것은, 또 그를 통해 인류 역사에 깊은 족적을 남긴 이들은 거의 대부분 '가능성 위주의 사고'를 해온 이들이었습니다.

그런 그들이 입버릇처럼 이야기하는 말이 바로 이케다초에 기적을 가져다준 마루타니 읍장의 말버릇과도 같은 '그럼에도 불구하고'입니다.

돈을 벌기 위해, 승리를 하기 위해, 큰 성공을 거두기 위해 무언가 새롭게 시작해야 할 분들께 마루타니 읍장의 말버릇 '그럼에도 불구하고'와 그를 포함해 굵직한 성과와 업적을 남긴 이들에게서 공통적으로 발견되는 사고방식인 '가능성 위주의 사고'를 권합니다. 오늘 밤, 홋카이도에서 날아온 세상에서 가장 혹독한

환경에서 만들어진 토카치의 와인을 한잔 마시며 이렇게 건배사
를 해보는 것은 어떨까요?

"그럼에도 불구하고 나는 잘 될 것이다!"
"그럼에도 불구하고 나는 돈을 많이 벌 것이다!"
"그럼에도 불구하고 나는 크게 성공할 것이다!"

그리고

"그럼에도 불구하고 나는 참 괜찮은 삶을 살고 있다!"

Wine Friends' Note

♦ **키요미**(青見, Kiyomi)

와이너리(Viña)	토카치(十勝)
포도 품종(Uva)	키요미(清見)
생산지역(Región)	일본(日本), 홋카이도(北海道)
와인 스타일 (Estilo de Vino)	일본 특유의 방식으로 재배한 개량 품종 포도로 제조한 레드 와인으로 달지 않으면서도 오크 향과 바닐라 향이 은은하게 배어 나오면서 동시에 진한 머루맛이 느껴지는 묵직한 보디감의 와인이다.
등급(Grado)	-
도수(Contenido Alcohólico)	12%
어울리는 음식(Maridaje)	향이나 맛이 진하지 않은 고기 요리, 각종 샐러드 및 디저트류. 특히, 홋카이도 특산인 유제품 또는 생햄과의 궁합은 놀라운 수준이다.

* 현재 국내 수입이 중단되었지만, 추후 다시 수입을 재개한다고 약속함

Chapter 2

돈을 벌 때
마시는 와인

Vino, con soldi

Il y a plus de philosophie

dans une bouteille de vin

que dans tous les livres.

✦ ✦ ✦

한 병의 와인에는

세상 어떤 책보다도

많은 철학이 담겨 있다.

＿ 루이 파스퇴르*(1822~1895)

---

* Louis Pasteur: '세균학의 아버지'로 불리는 프랑스의 생화학자. 와인의 산패를 막는 법에 대한 연구
로 와인의 대중화에 지대한 공로가 있으며 본인 스스로가 대단한 와인 애호가였다.

내가 인정할 때
상대도 인정한다

'노 사이드(No Side)' 정신으로 걸작을 만들어낸

클로 도라(Clos d'Ora)

_ 제라르 베르트랑(Gérard Bertrand)

프랑스 럭비팀의
꽃미남 키커

우리나라가 경제적으로 급속도로 발전하고, 스포츠 문화가 성숙하면서 과거 몇몇 종목에 편중되어 있던 사람들의 관심이 점차 다양한 스포츠 분야로 넓어졌습니다. 스노클링, 스킨스쿠버, 웨이크보드 같은 수상 레저 스포츠는 물론이고, 인라인스케이트, 산악자전거, 스케이트보드 등을 이용한 익스트림 스포츠도 젊은이들에게 큰 인기를 끌고 있죠. 그러나 유독 우리나라에서 맥을 못 추고 비인기 종목의 설움을 톡톡히 치르고 있는 운동 종목이 있으니, 흔히 '영연방 국가의 양대 인기 스포츠'로 꼽히는 럭비Rugby와 크리켓Cricket입니다.

축구와 유사한 럭비, 그리고 야구와 비슷한 크리켓은 축구와 야구를 좋아하는 우리나라 사람들이라면 함께 좋아하며 즐길 만한데 상황은 그렇지 못합니다. 지난 2019년 가을, 일본에서 아시아 국가 최초로 개최하는 럭비 월드컵이 열렸는데, 우리나라는 참가는커녕 개막식부터 토너먼트 경기와 준결승, 결승 경기까지 단 한 경기도 중계하지 않았습니다. 심지어 월드컵 개최 소식을 뉴스 단신으로라도 다룬 언론 매체는 손에 꼽을 정도였습니다. 크리켓이야 복잡한 룰과 자칫 지루할 수 있는 경기방식 등이 성격 급한 한국 사람들의 코드에 맞지 않아 그럴 수도 있다고 생각합니다.

하지만 럭비의 경우 한국 사람들의 외면이 잘 이해가 안 되는 게 어떤 때는 축구보다도 훨씬 박진감이 넘칩니다. 그리고 일단 '한 중학생 선수가 축구경기에서 급한 마음에 발로 차던 공을 손에 들고 골대까지 뛰어간 일이 벌어졌는데 그것을 재미있다고 생각한 이들이 정식 운동 종목으로 발전시켜 나갔다'라고 전해지는 탄생 스토리마저 한국인이라면 좋아할 요소들을 고루 갖추고 있기 때문입니다. 그럼에도 불구하고 대다수의 한국인에게 럭비는 여전히 생소하고 조금은 거리감이 느껴지는 운동 종목이죠.

그러나 시야를 우리나라 밖으로 돌리면 사정은 달라집니다. 앞서 말씀드렸다시피 영연방 국가들인 오스트레일리아, 통가, 피지 같은 나라는 물론이고, 아르헨티나, 우루과이, 이탈리아 같은 나라에서 럭비는 최고 인기 스포츠, 축구의 인기에 버금가는 스포츠로 각광받고 있습니다. 남아프리카공화국의 넬슨 만델라 대통령이 럭비를 통해 흑인과 백인으로 나눠 싸우던 국민들의 통합을 이루고자 했던 이야기는 너무나도 유명해 영화로도 만들어졌습니다. 뉴질랜드는 자신들의 럭비 국가대표팀을 올 블랙스^{All blacks}라고 부르는데, 이제는 단순히 럭비팀을 지칭하는 용어를 떠나 뉴질랜드인을 일컫는 이름으로 사용되고 있을 정도입니다.

프랑스 역시 마찬가지입니다. 물론, 대중적으로는 유럽에서도 수준급의 리그로 꼽히는 리그 앙^{Ligue 1}을 보유하고 있고, 여러 차례 월드컵과 유로 대회 등에서 우승을 한 축구의 인기가 절대적입니다. 하지만 럭비 또한 많은 사랑을 받고 있습니다.

14개 프로팀이 경기를 벌이는 프로 리그인 '톱 꺄토흐즈^{Top 14}'의 경우 1892년 창설된 이래 130여 년 동안 꾸준히 운영돼 왔습니다. 매 경기 평균 관중 숫자가 1만 4,000명을 가뿐히 넘으며, 주요 경기의 경우 스포츠 채널을 통해 주말 황금 시간대에 공중파에서 방송되는 등 큰 인기를 끌고 있죠.

특히, 스타드 툴루생^{Stade Toulousain} 팀과 스타드 프랑세즈^{Stade}

Français 팀이 대표적인 강팀이자 최고의 인기 팀입니다. 우리나라 축구 리그로 치면 성적으로는 전북 현대와 울산 현대, 인기나 라이벌 관계로 치면 수원 삼성과 FC서울과 비교할 만합니다. 통산 우승 횟수는 툴루생 팀이 21회로 14회를 우승한 프랑세즈 팀을 제치고 톱 꺄토흐즈 사상 가장 많은 우승 횟수를 기록하고 있습니다. 그러나 대중적인 인기나 평균 관중 숫자는 파리를 연고로 하고 있는 프랑세즈 팀이 압도적입니다. 그러한 스타드 프랑세즈 팀의 1994년도 주장이자 최고의 스타 플레이어로 이름을 날린 선수가 제라드 베르트랑Gérard Bertrand 입니다.

1984년, 고향인 나르본 지역을 연고지로 하는 나르본 럭비 클럽RC Narbonne에서 처음 선수 생활을 시작한 그는 정확한 킥 능력과 빠른 발, 영민한 두뇌 회전, 190센티미터가 넘는 큰 키를 바탕으로 포워드와 백스를 넘나들며 주전으로 활약했습니다. 특히, 운동선수답지 않게 말끔하게 잘생긴 외모는 수많은 여성팬을 럭비 경기장으로 불러들였고, 그는 나르본 팀의 미래를 책임질 유망주로 각광받았습니다. 그러나 나르본의 선수층은 너무나 취약했고, 구단의 지원 역시 미미했습니다. 베르트랑 선수는 우승 반지를 끼기 위해 정든 나르본 팀을 떠나 1993년 최고의 강팀 중 하나인 스타드 프랑세즈 팀으로 옮겼고, 이듬해에는 주장 완장까지 차게 되었습니다. 그러는 사이 그의 운명을 완전하게 뒤바꿀 만한 일들이 벌어지고 있었습니다.

인생 와인

아버지의
개인 교습

그 첫 시작은 아버지의 개인 교습이었습니다. 제라드 베르트랑 선수의 아버지 조르쥬 베르트랑 씨는 카르카손, 나르본, 리무 등의 마을이 자리 잡고 있는 오드 지방에서 이름이 널리 알려진 포도 농장주이자 와인 생산업자였습니다. 이들 지역을 일반적으로 랑그독 루시옹Languedoc-Rousillon이라고 불렀는데, 이는 랑그독과 루시옹을 합쳐서 일컫는 말입니다. 이곳은 원래 스페인의 땅이었는데, 13세기 무렵 랑그독 지방이 먼저 떨어져 나와 프랑스의 영토가 되었고, 이후 17세기 중반 이후가 되어서야 루시옹 지방이 프랑스의 영토로 편입되었습니다. 때문에 두 지역은 같은 듯하면서도 자세히 들여다보면 문화적 특성도 달랐죠. 그리고 은연중에 서로를 비난하고 배척하는 지역감정도 대단했습니다. 랑그독 사람들이 '스페인 돼지 녀석들'이라며 루시옹을 비난하기라도 하면, 루시옹 사람들 역시 '자기 허물을 모르는 멍청이들'이라며 랑그독에게 손가락질을 하곤 했죠.

그중 랑그독 지역은 스페인의 땅이 되기 훨씬 전인 로마시대 때부터 포도가 재배되고 질 좋은 포도주가 생산되는 것으로 유명했습니다. 그러나 그러한 명성은 20세기 초반 사라져 버리고 말았습니다. 발단은 한 와인 생산 농가의 선의로부터였습니다.

제1차 세계대전이 발발한 1914년의 여름은 선선하고 겨울은 온화해서 포도 농사에 딱 알맞은 날씨였다고 합니다. 특히, 랑그독 지역의 날씨는 더할 나위 없이 좋아서 그해 포도 농사는 역사상 유례없는 대풍을 거뒀습니다. 하지만 전쟁이 시작되고 집집마다 청년들이 징집되어 전장으로 끌려가자 와인 생산 농가들은 감당할 수 없이 많이 생산된 와인을 유통시킬 수도 없었고, 보관작업을 하기에도 일손이 모자랐습니다.

결국, 랑그독 와인 생산 농가들은 잉여 생산된 와인을 남부 프랑스에 주둔 중인 군병원에 선물로 보냈습니다. 일부 선의도 있었지만 실은 처치 곤란한 남는 와인을 처리하기 위한 조치였습니다. 이 같은 내용이 프랑스군 수뇌부에게 알려지게 되면서 랑그독 농가들의 선행을 기특하게 생각한 프랑스군 고위 장성이 전장에 나가 있는 프랑스군에게 랑그독 지역 농가에서 생산한 와인을 독점적으로 납품하도록 지정했습니다. 뭐 여기까지만 보면 서로에게 좋은 윈-윈의 결과라고 할 수 있습니다. 하지만 이야기는 엉뚱한 방향으로 흘러가기 시작했습니다.

이듬해인 1915년은 전년과는 달리 유례없는 흉작이었습니다. 생산된 포도의 질은 형편없었고, 생산된 전체 양 자체도 보잘것없었습니다. 문제는 전쟁은 날이 갈수록 심각해져서 유럽 전역으로 전장이 확대되었고 투입되는 병력은 기하급수적으로 늘어났습니다. 그에 따라 랑그독 농가에서 납품해야 할 와인의 수량은 크게 늘었지만, 납품할 만한 와인은 점점 바닥나고 있었습니다.

결국, 랑그독의 와인 생산 농가들은 프랑스군의 주문량을 맞추기 위해 식민지였던 북아프리카 알제리에서 생산된 값싼 포도 원액을 들여와 전년도(1914)에 생산된 랑그독 와인에 섞어 납품했습니다. 1년이면 끝날 줄 알았던 전쟁은 4년간 계속 이어졌고, 알제리 포도 원액을 섞어 만드는 값싼 와인 제조법은 어느새 랑그독 지역 고유의 와인 제조법처럼 여겨지기 시작했습니다.

그러자 엉뚱하게 이번에는 중남부 프랑스의 군수업체나 각종 생산공장에 고용된 노동자들이 비싼 보르도나 부르고뉴의 와인 대신에 '랑그독 고유의 비법으로 생산된' 값싼 와인을 찾기 시작했습니다. 덕분에 와인 생산은 호황을 이뤘지만, 1960년대 말에 이르기까지 랑그독 와인은 값싼 저급 와인을 지칭하는 일반명사로 쓰일 정도로 굴욕적인 대접을 받았습니다.

그랬던 랑그독이 1970년에 들어서며 심기일전하여 품질을 개선하고 브랜드 가치를 높이려는 노력을 시작했습니다. 농가들은 합심하여 양질의 포도를 재배하기 위해 힘썼고, 양조 방법을 개선하여 고품질 와인을 만들어냈습니다. 그러한 활동의 핵심적인 역할을 했던 이가 제라드 베르트랑 선수의 아버지 조르쥬 베르트랑이었습니다. 그는 이제 갓 열 살 남짓한 어린아이였던 아들 제라드를 자신의 포도밭인 도멘 빌마주Domaine Villemajou로 데리고 가 올바른 포도 재배법, 좋은 포도 고르는 법 등을 가르쳤습니다.

학창시절 탁월한 운동신경을 보이며 럭비 선수의 길로 뛰어든 아들을 적극 응원하면서도, 훈련을 마치고 집에 돌아오거나 학교에 가지 않는 휴일에는 여지없이 와이너리로 데리고 가 개인 교습을 진행했습니다. 그러나 이 개인 교습은 10년 만에 끝나고 말았습니다.

남프랑스의
'와인 혁명가'

제라드 베르트랑이 나르본 럭비 클럽에서 뛴 지 4년 차에 접어든 1987년, 그는 이미 팀 내에서 대체 불가능한 탁월한 공격 자원으로 촉망받고 있었습니다. 하지만 여전히 리그가 열리지 않는 기간이나, 시합이 없는 날이면 고향집 포도밭으로 와서 아버지의 일을 도우며 개인 교습을 받았습니다. 그러던 어느 날, 아버지는 제라드에게 "올해부터 와인 만드는 일을 본격적으로 배워보면 어떻겠느냐?"고 물었습니다. 포도밭 일이야 이미 10년 넘게 일손을 도우며 틈틈이 배워왔지만, 와인을 만드는 일은 그것과는 또 달랐습니다. 게다가 아버지는 와인을 만드는 전체 공정은 물론, 유통과 재무 등 와이너리 경영의 거의 모든 것을 제대로 배우라고 권했습니다. 그 역시 언젠가 선수 생

인생 와인

활을 마치면 아버지의 일을 물려받아야 한다고 생각해왔기에 훈련과 시합 스케줄을 고려해 최대한 시간을 내보겠다고 약속했습니다.

그러나 본격적인 후계 수업이 진행된 지 불과 2개월 만에 아버지 조르쥬 베르트랑은 교통사고로 갑자기 사망하고 말았습니다. 아버지의 개인 교습은 그렇게 갑자기 끝나버렸습니다. 화려한 럭비 스타 플레이어로서의 삶과 질벅한 땅 냄새 나는 와이너리 관리자로서의 삶, 그 두 가지 삶을 병행할 수 없게 된 그는 아쉽지만 선수 생활을 접고 와인 생산에 전념하기로 했습니다.

본격적으로 와인 생산에 뛰어든 그는 자신의 이름으로 회사를 설립한 뒤 우수한 포도밭과 와이너리들을 인수하기 시작했습니다. 도멘 시갈뤼스Domaine Cigalus를 시작으로 샤토 라빌 베르투Château Laville Bertrou, 샤토 에그 비브Chateau Aigues Vives, 샤토 로스피탈레Chateau l'Hospitalet 등이 베르트랑의 회사 소속 와이너리가 되었습니다. 이후로는 지역을 넓혀 테라스 드 라작Terrasses du Larzac 지역에 위치한 도멘 드 라 소바존느Domaine de la Sauvageonne와 말르페르Malepère 지역의 샤토 드 라 수즈올Château de la Soujeole을 인수했고, 얼마 뒤 샤토 드 타라이양Château de Tarailhan과 샤토 데 카란테스Château des Karantes까지 인수하면서 랑그독 지방 최대의 와인 사업자로 우뚝 서게 되었습니다.

그가 힘을 쏟은 것은 와이너리의 양적 성장만이 아니었습니다.

그는 가업 차원에서 와인 사업을 물려받고 가족의 헌신과 지원으로 운영해 나갔던 아버지 세대와 달리 와인 제조도 일정 규모 이상을 갖춰야 사업성이 있다고 판단했습니다. 사업성이 있어야 돈이 돌고, 돈이 돌아야 우수한 인재가 몰려 함께 제대로 된 와인을 만들 수 있다고 생각했습니다. 그러기 위해 우선 인수합병으로 규모를 넓히는 동시에 제라드 베르트랑 와인 컴퍼니를 전 세계에 알릴 만한 시그니처 와인을 만들기 위한 노력에도 착수했습니다.

그가 소유한 포도밭 중에는 미네르부아^{Minervois} 마을의 라 리비니에르^{La Liviniere} 구역에 위치한 9헥타르 정도 넓이의 포도밭이 하나 있었습니다. 해발 200~250미터 고도의 완만한 구릉에 기저에는 부드럽고 공기가 잘 통하는 백악질의 토양이 깔려 있었고, 그 위로 배수가 잘 되는 사토와 양분을 듬뿍 머금은 이회토가 골고루 섞여 있는 우수한 밭이었습니다. 이곳에 그는 시라즈^{Shiraz}, 그르나슈, 무르베르드^{Mourvedre}, 카리낭^{Carignan} 같은 품종의 포도를 심었습니다. 그리고 바이오 다이내믹 농법을 적용했습니다. 노새를 이용해 밭을 갈고, 화학비료와 농약을 일절 사용하지 않았습니다. 대신 녹차와 나뭇잎 등을 말려 우려낸 물을 수시로 줘 필요한 영양분을 공급했고, 부족한 미네랄은 미세량의 구리 가루와 유향으로 보충했습니다.

오래전 프랑스 농부들이 사용했던 월력을 부활시켜 그 주기에 맞춰 포도밭을 관리했습니다. 그렇게 기른 포도를 수확하여 양조

인생 와인

할 때는 어떠한 인위적인 혼합물도 섞지 않은 채 각각의 품종에 맞춰 손질하고, 품종별로 콘크리트 발효조에 넣어 자연 효모로만 발효를 이끌어냈습니다. 그렇게 만들어진 와인을 춘분 무렵에 블렌딩해 프렌치 오크통에 넣어 12개월간 숙성시켰습니다. 그런 고된 과정을 거쳐 만들어진 와인이 바로 제라드 베르트랑을 대표하는 시그니처 와인인 클로 도라^{Clos d'Ora}입니다.

이후로도 그는 어렸을 때부터 와인을 접하며 자라온 타고난 와이너리 경영자다운 섬세함 그리고 프로리그에서도 활약했던 스타 럭비선수다운 과감한 실행력과 추진력으로 자신의 와이너리와 와인회사를 남프랑스를 대표하는 곳으로 키워냈습니다.

승부가 나면
언제나 노 사이드

우리가 어떠한 일을 하고자 할 때, 사업을 전개할 때 흔히 떠올리는 것이 네 편 내 편입니다. 내 편, 이른바 내 깐부, 지인, 라인 등이면 잘해주고, 경쟁하는 상대방이나 경쟁회사를 압도하여 다시는 일어나지 못할 정도로 자근자근 밟아야 한다는 생각입니다. 과거에는 그런 생각이 통하기도 했습니다. 전쟁을 통해 서로의 것들을 뺏고 뺏기고, 상대의 목숨을 끊어 놔야 완전한 승리로 인정받았던 시절의 이야기입니다. 그러나 그보다 훨씬 더 크고 복잡한 세상이 되어 버린 현대에 그런 생각은 위험합니다. 오히려 자신의 성공을 방해하고 수명을 단축시킬 수 있습니다.

많은 사람이 오해하는 것이 럭비가 '미개한 스포츠', '거칠고 무자비한 스포츠'라는 생각입니다. 양 팀당 7명에서 15명의 선수들이 공 하나를 두고 몸과 몸을 맞부딪치고 때로는 진흙 범벅이 되어 한데 구르는 모습을 보면 그런 생각이 들 수도 있습니다. 그러나 관심을 갖고 가만히 지켜보면 럭비만큼 매너 있는 스포츠, 신사다운 스포츠가 또 없습니다. 최근 들어 간혹 매너를 지키지 않는 젊은 선수들이 있어서 눈살을 찌푸리게도 하지만, 전통적으로 럭비는 심판에게 철저하게 예의를 갖춰야 하는 스포츠입니다.

거의 모든 경기에서 심판에게 항의하는 선수의 모습을 보기 힘듭니다. 간혹 감정을 못 이겨 항의하더라도 그 이유 하나만으로 심판이 즉시 퇴장 명령을 내릴 수 있는, 요즘 보기 드물게 심판의 권위가 살아있는 스포츠입니다. 선수들 사이의 존중과 배려심도 각별해서 경기 중 부상당한 선수가 나오면 너나 할 것 없이 몰려들어 진심으로 걱정하고, 팀을 구분하지 않고 모두가 둘러업고 경기장 밖으로 옮기는 모습을 가장 자주 볼 수 있는 스포츠 또한 럭비입니다.

특히, 럭비의 스포츠맨십을 상징하는 가장 대표적인 것으로

'노 사이드No Side 정신'이 있습니다. 경기 중에는 승부를 겨루기 위해 양쪽 사이드로 나누어(팀으로 구분되어) 경기를 합니다. 하지만 경기가 종료되면 그런 구분 없이 모두가 럭비인이라는 생각으로 하나 되어 서로 악수를 나누며 승리를 축하하고, 등 두드리며 패배를 격려하는 것이 노 사이드 정신의 핵심입니다. 때문에 럭비에서는 심판이 경기 종료를 선언하는 것을 다른 스포츠처럼 '종료 휘슬을 불었다' 등으로 표현하지 않고 '노 사이드를 선언했다'라고 합니다. 실제로 모든 럭비에서는 경기가 종료되면 양 팀의 선수가 한데 어울려서 관중들에게 함께 인사하는 모습을 볼 수 있습니다.

그래서일까요? 럭비 선수 출신인 제라드 베르트랑 역시 이 '노 사이드 정신'을 가장 잘, 적극적으로 자신의 사업에 활용했습니다. 내적으로는 양적 확장과 질적 성장을 편 가르지 않고 함께 추구하는 모습부터 시작해서, 마케팅 측면에서는 철저하게 새로운 소비자의 취향에 맞춰 획기적이고 혁신적인 방식을 취하면서도 포도의 재배와 와인 제조에 있어서는 전통적인 방식과 나이 든 농부들의 경륜을 존중하는 모습을 보였습니다. 또 포도밭에 대한 공격적인 인수합병을 시도할 때는 경쟁 구도의 와이너리까지 포함했습니다. 이처럼 랑그독 루시옹 지역의 발전을 위해 헌신적으로 기여하는 모습 등은 전형적인 노 사이드 정신을 실천한 것이라고 할 수 있습니다.

특히, 그는 좋은 포도밭과 훌륭한 와이너리를 두고 경쟁할 때는 프로스포츠 무대의 스타 플레이어답게 놀라운 승부욕을 발휘해서 상대를 깜짝 놀라게 했습니다. 어떻게든 이기기 위해 집요하게 노력했지만, 결정이 난 뒤에는 상대방을 진심으로 축하했습니다(사실, 그가 위로해줘야 할 때가 훨씬 더 많았지만). 랑그독 루시옹 지역에서 함께 포도밭을 일구고 와인을 만드는 경쟁자이지만 공동의 발전과 랑그독 루시옹이라는 지역 브랜드 가치의 제고를 위해 함께 힘을 모았습니다. 이런 노 사이드 정신을 바탕으로 한 그의 행동이 오늘날의 그를 만들었습니다.

앞으로의 세상에서는 이질적인 상대에 대한 이해, 경쟁하는 상대에 대한 인정과 배려의 중요성이 더 커질 것입니다. 사회가 복잡해질수록 언제 어디서 적으로 만날지, 또 다른 곳에서는 친구나 동지로 만날지 예측할 수 없기 때문입니다. 승부를 겨룰 때는 냉정하되 경쟁이 끝나고 나면 노 사이드의 정신으로 보다 큰 우리의 발전을 위해 기꺼이 손을 맞잡는 모습을 닮아보면 어떨까 합니다. 럭비 선수로, 와이너리 경영자로 모두 성공한 참 부러운 남자 제라드 베르트랑처럼 말이죠.

Wine Friends' Note

♦ 클로 도라(Clos d'Ora)

와이너리(Viña)	제라드 베르트랑(Gérard Bertrand)
포도 품종(Uva)	시라즈(Shiraz) 그르나슈(Grenache) 무르베르드(Mourvedre) 카리냥(Carignan)
생산지역(Región)	프랑스(France), 랑그독–루시옹(Languedoc-Roussillon)
와인 스타일 (Estilo de Vino)	랑그독–루시옹 레드 계열의 레드 와인으로 높은 산미와 묵직하게 꽉 찬 보디감이 인상적인 와인이다. 피니시에 후추 향과 미네랄의 풍미가 느껴지는 독특한 와인으로 보르도 그랑 크뤼 와인과 견줄 만한 랑그독 와인이다.
등급(Grado)	랑그독 최초의 그랑 크뤼급 와인
도수(Contenido Alcohólico)	15.5%
어울리는 음식(Maridaje)	소나 송아지 종류의 고기 요리 또는 파스타

양손잡이는 강하다

전통의 가치와 새로운 기술이 함께 만들어낸

산 지오반니(San Giovanni)

_ 카스텔로 몬테 비비아노 베키오(Castello Monte Vibiano Vecchio)

최대 이변의
주인공

지난 2020년(실제로는 2021년에 열린) 하계 올림픽에서는 수많은 이변이 벌어졌습니다. 당연히 금메달을 딸 거라 예상했던 우리나라 태권도, 유도 대표선수들이 대거 예선 탈락했던 것도 이변이었고, 노박 조코비치와 모모타 겐토 같은 테니스와 배드민턴의 세계 최강자들이 일찌감치 결선 진출에 실패하며 노메달에 그친 것도 큰 이변 중 하나였죠. 그러나 가장 큰 이변은 따로 있었습니다. 그것은 특정한 선수가 아니라 한 나라 대표팀 전체였습니다. 그 이변의 주인공은 바로 이탈리아 대표팀이었습니다.

이탈리아 대표팀은 2020년 하계 올림픽에서 금메달 10개, 은메달 10개, 동메달 20개 등 총 40개의 메달을 따며 종합 순위 10위에 올랐는데, 이는 자국에서 열린 1960년 로마 올림픽 때의 기록 36개를 뛰어넘는 역사상 최고 기록입니다. 동시에 전통의 스포츠 강국인 독일과 프랑스의 기록을 넘어 영국(총 65개)에 이어 유럽대륙 국가 중 2위의 놀라운 기록이었습니다.

그런데 그중에서도 이탈리아 육상 대표팀의 선전은 특히 인상적이었습니다. 10개의 금메달 중 다섯 개는 태권도, 사이클, 조정 등의 종목에서 각각 하나씩 나왔는데, 나머지 다섯 개가 몽땅 육상에서 나왔습니다. 남자 높이뛰기 등과 같이 기대하지 않았던 종목에서도 금메달을 땄고, 수십 년간 미국과 자메이카 팀이 석권해왔던 남자 계주 400미터에서도 금메달을 목에 걸었습니다. 단순히 운이 좋다거나 다른 팀이 부진해서 우승한 것도 아니었습니다. 이미 준결승 때부터 이탈리아 계주팀은 이탈리아 역대 최고 기록을 경신하며 무섭게 치고 올라왔습니다.

더 놀라운 결과는 남녀 경보에서 나왔습니다. 마시모 스타노 선수는 찌는 듯한 더위 속에서 펼쳐진 남자 20킬로미터 경보 종목에서 홈그라운드의 이점을 이용해 두 명이 앞서거니 뒤서거니 하며 다른 경쟁 선수를 막아선 일본 선수들에 맞서, 막판 스퍼트를 올려 금메달을 따냈습니다. 레이스가 끝난 뒤, 자신을 괴롭히던 두 명의 일본 선수들이 결승선을 통과할 때까지 기다렸다가 환하게 웃으며 며칠 전 배운 어설픈 일본어로 축하인사를 건네는 모습이 전 세계로 중계가 되면서 '진정한 올림피언'이라는 찬사까지 덤으로 가져갔습니다.

이튿날 펼쳐진 여자 20킬로미터 경보 금메달의 주인공 역시 이탈리아의 차지였습니다. 이날 자신의 30회 생일을 맞은 안토넬라 팔미사노 선수는 시종일관 차분하고 여유 있는 모습으로 단 한 차례의 규정 위반 없이 독보적인 레이스를 펼친 끝에 여자 20킬로미터 경보 종목에서 우승한 최초의 이탈리아 선수가 되었습니다.

모든 결과가 다 놀라웠지만, 그중에서도 압권은 '하계 올림픽 대회 육상 종목의 꽃'이자 '하이라이트'라고 불리는 남자 100미터 결승이었습니다. 비록 우사인 볼트라는 100년에 한 명 나올까 말까 하는 불세출의 영웅이 은퇴한 후 그 빈자리가 커 보인 종목이었습니다. 그래도 요한 블레이크와 같은 노장부터 프레드 컬리, 드 그라세 같은 떠오르는 신예들이 맞붙은 경기에서 이탈리아 대표팀의 마르셀 제이콥스는 연전연승을 거듭하며 결승에 올라 금메달까지 목에 걸었습니다. 전 세계 언론들은 '이번 대회 최

대의 이변'이라며 이탈리아 대표팀, 특히 육상 대표팀의 선전을
연일 보도했습니다.

이변이지만
이변이 아니었던 이변

그러나 육상에 대해 조금만 관심
이 있다면, 또는 이탈리아 스포츠계에 대해 약간의 지식과 정보
가 있다면 2020년 하계 올림픽 육상 종목에서 이탈리아 대표팀
이 거둔 성과에 대해 '이변'이라는 단어를 쉽게 꺼내 들지 않았을
것입니다.

사실, 올림픽이 얼마 남지 않은 시기에 이탈리아 육상협회
Federazione Italiana di Atletica Leggera는 과도기였습니다. 30년 이상 협회를
이끌어온 알피오 지오미Alfio Giomi 회장이 은퇴하고 선수 출신인 스
테파노 메이Stefano Mei가 새롭게 회장에 취임했기 때문입니다. 그
이전부터 이미 이탈리아 육상협회는 세대교체에 착수했고, 그 마
지막 결과물이 회장 이취임식이었습니다.

역사를 되짚어보면 이러한 세대교체의 시기에 불협화음이 튀
어나오고, 기성세대와 신진세대가 충돌해 조직 전체의 화합이 깨
지며 결국 파국을 맞이하는 경우를 흔하게 볼 수 있습니다. 이탈

리아 육상협회 역시 그런 우려 섞인 시선을 수년째 받아왔었습니다. 그러나 그들은 달랐습니다.

중·고등학교 체육교사 출신이었던 전임 회장 알피오 지오미는 전형적인 스포츠 행정가였습니다. 그간 배출한 제자들과 오랜 기간 알고 지내던 선후배들로 이뤄진 탄탄한 인맥을 바탕으로, 우리나라만큼은 아니지만 이탈리아에서 축구나 배구 등의 종목에 비해 비인기 종목이었던 육상에 막대한 지원을 이끌어냈습니다. 특히, 대표선수의 선발에 속지주의가 아닌 속인주의를 채택해 부모 중 한 사람이라도 이탈리아 국적이면 그 자녀도 이탈리아 대표팀으로 뛸 수 있도록 하는 데 앞장선 것은 지오미 전 회장의 가장 큰 업적 중 하나였습니다.

새롭게 회장에 취임한 스테파노 메이 회장은 1980년대 이탈리아 육상을 주름잡았던 중장거리 선수 출신의 젊은 회장이었습니다. 그는 기존의 선수 선발방식과 훈련방식을 대대적으로 혁신했습니다. 미국과 영국 등 오랜 기간 육상계를 주름잡아온 국가들의 과학적 훈련방식과 식이요법 등을 이탈리아 육상 대표팀에 도입했고, 외국인 코치 영입에도 적극적이었습니다.

그러나 그는 일방적인 과거와의 단절을 시도하지는 않았습니다. 오랜 기간 지오미 전 회장이 구축해 놓은 제도와 시스템을 존중했고, 그때 중용된 인사들을 크게 교체하지도 않았습니다. 오히려 외국인 코치들과 그들이 가져온 새로운 훈련법이 정착할 때

인생 와인

까지 기존의 코치진과 훈련법을 병행해 변화가 점진적으로 이뤄지도록 템포를 조절했습니다. 지오미 전 회장은 물론, 그의 밑에서 손발을 맞춰 함께 일했던 원로들을 극진하게 대접하여 그들 스스로가 자신들이 보유한 노하우를 헌신적으로 전수할 수 있도록 했습니다.

경험이 많은 기존의 코치들은 개성이 강하기로는 세계에서 둘째가라면 서러울 이탈리아 선수들의 마음을 하나로 묶었고, 이는 남자 400미터 계주에서 놀라운 팀워크로 금메달이라는 성과를 만들어냈습니다. 탁월한 실력을 갖추고 있음에도 개성이 톡톡 튀다 못해 다소 불안정한 심리 상태로 인해 가끔 경기를 그르쳤던 잔마르코 탐베리 선수 역시 베테랑 코치진의 안정된 육성과 지원 덕분에 올림픽 무대에서 눈부신 활약을 거둘 수 있었습니다.

새로운 코치진과 그들이 도입한 혁신적인 훈련법은 유럽 무대에서도 만년 2위권이었던 선수들이 자신감을 갖고 레이스를 펼칠 수 있도록 했고, 남자 100미터와 남녀 20킬로미터 경보에서 우승으로 결실을 맺었습니다.

'협업을 통한 성과 창출'의 백미는 바티칸과의 협업이었습니다. 수천 년간 함께 살아온 공생 관계였지만, 바티칸과 이탈리아는 묘한 애증의 관계였습니다. 바티칸은 이탈리아가 힘으로 밀어붙쳐 자신들을 정복할까 봐 늘 노심초사였고, 이탈리아는 이탈리아대로 수도 로마 한복판의 알짜배기 땅을 차지하고 앉아 콧대 높은 상전 노릇을 하던 바티칸 당국을 썩 마음에 들지 않아 했기 때문입니다(아, 여기서 애증 관계는 종교를 제외한 정치적인 얘기입니다. 이탈리아 가톨릭 신도들의 믿음은 세계적으로도 유명하지요).

그랬던 바티칸의 육상연맹과 이탈리아 육상연맹이 손을 잡은 것입니다. 두 육상연맹은 같이 훈련하고 공동으로 대회를 개최하며 함께 성장해 나가기로 협약을 맺었고, 그 협약은 지금까지도 잘 이행되고 있습니다.

존재감 없던 마을에서 온 귀한 손님

서로 다르거나 이질적인 존재들 간의 협업을 통해 성과를 만들어낸 이탈리아 육상협회를 볼 때마다 저는 꼭 마시고 싶은 와인이 한 병 있습니다. 이탈리아 태생의 와인인 산 지오반니입니다.

산 지오반니의 고향은 움브리아Umbria주의 주도인 페루자Perugia 지역입니다. 사실 페루자 지역은 우리 한국인에게 그다지 좋은 느낌을 주는 도시는 아닙니다. 우선 대대로 부유한 농촌 지역이었기에 농업 기능은 발달했지만 도시로서의 기능은 그다지 발달하지 못해서 한국 관광객들이 갈 만한 관광지(높은 첨탑을 자랑하는 시청이나, 스테인드글라스 등이 멋진 성당 혹은 하다못해 학생들을 가둔 감옥이라도…)가 많지 않았습니다. 한국 관광객들은 볼거리들을 찾아 로마, 피렌체, 베네치아로 향했고 페루자는 2000년대 초반까지 그 이름을 알고 있는 한국인이 드물 정도로 관심 밖의 도시였지요. 그랬던 페루자가 한국인들의 머릿속에 (결정적으로 안 좋은 이미지로) 각인되는 계기는 2002년도에 일어났습니다. 당시 국가대표 공격수였던 안정환 선수는 이탈리아 프로축구 리그인 세리에 아^{Serie A} 소속으로 페루자를 연고로 하고 있던 페루자 칼치오^{AC Perugia Calcio} 팀에서 뛰고 있었습니다. 그런데 이 선수가 그만(?) 한일 월드컵 16강 전에서 이탈리아를 탈락시키고 대한민국을 8강에 진출시키는 헤딩 골든골을 넣고 만 것이었습니다. 축구라면 사족을 못 쓰는 다혈질 이탈리아인답게 페루자 칼치오의 구단주는 노발대발하여 감독에게 '배신자(?) 안정환을 경기에 기용하지 말라'고 하였습니다. 때문에 시즌을 마칠 때까지 안정환은 벤치 신세를 면치 못했다는 소식이 알려지면서 페루자는 안습한 이미지에 사악한 이미지까지 겹쳐서 한국인들의 머릿속에 남았습니다. 물론, 이후 (칼치오의 구단주 성격이 불같은 것은 맞지만) 안정환 선수 기용과 관련한 이야기는 루머에 가깝다는 증언이 여기저기서 나왔지만, 한번 나빠진 이미지는 쉽게 회복되지 않았습니다.

그리고 결정타는 2016년에 있었던 중부 이탈리아 대지진입니다. 그해 9월 우리나라 경주시 인근에서 지진이 발생해 놀란 가슴을 쓸어내렸는데, 불과 한 달 만에 페루자에서 진도 6.6의 강진이 일어나 수백 명이 죽거나 다치는 참사가 일어나게 되었습니다. 더군다나 안 좋았던 이미지에 위험한 곳이라는 느낌까지 더해지고 말았습니다.

그러나 그런 이유로 멀리하기엔 페루자, 그리고 움브리아는 너무나 장점이 많고 매력적인 지역입니다. 이탈리아 아펜니노 Apennine 반도의 정중앙 배꼽 같은 위치에 자리 잡고 있는 움브리아, 그리고 그 배꼽의 다시 정중앙에 자리 잡고 있는 페루자는 오래전부터 농업의 중심지였고 현재도 그러하기에 도시 주변에 이렇다 할 산업시설이 없습니다. 때문에 천연의 환경을 그대로 유

▲ 카스텔로 몬테 비비아노 베키오 와이너리

지할 수 있었죠. 제가 아는 한 미대 교수님은 이탈리아 유학 시절 페루자에서 차로 30분 거리에 있는 낮은 구릉에 놀러 갔다가 알록달록 펼쳐진 초원 위로 붉은 석양이 물들어가는 모습을 보면서 '태어날 때부터 이런 풍경, 이런 색감을 보며 자란 미술학도와 내가 무슨 수로 경쟁을 할 수 있단 말인가?' 하는 생각이 들어 한동안 크게 상심했었다고 합니다. 유력한 대도시가 아니었기에 이렇다 할 문화재가 많지는 않지만, 15세기 이후 교황 통치령Stato Papale 이 되면서 나름 역사적인 공간과 성스러운 종교 시설물도 곳곳에 남겨져 있습니다.

그리고 와인!

움브리아 지역의 와인 생산량은 토스카나 지역의 3분의 1 수준으로 그렇게 많은 것은 아닙니다. 그러나 과거 교황령이었던 관계로 아직까지 명맥을 이어오고 있는 유서 깊은 수도원들이 많고, 그런 수도원이 경작해온 포도밭들이 곳곳에 산재해 있어 특색 있는 와이너리가 많기로 유명합니다. 또 인근의 강력한 와인 주산지들과 경쟁하기 위해서는 뚜렷한 개성이 필요했기에, 움브리아 지역의 와인은 다양한 시도를 두려워하지 않고 끊임없는 학습을 통해 새로움을 추구해 나가는 데 능했습니다. 산 지오반니 역시 그렇습니다.

산 지오반니는 메를로와 카베르네 프랑 품종을 발효 후에 프렌치 오크통에서 15개월 정도 정교하게 숙성시키는 것부터 시작됩니다. 그런 다음 산지오베제 품종과 블렌딩한 뒤 병입하게 됩니다. 병입한 뒤에는 6개월 정도 추가 숙성을 진행하는데, 이때 블렌딩한 두 용액이 서로 미묘한 상호작용을 주고받으면서 말로 표현하기 힘든 맛으로 발전하게 됩니다. 이런 과정을 이야기하면 많은 분이 "그렇게 번거롭게 만들 필요 없이 그냥 처음부터 몽땅 한 통에 넣고 숙성시키면 안 되나?"라고 묻고는 합니다. 하지만 그러면 모든 것이 뒤죽박죽 뒤엉켜서 네 맛도 내 맛도 아닌 맛이 되어 버리고 맙니다. 각각의 개성을 살리면서 서로 간의 장점을 살리고, 함께 조화를 이뤄 더 나은 맛을 내기 위해 고안한 절차이자 방법에 따라 산 지오반니는 만들어지고 있습니다.

　하계 올림픽 때 이탈리아 육상 선수들의 경기 모습을 TV로 보며 셀러에서 산 지오반니 한 병을 꺼내 마신 적이 있습니다. 여러 품종이 복잡 미묘하게 섞여, 서로 이질적인 것 같으면서 묘하게 조화를 이뤄내는 산 지오반니를 맛보며 개성 강한 이탈리아 선수들이 하나 되어 좋은 성적을 내는 것을 보니 기분이 남다르더군요.

　　　　　　　　　　　　　　　　　　　　인생 와인

와인 한잔 마시고
다리를 놓읍시다

사람들은 경영을 '수많은 모순 간의 조화'라고 말합니다. 우리를 둘러싼 여러 가지 모순된 상황들 간에 다툼이 일어나지 않도록 조화롭게 관리하며, 필요한 것들을 뽑아내는 것이 바로 탁월한 경영의 기술이라고 합니다.

'최대한 적은 인건비로 최적의 훌륭한 인재를 확보해야 한다는 모순', '저렴한 재료비로 고객을 매료시킬 최상의 맛을 만들어내야 한다는 모순', '지금 이 순간 뽑아낼 수 있는 최대한의 이윤을 창출하면서도 적극적인 미래 준비를 위해 과감한 투자를 해야 한다는 모순', 그러한 모순 가운데에서도 갈등과 다툼을 일으키지 않고 조화를 이뤄내 작게는 하고 있는 업무에서부터 크게는 관리하고 있는 회사나 국가적 성과를 만들어내는 것, 그것이 바로 경영의 본질 중 하나입니다.

그러나 많은 사람, 기업이 그 '모순들 간의 조화'를 이뤄내는데 실패합니다(사실, 보통의 일반인이라면 실패하는 것이 당연할 만큼 어려운 일이기는 합니다). 최대한 사람을 줄이고 인건비를 아껴 수익을 극대화하려다 우수한 인재들을 놓치고 조직의 토대까지 망가져 아예 회생 불능의 상태에 빠져 버린 기업들의 사례를 종종 마주치게 됩니다. 역으로 무조건 인재를 쓸어 담겠다는 목표하에 별

다른 기준 없이 거액의 연봉을 지불하며 무분별하게 사람들을 끌어 모으다 결국 고정비 지출을 이겨내지 못하고 쓰러져 간 판교발 IT 업체의 소식 또한 심심치 않게 들을 수 있습니다. 재료비를 아끼려고 원재료 납품처를 바꿨다가 '맛이 변했다'는 소문이 돌아서 식당 문을 닫아야 했던 사례는 어렵지 않게 볼 수 있습니다.

그중 가장 빈번하게 보고 듣는 '모순들 간의 부조화'로 인한 실패는 현재의 성과와 미래 준비 간의 모순을 극복하지 못한 사례입니다. 현재의 성공에 안주해 지금 거두고 있는 것들에 만족하고, 현 상황을 토대로 미래에 대한 예측을 해 부실하게 혹은 나태하게 미래 준비를 하다가 얼마 안 가 시장에서 도태되는 기업들은 여러 곳에서 발견됩니다.

심지어 사라지기 불과 몇 해 전에 〈포천Fortune〉이나 〈포브스Forbes〉의 표지사진에서 찾아볼 수 있습니다. '미래 핵심 기술', '차세대 유망 사업'이라는 이제는 조금은 식상한 포장지를 뒤집어 쓴 채, 시장에 이렇다 할 기여나 성과도 없이 평생을 유망주 행세를 하고 있는 기업도 수두룩합니다. 이럴 때 모순들 간의 서로 다른 부분보다 함께할 수 있는 부분, 서로 기여할 수 있는 부분들을 찾아내어 조화를 이뤄내고 상호 시너지를 창출해서 더 큰 성과를 만들어낼 수 있도록 하는 것이 진정한 '일 잘하는 사람', '사업 잘하는 경영자'의 역할이라고 생각합니다.

실제로 '독일 역사상 최장기간 재임 총리', '독일의 진정한 통

인생 와인

일을 이뤄낸 총리'라는 명예로운 칭송을 받으며 얼마 전 퇴임한 메르켈Angela Dorothea Merkel 총리는 재임기간 자신의 성공 비결이자, 한 국가를 경영하는 경영자 혹은 정치가로서 가장 중요한 덕목을 묻는 질문에 이렇게 말했습니다.

"그것은 바로, '갈등과 갈등 사이에 다리를 놓는 것'입니다."

앞으로 우리도 성공하기 위해서는 메르켈 총리 못지않게 더 많은 모순과 모순, 더 극심한 갈등과 갈등 사이에 다리를 놓아야 할지 모릅니다. 그럴 때 이탈리아 육상팀을 떠올리며, 페루자에서 온 숨겨진 걸작 산 지오반니를 이용해보면 어떨까요? 자신과 가장 반대의, 어쩌면 어울리지 않는 사람과 협업해야 할 때, 아쉬운 소리를 하거나 반대로 들어주기 싫은 부탁을 들어줘야 할 때, 그를 저녁 식사 자리에 초대해서 산 지오반니를 한 잔 따라주는 겁니다. 그리고는 그 제조에 얽힌 이야기를 들려주며 "너와 나는 분명히 다르다. 그러나 각자 최상의 맛으로 익어간 뒤 병에서 만나 다시 조화를 이뤄낸 각각의 품종 포도송이들처럼 우리도 잘 협조해 산 지오반니 같은 걸작 한번 만들어보자"고 손을 내밀어보는 겁니다. 괜찮겠죠?

친구들의 와인 노트
Wine Friends' Note

◆ 산 지오반니(San Giovanni)

와이너리(Viña)	카스텔로 몬테 비비아노 베키오 (Castello Monte Vibiano Vecchio)
포도 품종(Uva)	산지오베제(Sangiovese) 메를로(Merlot) 카베르네 프랑(Cabernet Franc)
생산지역(Región)	이탈리아(Italia), 움브리아(Umbria)
와인 스타일 (Estilo de Vino)	중앙 이탈리아 레드(Central Italy Red) 계열의 레드 와인으로 높은 산미와 중간 수준의 보디감. 블랙 체리의 강렬한 붉은색 컬러와 통후추와 바닐라가 절묘하게 섞인 것 같은 향의 환상적인 조화가 일품인 와인이다.
등급(Grado)	DOCG
도수(Contenido Alcohólico)	14.5%
어울리는 음식(Maridaje)	송아지, 닭을 사용한 요리 또는 파스타

인생 와인

함께, 오래, 멀리 가는 길

고립을 탈피하고 함께하는 힘을 통해 성공한
바롤로 체리퀴오(Barolo Cerequio)
_ 바타시올로(Batasiolo)

독고다이에 대한
넘치는 사랑

제가 어렸을 때만 하더라도 동네
에 '약장수'라는 직업을 가진 이들이 참 많았습니다. 이들은 사람
들이 많이 오가는 길목에 난전을 펼쳐두고 일단 구경거리를 제공
해 사람들을 불러 모았습니다. 악단을 동원해 시끌벅적하게 풍악
을 울리는 것이 가장 기본적인 버전이었고, 거기에 원숭이나 개

를 동원한 동물 묘기가 추가되기도 했습니다. 정작 중요한 약의 효능에 대한 설명이나 누가 이 약을 먹어야 하는지에 대한 안내는 뒷전이었지요. 그도 그럴 것이 그 약은 어떠한 질병에도 효과가 있는 만병통치약이자, 누가 먹어도 아무런 약효가 없을(?) 약이었기 때문이죠.

아무튼 약장수들은 일단 사람들을 끌어모으기 위해 갖은 방법을 다 동원했습니다. 그중에서도 가장 효과 만점이었던 것은 사람의 신체를 활용한 '차력 쇼'였습니다. 채 마흔 살이 안 되어 보이는 외모임에도 불구하고 태백산에서 20년, 계룡산에서 20년, 대구 동화산에서 20년, 도합 60년간 도를 닦았다고 주장하는 사내가 웃통을 벗고 등장하여 맨손으로 못을 박고, 입으로 불덩이를 삼키고, 깨진 유리 위를 맨발로 걷는 모습은 군중들의 탄성을 자아내기에 충분했습니다. 공연의 막바지에 약장수가 등장해 "이러한 강인한 몸을 만들 수 있었던 원동력이 모두 다 이 만병통치약 덕분이올시다!"라는 추임새를 곁들이면 사람들은 너나 할 것 없이 약을 사겠다고 아우성이었습니다.

그런데 이 차력 쇼만 봐도 우리가 부자가 되거나 성공하기 위해서 필요한 것을 무엇이라고 생각하는지 그 정서를 알 수 있습니다. 과거부터 우리는 성공을 위해서는 일상에서 분리되어 외부와 차단된 채, 홀로 고독 속에서 자신이 하고자 하는 것에 몰입하는 숙고의 시간이 반드시 필요하다고 생각해왔습니다. 멀리는

인생 와인

21일간 동굴 속에서 쑥과 마늘만을 먹으며 인간이 되기 위해 빌고 또 빌었던 곰(중도에 포기했던 호랑이)의 설화로부터 시작해서, 동굴 속에 들어가 무려 9년간 벽만 바라보며 참선하는 면벽수행을 통해 선종禪宗을 창시했다고 알려진 달마대사의 이야기가 유명합니다. 또 가까이는 토굴을 파고 3년간 홀로 공부해서 사법고시를 통과했다는 전직 대통령까지 '외로운 성공'의 사례는 찾아보면 셀 수 없을 만큼 많고도 다양합니다.

이러한 극한의 사례뿐만 아니라 기존의 생활영역을 떠나 주변을 차단하고 고독하게 홀로 노력을 기울여 남다른 성공을 거둔 사례는 잠시만 주변을 둘러봐도 얼마든지 발견할 수 있습니다. 유명한 이들 중에는 생사고락을 같이 하던 연극무대 동료들과 연락을 끊고 영화 촬영에 매진해 대스타의 반열에 오른 모 연예인도 있습니다. 유명한 사람은 아니지만 아는 후배 중에도 대학에 진학하겠다고 마음먹은 뒤 어울리던 동네 친구들과 인연을 싹 끊고 집과 학교만 오가는 생활 끝에 목표로 한 대학에 합격했던 친구도 있습니다.

실제로 한 가지 목표에 모든 에너지를 집중하기 위해 그에 대한 몰입을 방해하는 외부 환경적 요소들을 배제하는 것이 도움이 될 수는 있습니다. 그러나 이와 같은 사례에 담긴 진정한 의미 또는 이러한 이야기들이 시대를 거듭하면 계속해서 등장하고, 그에 대해 많은 사람이 수긍하는 이유는 '무언가 간절히 원하는 것'

을 얻기 위해서는 '가장 소중한 것들'을 희생해야 한다는 것이 우리 인간의 보편적인 정서입니다(아버지의 눈을 뜨게 하기 위해 인당수에 몸을 던지는 심청이의 이야기가 수백 년이 지나 마블의 영화 〈어벤져스 : 엔드게임〉에서 그대로 재연되는 것을 보면 맞는 말인 것 같습니다). 그리고 그 '가장 소중한 것들' 중의 으뜸이 가까운 인간관계를 형성하는 가족, 친구 등이었기에 실제에서나 소설, 영화 등의 허구에서나 대단한 일에 도전하는 사람들은 늘 홀로 외로운 것이 일반적인 모습이었습니다.

그런데 이제 그런 시대가 지났습니다. 아니, 좀 더 정확하게 표현하자면 그런 방식으로 성공할 수 있는 시대는 사라졌습니다. 모든 것이 서로 연결되고 실시간 상호작용을 통해 영향력을 주고받는 환경에서 혼자 틀어박혀 이뤄낼 수 있는 것은 불가능하거나 한계가 있습니다. 운 좋게 무언가를 이뤄냈다 해도 그것의 가치가 사람들에게 제대로 전달되지 못하고 묻혀 버리는 경우가 대부분입니다. 대신, 조금 부족하거나 미흡한 부분이 있더라도 촘촘한 네트워크와 끈끈한 협업을 바탕으로 놀라운 성과를 거둬내는 사례가 빈번히 등장하고 있습니다.

형제 간의 우애, 가족 간의 끈끈한 협력, 지역 주민과의 유기적인 협조를 바탕으로 규모와 질 두 마리 토끼를 모두 훌륭하게 잡고 있는 베니 디 바타시올로^{Beni di Batasiolo} 와이너리도 그중 하나입니다.

안개의 포도인가,
귀족의 포도인가

피에몬테^{Piemonte}는 이탈리아어로 '산의^{Monte} 발^{Pie}'을 의미합니다. 산에서부터 평야로 뻗어 나온 모습이 마치 산이 발을 쑥 내민 것 같은 모습에서부터 유래한 것이지요. 실제로 피에몬테는 이 지방을 감싸고 있는 알프스 산맥과 아펜니노 산맥이 지중해를 향해 슬그머니 발을 뻗치고 있는 듯한 모습입니다. 덕분에 양대 산맥의 정상에서 녹은 눈이 땅 속으로 스며들어 양분을 듬뿍 머금은 뒤 평야 지역에서 샘솟아 피에몬테 지방 곳곳에 생명수를 제공해주었습니다. 그리고 덥고 건조한 여름과 춥고 찬바람 쌩쌩 부는 겨울이 극적인 계절적 변화를 이루면서 이곳에서 나는 산물이 선명하고 개성 있는 맛을 지니도록 하는 데 한몫 톡톡히 했습니다.

특히, 피에몬테 지방을 유명하게 만든 것은 네비올로^{Nebbiolo}라는 품종의 포도였습니다. 서늘한 기후의 석회석 토양에서 잘 자라는 네비올로는 껍질이 두껍고 탄닌과 산도가 높아 다루기 쉽지 않습니다. 대신 오랜 기간을 두어도 맛이 안정적으로 유지되고, 특히 제대로 숙성하면 깊은 풍미와 다양한 느낌을 낼 수 있어 오랫동안 피에몬테를 대표하는 포도 품종으로 사랑받아 왔습니다.

네비올로라는 이름의 유래에는 다양한 설이 있습니다. 포도가 수확되는 10월 하순 무렵이면 피에몬테 지방의 와인 생산 중심지 중 한 곳인 랑게^{Langhe} 지역을 중심으로 매일 아침 짙은 안개가 깔립니다. 수확한 포도를 담을 바구니를 등에 지고 그 안개를 헤치며 포도밭으로 걸어가는 인부의 모습이 몽환적인 풍경을 자아내면서 피에몬테를 대표하는 풍광으로 꼽히고 있죠. 아무튼, 포도밭이 안개에 휩싸인 모습이 하얀 과분을 겉에 묻힌 포도송이의 모습과 흡사했기에, 안개를 뜻하는 이탈리아어 네비아^{Nebbia}로부터 네비올로라는 이름이 유래했다는 설이 유력합니다.

그런데 얼마 전 그런 설을 뒤엎는 새로운 설이 등장했습니다. 13세기 무렵 볼로냐대학에서 논리학과 법학 그리고 의학을 전공한 뒤 이탈리아 북부의 여러 도시국가를 옮겨다니며 법률가로 살았던 피에트로 데 크레센치^{Pietro de' Crescenzi}라는 사람이 있었습니다. 늘 냉엄한 법을 적용해 사람을 죽이고 벌주는 판결을 내리느라 골머리 썩히는 삶을 살아야 했던 그는 1299년 과감하게 은퇴하고 고향 볼로냐로 귀농했습니다.

그곳에서 농사를 직접 지으며 농사의 가치와 즐거움, 작물의 유래와 특성, 사람들이 잘못 알고 있는 농업 상식 등에 대한 책을 펴냈는데, 6년간 집필한 12권의 책은 이후 《농촌(생활)의 장점 Ruralia Commoda》이라는 이름으로 출간되었습니다. 이 책은 중세에서 르네상스로 이어지는 시기, 당시 유럽 농촌 생활상과 농업기술 수준, 자연환경 등을 알 수 있는 중요한 역사적 자료가 되었습니다. 이 책에서 그는 네비올로 포도에 대해 이렇게 말하고 있습니다.

"누비올라^{Nubiola} 포도로 만든 와인은 품질이 대단히 뛰어나서 많은 귀족의 사랑을 받았다."

이로부터 '네비–Nebbi-'라는 발음으로 시작되는 이름이 쓰인 것은 근래에 와서이고, 과거에는 '누비–Nubi-'라는 발음으로 시작되는 단어로 이 포도를 불렀습니다. 때문에 그 이름의 유래는 안개 Nebbia가 아니라 귀족을 뜻하는 '노빌레Nobile'에서 온 것이라는 주장이 힘을 받기 시작했습니다.

실제로 피에몬테 지역에서 네비올로는 귀족에 걸맞은 대접을 받아왔는데, 15세기경에 만들어진 것으로 보이는 한 마을의 자치 규약에는 제대로 익지 않은 네비올로 포도송이를 함부로 잘라내면 무거운 벌금을 내야 했고, 고의로 또는 빈번하게 포도나무를 훼손하는 자는 교수형에 처할 정도로 귀하게 다뤄져 왔습니다. 가히 귀족의 포도라고 할 만합니다.

베니 디 바타시올로 와이너리는 그 네비올로 품종을 잘 다루기로 유명합니다.

피에몬테 금수저들의
와인 사업 진출기

베니 디 바타시올로의 역사는 1978년, 피에몬테 지역의 유명한 재벌 가문인 돌리아니^{Dogliani} 가문의 후손들이 오래된 그러나 어설픈 관리로 옛 명성을 깎아 먹고 있던 와이너리 카이올라^{Kiola}를 인수하면서부터 시작되었습니다. 돌리아니는 건설업을 기반으로 민자 고속도로 운영을 포함한 물류 사업 등으로 큰돈을 벌어들이고 있었습니다. 다만, 와인 사업 쪽에서는 영 힘을 발휘하지 못했습니다. 이때로부터 한참 전인 1962년

▲ 피오렌조 바타시올로

인생 와인

에 이미 형제 남매들 간에 와인 사업에 진출하기로 뜻을 모아 와인 제조회사인 프라텔리 돌리아니Fratelli Dogliani까지 설립해 놓은 상태였습니다. 하지만 와인 사업 추진은 지지부진한 상태였습니다. 그러다가 라 모라La Morra 지역의 유서 깊은 초대형 와이너리가 헐값에 나왔다는 소식을 듣고 다시 한번 본격적으로 와인 사업을 추진하기로 마음먹은 것이었습니다.

와이너리를 매각한 후 가족회의를 통해 인수를 주도한 동생 마테리오 돌리아니Matterino Dogliani는 원래의 자리로 돌아가 건설사 운영에 매진하기로 했고, 형인 피오렌조Fiorenzo Dogliani가 와이너리의 운영을 맡기로 했습니다. 리더가 정해지고 그에 따른 운영방침과 사업계획 등이 수립되자 와인 사업은 속도를 내기 시작했습니다. 카이올라는 훌륭한 입지 조건과 넓은 토지, 훌륭한 시설을 갖추고 있었지만 오랫동안 제대로 관리되지 않아서 생산되는 와인의 품질이 그다지 좋지 않았고, 판매량 역시 변변치 않았습니다. 무엇보다 피에몬테 지역에서도 핵심적인 입지를 차지하고 있는 와이너리였음에도 불구하고 브랜드 인지도와 소비자가 느끼는 가치는 말하기 부끄러울 정도였습니다.

고심하던 피오렌조 회장이 선택한 방법은 '이합집산', 이른바 헤쳐 모이기였습니다. 기존의 카이올라 와이너리를 해체해 와인 메이커와 포도밭으로 나눈 뒤, 와인 메이커의 이름을 베니 디 바타시올로라고 지었습니다. 비록 분리했지만 포도밭의 소유권은

▲ 바타시올로 포도밭

돌리아니 가족에게 있었고, 이렇게 바롤로에 위치하는 서로 다른 5개의 최상급 포도밭인 브리꼴리나Briccolina, 체리퀴오Cerequio, 보스카레토Boscareto, 브루나테Brunate, 부씨아Bussia의 포도로 베니 디 바타시올로는 최고의 와인을 만들어내게 되었습니다.

특히, 바롤로 체리퀴오의 경우에는 라 모라 마을 최고의 포도밭 중 한 곳인 체리퀴오에서 수확한 네비올로 포도 100%로 만들어지는데, 최소 2년간 슬라보니아산Slavonian 오크통에서 숙성된 뒤 스테인리스 스틸 재질의 숙성조로 옮겨 추가 숙성 과정을 거친 뒤 병입하여 소비자들을 만나게 됩니다. 이 과정에서 두꺼운 껍질과 강한 탄닌의 네비올로는 섬세한 커피 또는 옅은 담배 향을 내는 훌륭한 피니시를 자랑하는 와인으로 재탄생하는데, 마치 거친 작업복을 입고 탈의실로 들어가 세련된 실크 셔츠로 갈아입고 나온 멋쟁이 신사를 보는 느낌입니다.

베니 디 바타시올로가 자랑하는 또 다른 와인이자, 어쩌면 시그니처라고 할 수 있는 바롤로 리제르바는 앞서 이야기한 5개의 바롤로 포도밭에서 재배된 네비올로 포도 중 최상급만을 일일이 손으로 골라 모아 양조해서 만듭니다. 최소 30개월 이상 슬라보니아산 오크통에서 숙성시킨 후 스테인리스 스틸 재질의 숙성조로 옮겨 세련미를 더할 때까지 숙성을 더 진행합니다.

이외에도 베니 디 바타시올로는 다양한 포도밭, 수많은 와이너리와 협업을 진행하거나 거래 관계를 잘 맺는 것으로 널리 알려져 있습니다. 피오렌조 회장은 '좋은 포도밭', '실력 좋은 와이너리'가 있다는 소식을 들으면 시간과 거리를 마다않고 한걸음에 달

▲ 바타시올로 셀러

려가 직접 눈으로 확인하고 세심하게 검증합니다. 그리고 함께할 만한 가치가 있다는 생각이 들면 체면을 앞세우지 않고 적극적으로 손을 내미는 것으로 유명합니다. 그를 통해 랑게Langhe 중심부는 물론이거니와 피에몬테 각지의 훌륭하다고 알려진 다양한 생산지에서 좋은 와인을 만들어내고 있으며, 연간 600만 병 이상 생산되는 와인은 70여 개국으로 인기리에 수출되고 있습니다.

뭉치면 살고,
똘똘 뭉치면 더 잘 산다

여러분은 '얼라이언스Alliance'라고 하면 어떤 것들이 떠오르시나요? 코로나19 펜데믹 이후 각국이 문을 걸어 잠그면서 한동안 여행들을 못 다녔을 텐데요. 여행을 즐겼던 분들이라면 아마도 여러 개의 항공사가 모인 항공 동맹체를 떠올릴 겁니다. 대표적인 사례가 우리나라 항공사를 포함해 전 세계 수십 개 항공사가 가입해, 특정 기종 비행기의 성패까지 좌우할 정도로 거대한 파워를 자랑하는 세계 최대의 항공동맹인 스타 얼라이언스Star Alliance가 있습니다. 그보다 규모는 조금 작지만 연간 수송객 숫자는 훨씬 많은, 작지만 알찬 스카이 팀Sky Team 역시 유명한 항공 얼라이언스입니다.

사실, 해당 얼라이언스에 속한 항공사들은 면밀히 따지자면 잠재적 경쟁자이기도 합니다. 주로 운항하는 대륙이 다르고, 메인 타깃인 고객층이 일부 달라서 현재는 협업이 가능합니다. 하지만 항공사업을 계속해 나가다 보면 결국 언제고 한 번은 경쟁을 피할 수 없는 사이입니다. 그럼에도 불구하고 이들의 얼라이언스가 형성되고 유지되는 것은 경쟁을 통해 획득할 수 있는 이익보다 연합과 연대, 협업과 지지를 통해 얻을 수 있는 가치와 가능성을 더 크게 보고 있기 때문입니다.

비슷한 뜻으로 자주 쓰이는 단어인 '콜라보레이션Collaboration' 하면 또 어떤 것들이 떠오르나요? 음악에서 한 아티스트가 자신과 다른 분야, 다른 영역의 아티스트와 행하는 공동 작업을 떠올리는 분들도 있을 것이고, 패션 브랜드가 예술가 또는 사회사업가 등과 연계하여 출시한 제품군을 떠올리는 분들도 있을 것입니다. 2004년, 샤넬의 수석 디자이너였던 칼 라거펠트Karl Lagerfeld와 중저가 패션 브랜드 H&M이 콜라보레이션한 제품을 선보이자 뉴욕 34번가 매장에서 해당 제품을 구입하기 위해 인파가 몰려 인근 교통이 마비되는 일이 벌어지기도 했습니다. 2000년 독일 엑스포를 축하하기 위해 베를린 필하모닉 오케스트라Berliner Philharmoniker와 하드 록 밴드 스콜피언스Scorpions가 콜라보를 통해 이뤄낸 무대와 실황을 녹음해 출시한 앨범은 단순한 콜라보 시도를 넘어서서 20세기를 대표하는 위대한 음악적 산물로 평가받고 있습니다.

이처럼 이제는 일상화된 얼라이언스와 콜라보레이션, 이 두 가지는 현대 비즈니스 환경에서 가장 각광받는 활동이 되었습니다. 사실, 과거 산업의 구조가 간단하고, 경쟁이 덜 치열할 때에는 이러한 활동은 꼭 필요한 것이 아니었습니다. 앞서 말한 독고다이로도 충분히 잘 살아남을 수 있었죠. 그러나 시장이 성장하고, '무한경쟁'이라는 단어가 문학적 수사가 아닌 실제 현실이 되면서 혼자만의 힘으로는 이룰 수 있는 것은 제한적입니다. 그리고 혼자서 감당할 수 없는 여러 리스크 요소가 수시로 엄습하고 있습니다. 이러한 상황 속에서 생존을 담보 받기 위해서, 혹은 거기에서 머물지 않고 더 큰 성과를 만들어내고 경쟁에서 승리하기 위해서는 주위에 나를 도와줄 사람이나 조직을 두고, 그들과 긍정적인 관계를 형성해 나가는 것이 무엇보다 중요합니다.

그런 점에 있어 적극적인 협업과 유기적인 협력체계를 바탕으로 멋진 와인들을 선보이고 있는 베니 디 바타시올로의 사례는 두고두고 참고할 만합니다.

베니 디 바타시올로의 홈페이지를 들어가 보면 이색적으로 대형 지도가 활성화되는데, 클릭하는 동시에 피에몬테 지역으로 클로즈업되면서 베니 디 바타시올로와 관련 있는 포도밭, 와이너리들의 위치가 보이도록 만들어져 있습니다. 또 다른 페이지로 들어가 보면 베니 디 바타시올로와 파트너십 관계를 맺고 있는 사람, 포도밭, 와이너리, 판매처 등과 관련된 데이터를 마치 초시계

인생 와인

넘어가듯 실시간으로 확인할 수 있습니다. 협업과 파트너십을 중시하고, 네트워킹을 통해 '훌륭한 품질의 와인'과 '사업적 성공'이라는 두 마리 토끼를 모두 잡겠다는 그들의 의지를 느낄 수 있습니다.

오늘 저녁 함께하고 싶은 이들을 불러서 베니 디 바타시올로의 '바롤로 체리퀴오' 와인을 함께 마시며 포도원 결의를 맺어보는 것은 어떨까요?

친구들의 와인 노트

Wine Friends' Note

♦ 바롤로 체리퀴오(Barolo 'Cerequio')

와이너리(Viña)	바타시올로(Batasiolo)
포도 품종(Uva)	네비올로(Nebbiolo) 100%
생산지역(Región)	이탈리아(Italia), 피에몬테(Piemonte)
와인 스타일 (Estilo de Vino)	바롤로 라모라(La Morra) 마을 최고의 크뤼 중 하나인 체리퀴오의 섬세한 떼루아가 고스란히 표현된다. 오렌지 빛이 감도는 가운데 중심부는 가넷 컬러를 띠는 와인으로 다양한 식물, 꽃 등이 뒤섞인 스파이시한 아로마가 특징적으로, 섬세한 커피와 담배 향도 은은하게 느껴진다. 풀보디의 와인으로 피니시의 지속력이 좋고 밸런스가 뛰어나다.
등급(Grado)	DOCG
도수(Contenido Alcohólico)	14.5%
어울리는 음식(Maridaje)	붉은 육류의 스테이크 요리와 향이 강한 치즈

인생 와인

성공은 결국
양보다 질로 수렴한다

덩치를 포기하고 내실을 선택해 극적으로 부활한
그랑 코르테(Gran Corte)
_ 플레차스 데 로스 안데스(Flechase De Los Andes)

남반구의
따거大哥

철없던 소싯적 일이긴 합니다만, 지방 중소도시에서 중·고등학교를 다니다 보면 이웃 학교와 시비가 붙을 때가 종종 있습니다. 아무래도 서울이나 부산 등과 같은 대도시에 비해 좁은 지역 내에 모여 살다 보니 서로 부딪힐 일이 많았죠. 비단 내가 다툴 일이 아니어도 내 친구, 선배, 동생 등이 다투게 되면 나 몰라라 할 수가 없으니 원치 않게 싸움에 휘말리게 되는 경우도 비일비재했습니다. 그럴 때면 가장 신경 썼던 것이 아군의 인원수였습니다. 흔히 저희끼리의 은어로는 '쪽수'라고 했는데, 무조건 상대 패거리보다 단 한 명이라도 우리 패거리의 숫자가 많아야 한다는 절박감에 평상시 그리 친한 사이가 아니었던 동기들까지도 싸움에 동참시키기 위해 혈안이 되었죠. 벌써 어린 시절부터 우리는 규모가 가져다주는 '알 수 없는 든든함'과 '눈에 보이는 힘'에 대해 잘 알았던 것 같습니다.

그런데 소싯적을 벗어나면서 생각을 고쳐먹어야 함에도 불구하고 여전히 그게 잘 안 됩니다. 아니, 새로운 사업을 시작하거나 누군가와 경쟁을 해야 하는 상황이 되면 오히려 예전보다 더 '규모' 속칭 '쪽수'를 생각하게 됩니다.

'내가 보유한 자본이 충분한가? 혹시 부족한 건 아닐까?'

'내 주위에 함께 일하는 이들만 있어도 될까? 경쟁자에 비해 일손이 딸리지는 않을까?'

'사무실을 좀 더 큰 곳으로 얻어야 했던 건 아닐까? 좁아서 문제가 생기면 어떻게 하지?'

이렇게 수시로 자문하고 만족스러운 답을 얻지 못해 불안해하고는 합니다. 덩치, 머릿수, 규모에 대한 어렸을 때부터의 선호와

인생 와인

선망, 그에 더해 배워서 혹은 스스로 깨우쳐서 알고 있는 '규모의 경제Economies of Scale'에 대한 확신 때문에 더 그러한 듯합니다. '대량생산으로 고정비가 감소하면 소비자는 적은 금액으로 재화를 구입할 수 있고, 기업은 더 낮은 가격에 재화를 공급하면서도 수익은 오히려 기하급수적으로 늘어나 해당 업계를 독과점하는 지위에 오를 수 있다'는 내용을 골자로 하는 《규모의 경제학》은 '일정 규모 이상의 큰 기업은 위기에 처하면 (그 파장과 후폭풍이 크기에) 사회적으로나 국가적으로 망하게 두지 않는다'는 내용의 일명 '대마불사大馬不死'론과 함께 우리는 더욱더 규모에 집착하게 됩니다. 그런 거대한 규모가 가져다주는 포만감을 애정하다 못해 거의 집착 수준으로 좋아하는 나라가 있습니다.

잘 아시다시피, 우리가 흔히 '대륙적 풍모'라는 우스갯소리로 놀리곤 하는 중국이 바로 그 주인공입니다. 중국을 다녀본 분들은 아시겠지만, 규모 하면 중국, 중국 하면 규모입니다. 이들이야말로 진정한 규모 애호가들이죠. 제법 규모가 있는 식당이 문을 열었다 하면 좌석은 수천 개에 종업원만 수백 명에 이릅니다. 중국 지인이 소소하게 과수원을 하고 있다 해서 방문해 보니 수십 대의 자동 수확기계가 끝도 없이 줄지어 심어져 있는 나무에서 사과를 따고 있었습니다. 그런데 기계의 속도로도 사과를 채 반도 수확하지 못해 다 익은 과일들이 그대로 땅에 떨어져 썩어 천연 비료 역할을 하는 현장을 목격하기도 했었죠.

그런데 중국인들 못지않게 규모에 대해 한 애정하는 나라가 있으니, 지구 반대편 남아메리카 대륙에 위치한 아르헨티나입니다. 이 나라의 면적은 276만 6,890제곱킬로미터로 세계에서 8번째로 넓은 국가인데 영토가 위에서 아래로 길쭉한 덕분에(물론, 인접국가인 칠레만큼은 아니지만) 열대우림부터 툰드라까지 다양한 기후를 자랑합니다. 국토 한쪽에는 웬만한 나라보다 넓은 밀림이 우거져 있고, 다른 쪽에는 모래사막이 끝도 없이 펼쳐져 있습니다. 제곱킬로미터당 15명이 채 안 되는 극단적으로 낮은 인구밀도로 도시를 벗어나면 하루 종일 차로 달려도 사람 한 명 만나기 어려울 정도라고 하는데요. 덕분에 울타리도 없는 드넓은 목장에는 엄청난 소떼들이 방목되고 있고, 밀밭은 헬리콥터로 씨를 뿌리고 경비행기로 농약을 치는 방식으로 경작할 수밖에 없다고 합니다.

아는 여자 후배 중 스페인 유학 시절 아르헨티나 출신 남자를 만나 국제결혼에 성공한 친구가 있는데, 이 부부를 데리고 고깃집에 간 적이 있습니다. 고깃집 주인이 자신은 안성에서 목장도 직접 운영하기 때문에 그날 도축한 제일 좋은 소고기를 가져다 판다며 '기르는 소가 200마리나 된다'고 자랑했습니다. 그러자 아르헨티나인 남편이 나지막한 목소리로 이렇게 말하는 것이었습니다. "아르헨티나에서는 소를 셀 수 있는 정도의 규모는 농장이 아니에요En Argentina, si puedes contar el número de vacas, no es una granja."

나라의 운명과 같았던
와인의 몰락

이처럼 엄청난 크기의 영토에 다양한 기후와 풍토를 자랑하는 나라이다 보니 당연히 수많은 종류의 와인이 아르헨티나 각지에서 상당한 규모로 생산되었습니다. 오래전 스페인이나 포르투갈에서 넘어온 정복자들과 원주민들 사이에서 태어난 혼혈인 혹은 순수 원주민 혈통이 인구의 주를 이루는 다른 남미 국가와 달리 아르헨티나는 비교적 뒤늦게 독일과 이탈리아에서 넘어온 이들의 후손이 인구의 대부분을 차지하는 국가입니다. 때문에 유럽인들과 거의 흡사한 외모의 백인이 전체 인구의 80%를 차지합니다. 거리 곳곳의 풍경과 건물의 형태, 생활하는 모습 역시 속한 남미대륙보다는 유럽대륙과 더 흡사한 나라입니다.

그래서일까요? 이들은 사탕수수(브라질의 카차사, 콜롬비아의 아구아르디엔테)나 포도(볼리비아의 싱가니, 페루의 피스코), 용설란(멕시코의 데킬라) 등을 주재료로 한 맑은 증류주를 즐기는 이웃나라와 달리 정통 유럽 방식으로 제조한 와인을 즐겨 마셨습니다.

크게 다섯 군데의 지역에서 주로 와인이 많이 생산되는데, 가장 북쪽은 살타Salta라고 불리는 지역으로 아르헨티나에서 가장 오래전부터 포도가 재배되고 와인이 생산된 지역입니다. 일교차가 크고 일조량이 많은 반면, 강우량은 평균 이하 수준으로 적어 와인 생산에 제격인 지역으로 꼽힙니다. 그 아래로는 스페인 최고의 레드 와인 산지와 거의 똑같은 이름이라 저도 가끔 헷갈리곤 하는 라 리오하^{La Rioja}라는 지역이 있는데, 생산되는 와인의 품질은 괜찮은 편이나 거주하는 인구가 워낙 적어 포도 재배와 와인 생산에 어려움을 겪는다고 합니다. 다시 그 아래로는 후안강을 끼고 있는 산 후안^{San Juan}이라는 지역이 있고, 더 아래로 내려오면 아르헨티나를 대표하는 가장 큰 와인 산지인 멘도사^{Mendoza}가 있으며, 포도를 재배할 수 있는 온도 한계선에 다다른 남쪽 경계 끝에는 네우켄^{Neuquén}이라는 와인 산지가 위치하고 있습니다.

이들 다섯 지역을 중심으로 아르헨티나는 오랜 기간 상당량의 와인을 생산해왔고, 현재도 주요 와인 생산지 중 하나입니다. 흔히 (그리고 특히) 한국 사람들은 칠레를 남미 최대의 와인 생산 국가라고 인식하지만 실제로는 아르헨티나가 남미에서 가장 많은 와인을 생산하고 있습니다. 역시 규모 하면 아르헨티나라니까요. 프랑스, 이탈리아, 스페인, 미국에 이어 세계 5위 수준의 생산량을 자랑하고 있습니다. 그러나 아무리 이렇게 얘기해 봐야 아르헨티나산 와인을 세계 주요 와인으로 생각하는 사람도, 아르헨티나가 세계적인 와인 생산국가라고 인식하는 사람도 찾아보기 쉽지 않습니다. 얼마 전까지만 하더라도 시중에서 아르헨티나산 와인을 맛보기가 쉽지 않았기 때문입니다.

1900년대 초반 무렵만 하더라도 미국보다 1인당 GDP가 높았던 세계 5위의 경제 대국 아르헨티나는 그 위상에 걸맞게 썩 괜찮은 와인들을 시중에 내놓았습니다. 그러나 연이은 군부 쿠데타와 독재정권의 득세 속에 1950년대 중반 이후 경기가 급속도로 안 좋아지기 시작했습니다. 그로 인해 다른 주요 와인 생산 국가들이 새로운 기술을 개발하고 다양한 마케팅 기법을 도입하여 사람들의 입에 오르내리는 고가의 명품 와인들을 만들어낼 때 오히려 생산량을 늘리는 데에만 혈안이 돼서 싸구려 와인들을 만드는 데 치중하기 시작했습니다.

　경기가 나빠지고 소득이 줄어들자 소비자들은 더욱더 싼 와인들만 찾아다녔고, 와인 생산자들은 한 병 만들 재료와 정성으로 두 병, 세 병, 다섯 병을 만드는 식으로 대중들의 입맛에 맞춘 저질 와인을 더 많이 만드는 데 급급했습니다. 때문에 이미 눈높이가 높아질 대로 높아진 해외의 와인 애호가들은 더 이상 아르헨티나 와인을 찾지 않았습니다.

　그렇게 아르헨티나 와인은 오직 아르헨티나 내에서만 싼값과 많은 양이라는 경쟁력으로 승부를 보는 와인으로 전락했습니다. 세계 5위라는 생산량은 그대로 유지했지만 프랑스, 이탈리아는 커녕 신흥국인 미국, 칠레 그리고 오스트레일리아에게마저도 맛과 향 그리고 브랜드 가치 측면에서는 큰 격차로 역전을 허용하고 말았습니다.

이로 인해 많은 사람이 아르헨티나 와인 하면 1.2킬로그램쯤
되는 커다란 티본 스테이크를 쓱쓱 썰어 핏물이 뚝뚝 떨어지는
채로 입에 우겨 넣고 와구와구 씹으며 '반주 삼아 벌컥벌컥 들이
켜는 값싼 술'로 인식하게 되었습니다.

프랑스에서 온
귀인

　　　　　　　　그런데 1990년대 들어서 아르헨티
나의 포도밭에 변화의 바람이 불기 시작했습니다. 와인 산업의
밝은 미래에 대해 자각하기 시작한 아르헨티나의 와인 생산 농가
들이 기존의 저품질 대량생산 방식에 회의적인 시각을 갖게 된
것이었습니다. 특히 인접국가인 칠레 와인의 비약적인 발전이 큰
자극이 되었습니다. 지리적 원산지 제도인 DO^{Denominacion de Oriden}를
도입하여 수출용 중저가 와인의 품질을 안정화하는 한편, 보르도
5대 샤토와 손잡고 알마비바^{Almaviva} 같은 고가의 와인을 세계 시
장에 선보여 큰 찬사를 받게 되면서 주요 수출 품목으로 와인이
꼽히기 시작했습니다. 포도 재배를 위한 천혜의 자연조건과 충분
한 생산량을 담보하는 넓은 토지를 갖추고 있었던 아르헨티나의
잠재력을 알게 된 미국과 프랑스의 자본과 기술력이 속속 아르헨

티나로 몰려들었습니다. 그중에는 벤저민 로쉴드Benjamin de Rothschild 라는 사내도 있었습니다.

로쉴드 가문의 후손으로 세계 와인 업계에 깊은 족적을 남겼던 에드몽 로쉴드Edmond de Rothschild의 아들인 벤저민은 아르헨티나 와인 산업의 잠재력에 대해 일찍부터 관심이 많았습니다. 천혜의 환경을 갖추고 있는 아르헨티나 땅에 보르도 등에서 최고의 와인을 만들어온 경험을 바탕으로 제대로 된 와이너리를 만든다면 놀라운 와인을 만들어낼 수 있으리라는 자신이 있었습니다. 벤저민 로쉴드는 집안끼리도 잘 알고 지내던 친한 형 로랑 다소Laurent Dassault와 만날 때마다 '아르헨티나가 괜찮다던데, 같이 손잡고 거기서 괜찮은 와인 한번 만들어보자'고 의견을 모았습니다. 재미있게 표현하고자 '친한 형'이라고는 했지만, 로랑 다소는 〈르 피가로〉 등의 언론사, 프랑스 공군 주력 전투기인 다소 팰컨 등을 생산하는 다소항공사 등을 소유한 프랑스 재벌그룹 다소Dassault 창업주의 손자이자 보르도 지역의 생-떼밀리옹 그랑 크뤼Saint-Emilion Grand Cru를 소유한 와인 사업가였습니다.

2003년, 두 사람은 멘도사 지역 안데스 산맥 기슭에 와이너리를 열었습니다. 와이너리 플레차스 데 로스 안데스Flechase De Los Andes의 시작이었습니다.

플레차스Flechase는 스페인어로 화살을 의미하는데, 화살은 곧 로쉴드 가문을 상징합니다. 현대 로쉴드 가문의 시조격에 가까운 마이어 암셸 로스차일드(로쉴드)는 세상을 뜨기 전 다섯 명의 아들에게 구약성경 속 화살 이야기를 들려주며(네, 그렇습니다. 아버지가 화살 하나는 부러지기 쉬운데, 여러 개는 절대로 부러지지 않는 모습을 보여주며 형제간의 우애를 강조한 바로 그 이야기입니다) 부디 단합하고 합심하여 사업을 잘 이끌어나갈 것을 당부했습니다. 그로부터 다섯 개의 화살은 로쉴드 가문의 상징으로 취급받았습니다. 가문의 문장은 물론이고, 그들이 사는 저택의 대문, 경영하는 회사의 로고 등에는 항상 다섯 개의 화살이 그려졌습니다.

로스 안데스Los Andes는 그들의 와이너리가 자리 잡은 곳이자, 아르헨티나의 자연을 상징합니다. 남미대륙의 최북단에서부터 최남단까지 이어져 있는 지구상에서 가장 긴 산맥으로, 흔히 '남아메리카 척추'라고 불리는 안데스 산맥은 남미인들에게 어머니와

▲ 플레차스 데 로스 안데스 와이너리

도 같은 존재로 여겨져 왔습니다. 즉 플레차스 데 로스 안데스는 그 이름에서부터 아르헨티나에 최고의 기술을 접목시켜 최상의 와인을 만들겠다는 벤저민 로쉴드와 로쉴드 가문의 의지가 담겨 있는 것입니다.

실제로 벤저민 로쉴드는 플레차스 데 로스 안데스를 엄청나게 큰 규모의 밭과 시설에서 대중적인 중저가 와인을 대량으로 생산하는 다른 아르헨티나 와이너리처럼 운영하고 싶지 않았습니다. 단위 헥타르당 포도나무 수를 다른 포도밭에 비해 적게 심고 철저하게 관리했습니다. 포도송이를 채취하고 분류하는 작업 역시 일일이 손으로 직접 하도록 했습니다. 기존의 아르헨티나 와이너리에서는 상상하기 힘든 일이었습니다. 그렇게 길러진 말벡^{Malbec} 등의 포도는 최고의 품질을 보여줬습니다. 하지만 수량이 문제였습니다. 2004년 첫 수확을 거둬 와인을 만들었는데 겨우 3만 병 정도만 만들어졌을 뿐입니다. 고가의 와인을 주로 생산하는 보르도나 부르고뉴의 일등급 와이너리라면 문제될 게 없었지만 규모의 경제를 추구해오던 아르헨티나에서는 이례적인 규모였습니다.

하지만 벤저민 로쉴드의 생각은 변치 않았습니다. 이제는 아르헨티나 와인도 수량과 저렴한 가격이 아닌 품질로 경쟁해야 한다는, 그리고 그렇게 할 수 있다는 생각이었죠. 실제 생산량을 생산 가능 규모의 3분의 1 수준으로 유지해 품질이 낮아지는 것을 막았습니다. 블렌딩에 들어가는 모든 와인은 반드시 자체 경작한

▲ 플레차스 데 로스 안데스 와이너리

포도로 생산해서 품질을 보증할 수 있는 것만 사용했습니다. 와인 제조에 들어가는 비용이 크게 늘어났지만 그는 절대로 질을 양과 타협할 생각이 없었습니다. 결국 그의 생각은 옳았습니다.

일교차가 크고 건조한 날이 많은 기후에 배수가 잘 되는 깨끗한 토양과 오염물질이 거의 섞이지 않은 순수한 공기로 가득 찬 안데스 산맥 기슭이라는 환경, 그리고 보르도나 부르고뉴의 최고급 와이너리 이상 가는 철저한 관리와 수준 높은 양조기술. 이런 모든 요소가 서로 상호작용을 일으키면서 플레차스 데 로스 안데스는 짧은 시간 만에 아르헨티나를 대표하는 최고의 럭셔리 부티크 와이너리로 인정받게 되었습니다.

인생 와인

다윗을 키워 골리앗이 될 수는 있지만, 골리앗을 줄여 다윗은 만들지 못한다

벤저민 로췰드와 동업자 로랑 다소 같은 사람들이야 금수저 정도의 표현으로는 부족할 정도로 태어날 때부터 막대한 부를 물려받았기 때문에 큰 고민 없이 '질'을 선택하고 '양'을 버릴 수 있었죠. 하지만 저를 포함한 일반 사람들이 돈벌이를 하거나 사업을 시작하려면 늘 하게 되는 것이 양과 질 사이에서의 고민입니다. 욕심껏 큰돈을 벌기 위해서는 일정 규모 이상으로 시작하고 싶은데, 양적 확대는 수익의 확대만 가져오는 것이 아니기 때문입니다. 필연적으로 '더 많은' 리스크를 수반하게 됩니다. 크게 시작했을 때에는 상상할 수 없었던 많은, 그리고 복잡한 문제들이 우리를 괴롭힐 것입니다. 그렇다고 마냥 작게, 적게 할 수도 없습니다. 거품이 많이 사라졌다고는 하지만, 그래도 '규모의 경제'를 무시할 수는 없습니다.

그런데 문제의 해답은 의외로 간단합니다. 양과 질을 모두 추구하면 됩니다. 최대한 크고 거창하고 대단하게 시작하되, 질적인 부분에서도 최고, 최상의 수준을 유지하면 됩니다.

하지만 다들 아시다시피 세상일은 그렇게 간단하지 않습니다. 아무리 탁월한 사냥꾼이라 하더라도 한 번에 두 마리의 토끼를 쫓아서 단박에 사냥에 성공하는 사람은 많지 않습니다. 오히려 토끼 한 마리도 제대로 못 잡고 허탕을 치게 되는 경우가 대부분이지요.

그렇다면 우리가 택할 수 있는 두 번째 방법은 '양과 질 중 무엇을 우선으로 할 것인가?'인데, 이 문제의 해답 역시 뜻밖에도 간단합니다. 한쪽을 추구했을 때 다른 한쪽으로 확장할 수 있을 가능성을 따져보면 됩니다. 양적 성장에 치중한 뒤, 어느 정도 성과가 났다 싶으면 질적으로 부족한 부분을 채워나가는 것과 질적 향상에 치중한 뒤, 어느 정도 성과가 났다 싶으면 양적 성장으로 전환하는 것 중 어느 것이 더 쉽고 효율적이며 가능성이 큰지를 따져보는 것입니다. 두말할 나위 없이 '질 먼저, 양은 이후에'가 맞습니다.

물론, 한때는 양적 성장을 우선 추구한 뒤 시시때때로 부족한 질적인 부분을 채워나가는 전략을 통해 급격한 성장을 이룰 수 있었던 사례가 많았습니다. 거북선이 그려진 500원짜리 지폐 한 장 달랑 들고 배를 수주하고, 배를 만든 돈을 융통해서 아무 기술과 경험 없이 울산 미포만의 허허벌판 위에 조선소를 지은 뒤 이를 세계적인 조선해양 기업으로 성장시켰던 고 정주영 명예회장, 포항 영일만 바닷가에 막사를 지어 놓고 대일 청구권 자금을 종잣돈으로 제철산업에 대한 기본적인 기술력도 갖추지 못한 상태에서 무작정(물론, 실제로는 엄청난 계획과 고민이 있었겠지만) 엄청난 규모의 제철소를 건설한 후 세계 최대 규모로 키워낸 고 박태준 명

인생 와인

예회장 같은 이들이 대표적입니다. 그들은 양적 성장을 통해 질적 향상을 이끌었던 대표적인 사례이면서 세계적으로 유례를 찾아볼 수 없는 사례입니다. 불가능하진 않지만, 이처럼 예외적인 사례를 따라갈 수는 없습니다.

수많은 사람, 기업의 경우에는 양적 성장의 달콤한 매력에 빠져 그에 걸맞은 질적 향상 없이 계속된 외양 키우기에만 열중하다가 결국 덩치는 크고 알맹이는 없는 속 빈 강정이 되어 쓰라린 패배를 맛보게 되는 경우가 일반적입니다. 반면, 질적 향상을 추구하여 그로부터 얻어진 성과를 토대로 양적 성장을 지향하는 경우에는 실패의 가능성이 적습니다. 설혹 실패하더라도 다시 재기할 수 있는 기반 기술과 브랜드 가치 등을 그대로 보존할 수 있습니다.

때문에 많은 기업이 초기에는 성장 지향 경영을 추구하다가 큰 어려움을 겪은 뒤 질적 향상으로 경영 방향을 전환합니다. 예를 들어 코로나19 펜데믹 상황에서도 스카이트랙스에서 선정하는 '세계 최고의 항공사' 조사에서 중국 항공사 중 유일하게 10위권에 랭크된 하이난항공海南航空처럼 질적 성장에 집중한 뒤 자연스럽게 양적 성장으로 이어지는 흐름을 전략적·필연적으로 선택하고 있습니다.

저 역시 와인 사업을 시작하면서 유명한 와인 위주로 많은 물량을 확보하여, 넓은 판매망을 구축해서 시작하고 싶은 유혹에 사로잡히기도 했습니다. 그러나 플레차스 데 로스 안데스와 그를 생산하는 벤저민 로쉴드의 사례를 접하며 생각을 바꾸게 되었습니다. 유명하지 않더라도 제대로 만든 와인, 많은 물량을 가져다가 팔기는 힘들지만 그래도 꾸준히 소비자들에게 선보일 수 있는 와인, 넓지는 않더라도 깊은 관계로 맺은 판매망으로 축하받고 싶은 날이나 위로받고 싶은 날, 외로운 날이나 흥겹게 놀고 싶은 날 벨소리를 듣고 현관문을 열었더니 맛 좋은 와인을 들고 깜짝 방문한 '친구' 같은 그런 와인 사업자가 되어야겠다는 마음을 먹게 되었습니다.

자, 이제 아르헨티나 와인을 마실 때는, 그중에서도 중후한 맛과 향이 일품인 플레차스 데 로스 안데스를 마실 때는 이렇게 음미해보면 어떨까요?

'벌컥벌컥'이 아니라, '스읍-' 한 모금씩 우아하게!

Wine Friends' Note

♦ 그랑 코르테(Gran Corte)

와이너리(Viña)	플레차스 데 로스 안데스(Flechase De Los Andes)
포도 품종(Uva)	말벡(Malbec) 카베르네 프랑(Cabernet Franc) 시라(Syrah)
생산지역(Región)	아르헨티나(Argentina), 멘도사(Mendoza)
와인 스타일 (Estilo de Vino)	선명한 루비 레드 컬러. 잘 익은 블루베리, 유칼립투스, 검은 후추 향이 매력적이다. 시가 박스의 풍미와 함께 풍성하고 집중감 있는 검은 과일, 건포도의 맛이 느껴진다. 달콤 쌉싸름한 바닐라의 맛이 구조감 있는 탄닌, 신선한 산도와 함께 어울려 긴 여운을 남긴다.
등급(Grado)	아르헨티나 최고급 와인 중 하나
도수(Contenido Alcohólico)	14.5%
어울리는 음식(Maridaje)	붉은색 육류의 스테이크나 바비큐, 향이 무겁지 않은 치즈

Chapter 3

돈이 궁할 때 마시는
와인

Vino, senza soldi

Messieurs, dans le peu de temps qui nous reste entre

la crise et la catastrophe,

nous pouvons tout aussi bien boire un verre de champagne.

✦ ✦ ✦

여러분, 위기와 재난이 닥쳤을 때에는

샴페인을 한잔 마시고 대처하는 것이 좋습니다.

__ 폴 클로델*(1868~1955)

---

* Paul Claudel: 프랑스의 외교관이자 시인이며 극작가로 샴페인 애호가로도 유명하다.

돈이 궁할 때 마시는 와인, 첫 번째 병

성공은 실패 이전이 아니라 이후에 판가름 난다

실패의 쓰라림을 달콤함으로 승화시킨

리슬링 아이스바인(Riesling Eiswein)

_ 닥터 루젠(Dr. Loosen)

실패 없는 사람은 없다,
신도 없다

언론에 보도된 내용은 가급적 믿으려 하지만, 유독 믿기지 않는 내용이 있습니다. 아니, 믿을 수 없는 내용이 있습니다. 그것은 '단 한 번의 실패도 없이 승승장구'한 사람들에 대한 이야기입니다. 하고자 하는 이야기를 더 강조하기 위해, 혹은 기사의 내용을 부각하기 위해 각색하거나 과장한 '실패를 용납하지 않은 리더', '늘 경쟁에서 승리한 탁월한 인재', '한 번도 1등을 놓치지 않은 수재'의 이야기를 우리는 언론매체나 SNS를 통해 심심치 않게 전해 듣습니다.

과연 그럴까요? '단 한 번의 실패도 없었던 사람', '실패를 모르고 성공만을 질주해온 사람'이 현실에 존재할 수 있을까요? 저는 평생을 그런 사람은 없을 거라고 생각했습니다. '그분'을 만날 때까지는…. 그런데 그런 사람이 있었습니다. 특정한 분야에서 평생 실패라고는 모르고 100%의 승률을 자랑한! 제가 아는 '그분'은 모 대기업의 최고인사책임자^{CHO}입니다. 그분이 '절대로 실패하지 않았던 분야'는 바로 '골프 라운딩 날짜 정하기'였습니다. 골프를 즐겨 치는 분들이라면 종종 하는 경험입니다만, 기껏 잡아 놓은 라운딩 날짜에 폭우가 내리거나 뇌우 주의보로 취소되고는 합니다. 아쉽기는 하지만 건강과 안전을 위해서 어쩔 수 없는 일이지요. 그런데 제가 아는 그분은 늘 입버릇처럼 "내가 라운딩을 하기로 한 날에는 한 번도 비가 온 적이 없어"라고 하셨죠.

어떻게 그럴 수 있을까요? 흔히 농담으로 일기예보를 담당하는 기상청 직원들의 야유회나 체육대회도 몇 년에 한 번은 비가 와서 취소된다는데, 어떻게 제가 아는 그분은 단 한 번도 비 때문에 골프를 치지 못하는 일이 없었던 것일까요? 기상청보다도 훨씬 정확하게 날씨를 예측하는 어떤 초월적인 능력이라도 갖고 있는 것일까요?

　　　　　　　　　　　　　　　　　　　　인생 와인

저의 의문은 몇 해 전 그분과 모처럼 골프를 치기로 약속하면서 자연스럽게 풀리게 되었습니다. 충북 속리산에 있는 골프장에서 라운딩하기로 했는데, 서울에서 출발해 이미 경기도를 벗어날 무렵부터 빗방울이 떨어지기 시작해서 청주와 보은군의 경계를 넘을 무렵에는 제법 굵은 빗줄기가 그칠 기미가 없었습니다. 그런데 같이 차를 타고 가던 그분은 날씨나 골프장 컨디션에 대한 언급 없이 창밖 풍경과 절정을 맞이한 단풍 얘기에 여념이 없었습니다. 그 장단을 맞추다 보니 어느새 속리산 자락이 저 멀리 보이기 시작했고, 그분은 다시 속리산과 그 산에 자리 잡은 법주사로 화제를 돌렸습니다. 골프장에 도착하니 당연히 예상대로 라운딩을 할 수 없었습니다. 그러자 그분은 이렇게 말씀하셨죠.

"잘 됐다. 나는 이럴 줄 알았어. 이 계절에는 속리산 법주사 미륵불이랑 그 뒤편으로 타오르는 단풍을 구경해야지. 개금불사* 해서 단풍이랑 어우러진 모습이 아주 볼 만하다니까!"

그러고는 운전기사에게 차를 돌리라고 해서 속리산으로 출발했습니다. 그날 우리 일행은 질리도록 속리산의 단풍과 법주사 곳곳을 둘러보고, 명물이라는 산채비빔밥 정식을 먹었습니다. 그리고 나중에야 알았습니다. 그분에게 그날은 속리산을 가야 하는 날이었고, 골프는 기회가 되면 치려고 했는데, 단풍이 너무 예뻐

---

* 改金佛事: '부처님의 옷을 새로 입혀 드리다'라는 뜻이다. 보통은 최초에 돌이나 나무로 만든 불상에 불자들의 뜻을 모아 금칠을 다시 하는 의식을 말한다.

서 산으로 가기로 했다고. 그러니 그날 골프는 날씨가 안 좋아서 못 친 것이 아니라, 단풍이 보고파서 안 친 거라는 걸. 그렇게 그분의 100% 성공 신화는 지금까지 계속되고 있습니다.

욕심쟁이 와이너리 주인들의 치킨게임

조금은 어처구니없어 보이는 사고 방식이지요. 그런데 우리 주변의 성공한 사람들이나 많은 돈을 번 사람들을 살펴보면 이러한 '어처구니없는 생각의 방식'이 당연한 듯 작동하고, 일반적으로 여겨지는 것을 보게 됩니다. 잘못된 것을 잘못이라 여기지 않는, 실패를 실패라고 인정하지 않는 조금은 고집스러운 모습. 하지만 앞뒤가 꽉 막힌 고집불통과는 다른 형태이죠. 저는 맛 좋은 아이스바인을 마실 때면 이런 이들의 모습이 절로 떠오르고는 합니다.

어떤 과일이건 간에 한 번 얼어 버리면 그 과일은 상품으로서의 가치는 사라져 버리고 맙니다. 아니, 상품으로 내다 팔 것이 아니라 그냥 먹으려 하더라도 선뜻 입에 대지 못할 수준으로 망가져 버리고 맙니다. 얼었다 녹았다 하는 과정에서 과일 속의 수분 함량이 극단적으로 변하게 되는데, 그 변화하는 과정에서 과일의 맛과 향이 크게 달라지기 때문입니다. 쭈글쭈글해지며 못생겨지는 외양의 변화는 더욱더 못마땅한 덤이지요.

때문에 과수 농사를 하는 분들 사이에서는 가뭄이나 풍수해 못지않게 두려운 것이 한해寒害, 즉 갑작스럽게 찾아온 낮은 기온으로 인해 과일이 얼어 버리는 것입니다. 포도 역시 그렇습니다. 사과나 배에 비해 과육 자체가 더 무르기 때문에 한 번 얼면 포도송이는 채취할 가치가 없는 쓰레기가 되고 맙니다. 수백 년간 '얼어 버린 포도'는 곧 '못 쓰는 포도'와 동일한 뜻으로 여겨져 왔습니다. 그런데 '못 쓰는', '버려야 할' 것이었던 '얼어 버린 포도'의 신분이 극적으로 상승하는 놀라운 일이 일어나게 되었습니다. 19세기 독일의 슐로스 요하니스베르그Schloss Johannisberg의 한 와이너리에서였습니다.

포도를 포함해 모든 과일은 익을수록 당도가 높아지고 향이 짙어집니다. 때문에 최대한 나뭇가지에 매달려 익을 만큼 익었을 때 수확하는 것이 좋죠. 문제는 어느 해 슐로스 요하니스베르그의 와이너리 주인들 사이에 수확 시기를 두고 치킨게임을 하면서 벌어졌습니다. 분명히 수확할 시기가 되었는데도 와이너리 주인이 수확할 생각을 하지 않고 포도밭만 살피기 시작하자, 이웃한 다른 와이너리 주인 역시 수확을 하지 않고 눈치를 보기 시작했습니다. 비슷한 지역에서 비슷한 품종의 포도를 재배하는 입장에서 하루라도 경쟁 포도밭보다 늦게 수확해야 더 달고 향기로운 포도를 얻을 수 있다는 경쟁심 때문이었죠. 이미 다른 해보다 수확 시기가 많이 늦은 탓에 마을 전체에 포도 익은 향이 진동했지만 와이너리 주인들은 미동도 하지 않았습니다. 오토바이나 차를 타고 마주 보고 달리다 먼저 핸들을 꺾는 사람이 패배한 것으로 간주하는 치킨게임을 하듯 '누가 먼저 포도를 따는지 두고 보자'며 다들 버티기 모드에 들어갔습니다. 문제는 예년에 비해 빠른 한파가 갑작스럽게 찾아온 것이었습니다.

어제까지만 해도 농익은 자태를 자랑하던 포도들이 하루아침에 꽁꽁 얼어붙어 버렸습니다. 아침에 급변한 기온을 확인하고 포도밭으로 달려나온 와이너리 주인들은 마치 자신이 포도라도 된 듯 얼어 버렸습니다. 한해 농사를 모두 망친 것이었습니다. 그런데 그때 누군가 말했습니다.

"저거, 슈팻레제 같지 않아요?"

그가 말한 '슈팻레제Spätlese'는 우리말로는 '귀부貴腐 와인'이라고 하는데, 보트리티스 시네레아Botrytis Cinerea라는 이름의 회색 곰팡이가 핀 포도로 만드는 디저트 와인의 일종입니다. 포도의 껍질에 회색 곰팡이가 피면 처음에는 껍질이 얇아지다가 어느 순간부터는 껍질의 가장 얇은 곳부터 구멍이 나는데, 이 구멍으로 수분이 빠져나가 과육의 맛과 향이 농축됩니다. 그런데 표면에 회색 곰팡이가 내려앉은 슈팻레제용 포도의 모습과 얼어붙은 포도 모습이 아닌 게 아니라 무척이나 흡사했습니다.

망연자실한 채 멍하니 야속한 하늘만 바라보고 있던 와이너리 주인들은 서둘러 밤새 얼었다가 이제 막 녹으려 하는 포도송이를 따서 입 안에 넣어 보았습니다.

'역시!'

입 안에 달콤한 맛이 감돌고 콧속으로는 그윽한 과일과 꽃향기가 느껴졌습니다. 와이너리 주인들은 급하게 작업자들을 불러 모아 포도를 수확하기 시작했습니다. 그리고 그 포도로 정성 들여 와인을 양조했습니다. 독일과 캐나다를 중심으로 수준급의 제품들이 생산되며, 이제는 어엿하게 와인 분류의 한 섹션을 차지하고 있는 아이스바인^{Eiswein}이 탄생하는 순간이었습니다.

진짜 박사님의
빚더미 와이너리

(어쩌다 얻어 걸린 것이기는 하지만) 최초로 제조 방법(아이스바인 정통 양조법은 영하 7℃ 이하의 기온이 일정 기간 지속한 후에 포도를 수확하여 수분이 얼은 상태로 압착하여 당분이 농축된 과즙만을 추출해 양조하는 것입니다)을 알았다는 역사적 특성과 얼었다 녹기를 반복할 수 있는 기후적 특성, 그리고 얼었다 녹을 때 썩지 않고 맛과 향을 과육 자체에 담을 수 있는 포도 품종인 리슬링

Riesling을 많이 재배하는 지역적 특성에 힘입어 독일은 거의 아이스바인의 종주국 같은 역할을 하고 있습니다. 때문에 훌륭한 아이스바인이 많고 그 경쟁 역시 치열합니다. 그 경쟁의 틈바구니에서 돋보이는 활약을 하고 있는 와이너리가 한 곳 있는데, 마치 피부과 병원의 이름과도 같은 독특한 이름을 내건 와이너리 닥터 루젠Dr. Loosen입니다.

가끔 농담으로 '학사, 석사, 박사 중에 가장 흔한 것이 박사'라고 합니다. '신바람 이 박사', '여러분의 건강 박사', '이사 박사', '박사 양념갈비' 등 몸 담고 있는 영역에서 차별화된 실력과 가치를 갖고 있음을 부각시키고 싶어 하는 사람들 사이에서 이름이나 별명, 상호나 브랜드에 '박사'를 넣는 것이 유행처럼 퍼지면서 생겨난 현상입니다. 그런데 닥터 루젠을 이끌고 있는 에른스트 루젠Ernst Loosen은 진짜로 '박사'입니다.

고고학 박사로 대학에서 연구하며 학생들을 가르치던 루젠이 와인 업계에 뛰어들게 된 것은 1988년 무렵이었습니다. 어느 날 갑자기 걸려온 전화를 받고 집으로 가 보니 아버지는 병색이 완연한 모습이었습니다. 생이 얼마 남지 않았음을 직감한 아버지는 아들에게 200년 이상 이어온 와이너리를 물려주려고 했습니다. 포도밭은 훌륭했습니다. 밭이 자리 잡고 있는 모젤 중부의 기후는 와인 생산에 최적의 조건을 자랑했습니다. 미네랄 성분을 듬뿍 머금은 점판암과 화산암이 고루 섞인 토질 역시 좋았습니다. 60년간 별다른 병해를 입지 않고 자라온 포도나무들은 주변에서 쉽게 찾아볼 수 없는 좋은 나무들이었습니다.

그러나 딱 거기까지였습니다. 그것을 제외한 나머지 모든 조건은 말 그대로 최악이었습니다.

"아들아, 여기 너의 와이너리가 있다. 그리고 빚더미도 있다. 큭 큭."

그의 아버지는 아픈 몸이었음에도 불구하고 여전히 장난기가 넘쳤습니다. 심각한 표정의 아들 에른스트 루젠을 보며 이렇게 농담을 던졌습니다. 에른스트의 아버지는 와이너리를 그다지 진지하게 운영하지 않았습니다. 그저 조상으로부터 내려온 작은 취미 정도로 생각한 듯했습니다. 19에이커나 되는 포도밭의 넓이에 비해 생산량은 턱없이 부족했고, 그마저도 품질이 썩 좋지 못했습니다. 와인을 판매해 연간 25만 달러 정도를 벌어들였지만, 인건비와 관리비 등으로 나가는 돈이 훨씬 더 많았습니다. 장부를 살펴보니 50만 달러 정도의 빚이 있었습니다. 다른 사람들 같으면 깔끔하게 포기하고 손 털고 떠날 상황이었습니다.

그러나 에른스트 루젠의 생각은 달랐습니다. 갖춰진 것이 아무것도 없기에 새롭게 시작할 수 있고, 이어져 내려온 전통 역시 그다지 이렇다 할 것이 없기에 자신의 생각을 맘껏 펼칠 수 있겠다고 생각했습니다. 앞서 말씀드렸던 제 지인을 포함해 성공 확률

100%를 자랑하는 이들이 보여췄던 모습과 흡사했습니다. 그는 아내와 절친 버니 슈그^{Bernie Schug}와 함께 와이너리를 획기적으로 바꿔 나가기 시작했습니다.

모든 화학비료의 사용을 중단하고 오직 유기농 비료만을 사용하여 땅의 힘을 개선해 나갔습니다. 관습에 얽매이지 않고 현대적인 방법과 고전적인 방법을 시기와 상황에 맞춰 유연하게 사용해 포도를 재배했습니다. 닥터 루젠의 포도나무들은 대체적으로 나이가 많은 편이었습니다. 1938년경 에른스트 루젠의 증조부가 심은 나무가 가장 어린 나무일 정도였습니다.

온갖 풍파를 거치면서 성장한 나무는 확실히 무시 못 할 내공이 있었습니다. 땅의 힘이 회복되자 곧바로 놀라운 과실들을 맺기 시작했습니다. 특히, 아이스바인의 원재료가 되는 리슬링 품종의 포도 품질이 무척이나 좋았습니다. 단단하면서도 힘이 좋은 과육은 얼었다 녹았다를 반복하면서 독특한 향과 풍미를 발산했고, 그 포도로 고급스러운 단맛과 시시각각 다양한 향을 발산하는 질 좋은 아이스바인이 만들어졌습니다.

결국, 와이너리를 물려받아 본격적으로 와인 생산에 나선 지 5년 만에 에른스트 루젠은 빚을 모두 갚을 수 있었습니다. 그리고 19에이커였던 와이너리의 면적은 다섯 배 이상 넓어졌고, 닥터 루젠은 독일을 대표하는 와이너리 중 한 곳으로 굳건히 자리 잡게 되었습니다.

오늘 하루도,
아! 달콤하도다

실패하지 않는 사람은 없습니다. 돈을 벌려면, 성공하려면 무언가 시도를 해야 하는데, 시도하면 필연적으로 성공만큼이나, 아니 성공을 만날 확률보다 훨씬 더 큰 확률로 실패를 만나게 됩니다. 그럴 때 우리는 두 가지 모습을 보이게 됩니다. 실패를 결과로 생각하고, 그 결과를 자신에게 귀인歸因시켜 자책하며 스스로 무너져내리는 사람들이 있습니다. 사실 대다수가 이쪽입니다.

반면, 실패를 과정의 일부로 생각하고 더 나은 결과를 얻기 위해 접어든 '조금 다른 과정'의 하나로 생각하고, 다른 과정과 결과를 찾기 위해 빠르게 감정을 회복하고 심리를 극복하는 사람들이 있습니다. 그런 사람들에게 실패는 결과로 향해 가는 과정의 일부이기에 '나는 한 번도 실패한 적이 없어'라고 느끼는 것입니다. 우리가 사는 세상에서 대다수의 성공한 사람들, 원하는 바를 이룬 사람들은 대부분 후자의 모습을 보입니다.

1897년 한 비누공장에서 비누용액을 끓이는 솥을 담당하던 직원이 깜빡 졸아서 용액을 너무 오래 끓여 버리고 말았습니다. 실수를 깨닫고 서둘러 불을 끈 뒤 굳혀서 세안 비누 형태로 만들어 봤지만, 비누조직 내부에 점점이 기포가 형성돼 있었습니다. 생산 책임자는 노발대발하며 만들어진 비누를 폐기 처분하려 했지만, 이 회사의 공동창업자 중 한 명인 윌리엄 프록터William Procter는 생산 책임자를 만류했습니다. 기포가 함유된 비누 용액을 잘 가공하면 물에 떠서 목욕탕 욕조 속에서 잃어버릴 걱정이 없고, 사용 촉감은 훨씬 부드러운(그리고 가장 결정적으로 쉽게 닳아서 판매량 증진에도 도움이 되는) 비누가 만들어질 거라고 생각했습니다.

그렇게 '실패를 부정하고' 만들어진 제품이 바로 20세기 대표 생활용품 중 하나로 꼽히는 아이보리 비누입니다. 그리고 그 비누를 만들어낸 회사 프록터앤드갬블P&G은 세계 최대의 생활용품 기업으로 성장하게 되었습니다.

비슷한 사례로 중국 광둥성의 해안 마을 난수이南水에서 식당을 경영하던 한 요리사가 굴 요리를 만들기 위해 대량의 굴을 삶기 시작했습니다. 마당에서 솥을 불에 올려놓고 끓이면서 주방에 들어가 다른 요리를 하기 시작했는데, 그만 깜빡 잊고 너무 끓여 버리고 말았습니다. 뒤늦게 깨닫고 솥을 불에서 내렸을 때는 이미 굴은 형체가 없었고, 국물은 걸쭉한 캐러멜처럼 변해 버리고 말았습니다. 주방일을 돕던 사람들이 솥에 든 액체를 내다 버리려고 했는데, 그때 요리사의 머릿속에 어린 시절에 경험했던 것들이 떠올랐습니다. 예전부터 광둥성에서는 굴을 소금에 절여 꾸덕꾸덕해지면 굴은 건져내서 요리에 사용하고 배어나온 짭조름한 국물은 조미료로 사용했습니다. 그렇다면 '졸여진 솥 안의 굴 국물도 비슷하게 사용할 수 있지 않을까'라는 생각에 맛을 보니 역시 예상한 대로였습니다. 요리사는 솥 안의 굴 국물을 기반으로 개량을 거듭한 끝에 굴 소스를 개발해냈고, 그를 토대로 만든 회사 이금기李錦記는 아시아를 대표하는 식료품 회사로 성장했습니다.

이 외에도 회사 사무실이나 학교 교실 등에서 필수품처럼 인식되는 포스트잇, 수많은 인류의 목숨을 살려낸 페니실린, 다양한 색상으로 만들 수 있으며 질기고 저렴하기까지 해 인류의 의복 문화를 혁명적으로 개선한 나일론 등이 모두 실패를 실패로 인정하지 않고 과정으로 인식한 사람들이 만들어낸 놀라운 성과였습니다. 20세기 최고의 발명가였던 토마스 에디슨Thomas Alva Edison은 입버릇처럼 이렇게 말했습니다.

"나는 실패한 것이 아니다. 효과가 없는 1만 개의 방법을 발견한 것뿐이다I have not failed. I've just found 10,000 ways that won't work."

오늘 혹시 쓰라린 실패를 맛보았다면, 투자한 종목에서 쓰린 손실을 봤다면, 직장 상사에게 질책을 들었거나, 원하던 시험 성적을 얻지 못했다면 '나는 끝이야!', '나는 실패했어'라며 자책하기보다는 닥터 루젠의 달콤한 아이스바인 한 병을 열어보면 어떨까요?

향긋한 닥터 루젠을 입에 머금은 채 새벽에 얼어 버린 포도를 발견한 슐로스 요하니스베르그의 포도밭 주인들을 떠올리며, 방치되고 빚더미에 오른 와이너리를 물려받은 에른스트 루젠을 떠올리며 우리 자신에게 이렇게 이야기해보면 어떨까요?

"아, 달콤하도다. 나는 오늘 성공으로 가는 길에서 길을 잃을 확률 하나를 지운 거야."

친구들의 와인 노트
Wine Friends' Note

◆ 리슬링 아이스바인(Riesling Eiswein)

와이너리(Viña)	닥터 루젠(Dr. Loosen)
포도 품종(Uva)	리슬링(Riesling) 100%
생산지역(Región)	독일(Germany), 모젤(Mosel)
와인 스타일 (Estilo de Vino)	맑고 밝은 연둣빛이 도는 연한 노란색의 화이트 와인으로 복숭아, 사과 등 상큼한 과일 향이 어우러진 신선한 미네랄 향이 특징적이며 달콤한 맛 속에 신맛이 균형을 잘 이룬 약한 발포성 디저트 와인이다.
등급(Grado)	VDP
도수(Contenido Alcohólico)	8.5%
어울리는 음식(Maridaje)	상큼한 샐러드, 치즈, 잘 익은 과일 및 소시지

허명에 기대지 마라

이름값에 얽매이지 않고 과감하게 품질에 승부를 건

에디찌오네(Edizione)

_ 판티니 그룹(Fantini Group)

도루묵이라고 해라

도루묵이라는 생선이 있습니다. 우
리나라의 동해바다를 비롯해서 러시아 오호츠크해 등 주로 차가
운 바다에 서식하는 물고기인데, 연중 사시사철 나는 생선입니
다. 다만, 그 알이 별미라서 산란철인 10월 말부터 12월까지가 가
장 인기입니다. 저 역시 이 생선을 무척 즐기는데요. 알이 꽉찬
도루묵은 구워 먹어도, 얼큰하게 찌개로 끓여 먹어도 그 맛이 일

품입니다. 하지만 옛날 동해바다 어민들은 바다에 나갔다가 도루묵이 잡히면 뭍으로 싣고 오는 배의 기름값이 더 든다며 바다에 버리거나, 다른 물고기를 낚기 위한 미끼나 떡밥 대용으로 사용했습니다. 그리고 과거 군대에서는 값싼 단백질 공급원으로 기름에 튀기거나 대충 양념해서 찜기에 쪄낸 도루묵을 반찬으로 제공했습니다.

도루묵은 생선 자체에 대한 이야기보다도 그 이름이 붙여진 유래가 더 유명한 생선입니다. 몇몇 특별한 경우를 제외하면 생선의 이름은 '~어'나 '~치'로 끝나는 것이 보통입니다. 피라미, 쏘가리, 미꾸라지처럼 '~이'로 끝나는 것들도 있습니다. 하지만 도루묵의 '~묵'만큼 이질적이지는 않습니다. 이처럼 특별한 이름을 얻게 된 이유에 대해 민담에서는 이렇게 전해져 옵니다.

과거 피난길에 오른 어느 왕이 몇 끼를 쫄쫄 굶다가 반찬으로 달랑 소금 범벅인 짜디짠 생선구이 하나를 먹게 되었는데, (당연히) 그 맛이 기가 막혔다. 주위 신하들에게 생선의 이름이 뭐냐 물으니 '묵어'라고 해서 앞으로는 그럴듯하게 '은어'라고 부르라 명했다. 이후 전쟁이 끝난 뒤 궁궐로 돌아와 모처럼 '은어'를 대령하라 일러서 맛을 보았는데 (역시, 당연히) 그 맛이 예전 같지 않았다. 짜증이 난 왕은 "도로 묵어라고 불러라!"라고 명했고, 시중에서는 그 이야기를 전해 듣고 이 물고기를 '도로묵' 혹은 '도루묵'이라고 부르게 되었다.

아주 유명한 이야기죠. 이 이야기에 등장하는 변덕스러운 왕이 임진왜란 당시의 선조宣祖이거나 병자호란 당시의 인조仁祖일 거라고 추측합니다. 하지만 많은 역사서에 이미 도루묵(도로묵)이라는 생선이 함경도 특산물이라고 기록되어 있습니다. 후대의 사람들이 인기 없는 왕이었던 선조와 인조를 등장시켜 이야기의 재미도 배가시키고, 변덕스러운 왕도 뒤에서 손가락질하는 일석이조를 노린 결과가 아닐까 합니다.

그러나 우리의 실제 생활에서의 이름은 이렇게 쉽고 가볍게 다룰 수 있는 것은 아닙니다. 그저 다른 이 혹은 다른 것과 구분하여 부르기 위한 음성 신호에 불과하다고 생각할 수도 있지만, '이름'은 단순히 그렇게 치부하기엔 너무나 큰 힘을 갖고 있습니다.

굳이 김춘수 시인의 명시 〈꽃〉의 한 구절을 인용하지 않더라도, 우리는 이름에 많은 의미와 가치를 부여합니다. 아니, 이름 그 자체를 존재와 동일한 것으로 인식합니다. 영국 의회에서는 망언을 하거나 의원의 품위에 걸맞지 않은 행동을 하는 의원에게 가하는 가장 큰 처벌 중 하나가 의장이 그 의원의 이름을 크게 부르는 것이라고 합니다. '에이, 그게 뭐야?'라고 할 수도 있지만, 이름을 불린 것만으로 해당 의원은 큰 충격을 받는다고 합니다. 자신의 잘못을 깨닫고 자중하든지, 탈당, 더 나아가서는 정계 은퇴까지 고려할 정도로 모욕을 당했다고 생각한다고 합니다.

물론, 반대의 경우도 있습니다. 나라를 위해 헌신한 인물이나 조직을 위해 기여한 이들을 기리는 방법 역시 이름을 부르는 것입니다. 흔히 마블Marvel 영화나 갱스터 무비에서 한바탕 치열한 싸움이 끝나고 난 뒤 살아남은 이들이 식탁에 둘러앉아 먼저 희생된 동료들의 이름을 부르며 잔을 드는 모습을 본 적이 있을 것입니다.

이름으로 단정 짓지 마라, 하지만…

이름 그리고 이름을 부르는 행위에 담긴 큰 힘을 보여주는 사례가 한국에서는 '임금의 도루묵 사건(?)'이라면 서양에서는 1960년대 말 한 초등학교에서 진행된 실험이었습니다. 1968년 어느 날, 하버드대학 사회심리학과 교수인 로버트 로젠탈Robert Rosenthal 박사는 20년 이상 초등학교 교장을 지낸 교사 레노어 제이콥슨과 함께 샌프란시스코의 한 초등학교 학생들을 대상으로 실험을 진행했습니다. 실험은 간단했습니다. 학생들을 대상으로 지능검사를 실시한 뒤, 교사들에게 일부 학생의 명단을 전달하며 '이 학생들은 다른 학생들에 비해 지능이 높아서 성적이 오를 가능성이 큽니다'라고 말해준 것뿐이었습니다.

8개월 뒤, 로젠탈과 제이콥슨은 다시 학교를 찾아 '지능이 높은 학생들'이라며 전해준 명단에 적힌 학생들과 그렇지 않은 학생들 간의 성적을 비교했습니다. 역시, '지능이 높은 학생들' 명단에 적힌 학생들의 성적이 월등히 높았습니다.

그러나 이 실험에는 한 가지 중요한 속임수가 있었습니다. 사실, 로젠탈과 제이콥슨이 작성하여 건넨 명단의 학생들은 다른 학생들에 비해 지능이 높지 않았습니다. 명단은 그저 무작위로 추출한 것이었습니다. 즉 지능상으로 다른 학생들과 별 차이가 없었음에도 불구하고 '지능이 높은 학생'이라는 이름표가 붙여지자 교사는 그 학생을 다르게 바라보았고, 더 많은 기대를 쏟아부었습니다. 그런 교사의 모습이 학생에게 영향을 미치면서 성적에 긍정적인 변화를 만들어낸 것이었습니다. 이후, 이와 같은 현상을 일컬어 '로젠탈 효과Rosenthal Effect'라 부르고 있습니다.

우리가 무언가와 다른 무언가를 구별하고자 이름을 붙이고 그 이름에 따라 다르게 대하는 것으로부터 세상 수많은 이치가 탄생하고 작동합니다. '로젠탈 효과' 역시 '지능이 높은 학생'이라는 이름표를 달아준 학생들이 그 이름표가 가져다주는 의미와 이미지, 이름표를 바라보는 남다른 시선에 영향받아 더 열심히 공부하거나, 더 자신 있게 시험문제를 푼 것이 반영된 결과이겠지요.

반대의 경우도 있습니다. 일종의 '각인 효과'이자 '후광 효과'인데요. 어떠한 이름이 높은 가치로 인정받는 경우, 평범한 사람이나 물건에 그 이름만 가져다 붙여도 해당 사람이나 물건 역시 같은 가치로 인식하는 경우입니다.

전통시장에서 3장에 만 원이면 살 수 있을 것 같은 평범한 흰 티에 구멍 몇 개 숭숭 뚫어 놓은 옷이 목 뒤에 '베트멍Vetements' 레이블 하나만 달려 있으면 백화점이나 명품 편집숍에서나 살 수 있는 수십만 원 고급 의류로 대우받습니다. 같은 신도시, 비슷한 평수의 아파트라도 '래미안來美安' 글씨가 아파트 옆면에 적히면 평당 분양가가 달라지죠. 똑같은 원산지의 원재료를 갖고 비슷한 방식으로 제조했어도 메이드 인 프랑스, 메이드 인 저머니가 붙으면 아시아나 아프리카의 다른 국가에서 생산한 제품에 비해 훨씬 높은 가격을 붙여도 사람들은 고개를 끄덕이며 기꺼이 구매합니다. 이름 덕분에 그 이름을 붙인 대상에 대한 외부의 인식이 달라지는 것이고, 그 때문에 그 이름을 달고 있는 대상에 대해 느끼는 가치 역시 극단적으로 달라지는 사례이지요. 때문에 수많은 사람, 기업, 정부가 엄청난 시간과 돈을 들여 네이밍을 하고 브랜드를 구축하며 알리기 위해 노력하는 것입니다.

그런데 이름에 따라 사람들이 받아들이는 가치가 크게 달라지는 것으로 와인을 따라올 것이 없습니다. 물론 1등급 와이너리에서 수확한 포도를 수십 년간, 심지어는 수 세대에 걸쳐 양조업에 종사해온 장인이 정성을 들여 제조한 와인은 그렇지 않은 와인에 비해 높은 가치를 인정받아 더 비싼 가격에 팔리는 것은 당연합니다. 그러나 그런 부분을 감안하더라도 이름이 널리 알려진 유명 와인은 우리가 상상한 것 이상의 높은 가격으로 판매되는데, 그 가격에 속칭 '이름값'이 상당히 반영되었다는 것은 부정하지 못할 사실입니다. 때문에 수많은 와이너리가 자신들의 이름, 곧 브랜드를 알리기 위해 많은 노력을 하고 있습니다. 특히 그런 브랜드 가치에 막대한 영향을 미치는 와인 등급을 조금이라도 높이기 위해 엄청난 투자를 아끼지 않고 있습니다.

헛된 이름값을 버리고, 실리를 택해 대박 난 연속극

　　　　　　　　그러나 마치 중력의 당김을 이겨내고 우주로 날아간 우주선처럼 이름에 얽힌 온갖 고정관념과 선입견을 이겨내고 시장의 새로운 기대주로 각광받고 있는 와인이 있습니다. 제가 일상에서 가장 즐겨 마시는 와인 중 하나이자, 처음 와인에 입문한 주변 분들이 친구 여러 명과 즐겁고 편하게 마실 와인을 추천해달라고 하면 첫손에 꼽는 와인 중 하나로, 에디찌오네가 바로 그 주인공입니다.

　에디찌오네의 역사는 '와인에 대한 실용적인 접근의 역사'와 그 궤를 같이 합니다. 흔히 이탈리아에는 동네의 숫자만큼 다양한 와인의 종류가 있다고 합니다. 기후와 풍토상 영토의 거의 전

206　　　　　　　　　　　　　　　　　　　　　　　　　인생 와인

지역이 와인 생산에 적합한 조건을 갖추고 있습니다. '닭이 먼저인지, 달걀이 먼저인지'는 알 수 없지만, 이탈리아 사람이라면 누구나 와인을 좋아하다 보니 그 지역에 잘 자라는 단일 품종의 포도만으로 지역에 사는 사람들의 기호에 맞는 방식으로 생산한 독특한 지역 와인이 굉장히 많습니다. 제조하는 와인의 거의 대부분을 여러 품종의 포도를 섞어서 만드는 보르도 지역과는 무척이나 다른 분위기이지요. 심지어 지금은 그런 경향이 많이 사라졌지만, 과거에는 이 품종, 저 품종의 포도를 섞어 만든 와인을 근본 없는 저급한 와인으로 취급하는 경향까지 있었다고 하네요.

그런데 에디찌오네를 생산하는 판티니 그룹이라는 와이너리가

▲ 판티니 그룹 와이너리

▲ 판티니 그룹 포도밭

그러한 고정관념을 깨 버렸습니다. 1990년대 말 '영국이 낳은 국
보급 와인 전문가'로 꼽히는 와인 평론가 휴 존슨Hugh Eric Allan Johnson
OBE이 아브루초Abruzzo 주 오르토나Ortona에 위치한 판티니 그룹을
찾아왔습니다. 아직은 판티니 그룹이라는 이름보다 파네세Farnese
와이너리라는 예전 이름이 더 널리 통용되던 시기였습니다. 와이
너리 경영자들을 만난 휴 존슨은 '남부 이탈리아 와인만의 색깔
을 지닌 특별한 와인을 만들어보면 좋겠다'는 아이디어를 전했습
니다. 그 자리에 있던 와이너리의 주인 발렌티노 쇼티Valentino Sciotti
와 수석 와인 메이커 필리포 바칼라로Filippo Baccalaro는 그 제안을 듣
고 곧바로 새로운 스타일의 와인을 만들어내기 위한 작업에 착수
했습니다. 그들은 다른 와이너리처럼 단일 품종만을 고집하지 않

인생 와인

았고, 블렌딩하는 포도의 종류에도 제한을 두지 않았습니다. 오직 '남부 이탈리아의 색깔'과 '최고의 맛과 향'을 낼 수 있는 품종의 포도와 방법을 찾아내는 데만 집중했습니다. 이탈리아 와인 제조자들 사이에 아직까지 완고한 고집이 남아 있던 1990년대 말, 그들은 과감하게도 아브루초^{Abruzzo} 지역의 몬테풀치아노^{Montepulciano}, 산지오베제^{Sangiovese} 품종과 풀리아^{Puglia} 지역에서 생산된 프리미티보^{Primitivo}, 네그로아마로^{Negroamaro}, 말바시아 네라^{Malvasia Nera} 포도 품종들을 블렌딩해서 최상의 와인을 만들어낸 것입니다.

"놀랍습니다! 축하합니다!"

새로운 와인이 완성되었다는 소식을 듣고 판티니 그룹을 다시 찾은 휴 존슨은 진지하게 테이스팅을 한 뒤 발렌티노 쇼티의 손을 잡으며 '새롭게 탄생한 와인'에 대해 찬사를 보냈습니다. 그들은 새 와인의 이름으로 연속된 시리즈의 '회回', 계속 펴내는 간행물의 '판版'을 의미하는 에디찌오네^{Edizione}라는 이름을 붙였습니다.

그러나 여기서 한 가지 문제가 생겼습니다. 이탈리아의 와인 등급은 크게 DOCG, DOC, IGT 그리고 VDT로 구분됩니다.

최상위 등급인 DOCG^{Denominazione di Origine Controllata e Garantia}는 이탈리아 정부에서 보증하는 와인으로 맛과 향은 물론, 해당 와인을 출시하는 와이너리의 역사와 전통까지 전반적으로 평가하여 해당 등급이 부여됩니다. 전체 생산된 와인의 약 8~10%만이 이 등급에 해당하죠.

그 바로 밑이 DOC^{Denominazione di Origine Controllata} 등급인데 포도의 품종, 발효와 숙성 방식 등 와인 생산의 전 과정이 생산통제법에 따라 관리되며 이탈리아 와인등급위원회에서 진행하는 다양한 테스트를 거쳐 인증되는 등급입니다. 전체 와인의 약 10~12퍼센트를 차지한다고 하네요.

다시 그 밑으로 IGT^{Indicazione Geografica Tipica} 등급이 있는데, 이 등급에는 규제가 까다롭게 적용되지 않아서 DOCG나 DOC에 비해 훨씬 더 자유로운 방식으로 만들어지는 와인들이 주로 속해 있습니다. 그리고 마지막으로 '매일매일 식사하는 테이블에서^{da Tavola} 마실 만한 와인^{Vino}'이라는 이름에 걸맞게 가장 쉽고 편안하게 즐길 수 있는 와인들이 이에 해당합니다.

재미있는 것은 다른 나라의 와인 등급 체계도 이와 비슷하지만, 이탈리아의 와인체계 역시 하위로 분류되는 등급에서 상위 등급으로 갈수록 와인에 표기되는 생산지 명칭이 세분화된다는 점입니다. 즉 VDT 등급이 전 이탈리아라면 IGT는 토스카나, DOC나 DOCG는 키안티 지역으로 점점 더 좁혀서 생산지를 표기하는 것입니다. 심지어 같은 DOCG 등급 내에서도 고급 와인으로 갈수록 라벨에 작은 마을 단위, 혹은 포도밭 단위로 지역명이 표기됩니다.

이 말은 곧 다양한 지역에서 생산된 여러 품종의 포도를 섞어 만든 에디찌오네는 와인 자체의 품질과 상관없이 이탈리아 와인 등급 규정에 의해 VDT^{Vino da Tavola}로 분류될 수밖에 없다는 뜻이었습니다. 고민이 될 법도 했지만, 판티니 그룹 사람들은 크게 개의치 않았습니다. 와인 자체의 품질이 좋다면, 그 차이를 고객들이 직접 느끼기만 한다면 라벨에 표기되는 '이름'이나 '타이틀'에 선택이 흔들리지 않을 거라는 확신이 있었습니다. 그들에게는 '허명虛名'을 쫓느니, 내실을 기해 에디찌오네를 새로운 가치 있는 브랜드로 만들어내겠다는 자신감과 당당함이 있었습니다. 이름마저도 온갖 우아한 단어, 럭셔리한 표현들을 덕지덕지 붙이려는 신흥 와인과 달리 조금은 밋밋한 일상의 단어인 에디찌오네라는 이름과 그 뒤에 나오는 순서대로 숫자를 붙이는 단순한 작명법을 택했습니다. 결국 에디찌오네 1이 세상에 빛을 본 이래, (이름 그대로) 매년 새로운 에디찌오네가 출시되며, 어느덧 에디찌오네는 20을 넘어서면서 와인 업계 최고의 초대박 시리즈가 되었습니다.

이름보다 중요한 것을 위해, 브린디시*

이름은 물론 중요합니다. 자신의 정

---

* Brindisi. 이탈리아어로 건배 또는 축배를 뜻한다.

체성을 뚜렷하게 구축하고 경쟁자와 차별화해 소비자들의 관심 속에 '제일 먼저', '제일 많이', '제일 크게' 자리 잡아야 하는 기업의 경우에는 더더욱 그렇습니다. 하지만 그럴수록 잊지 말아야 할 것이 있습니다. '이름은 내 것이긴 하지만 평생토록 그 주인은 내가 아닌 타인'이라는 사실입니다. 평상시 내 이름을 가장 많이 부르는 것도 내가 아닌 타인이고, 이름표나 명패, 명함 위에 적힌 내 이름을 가장 자주 보는 이들도 내가 아닌 타인입니다. 심지어 그 이름을 달고 있는 사람이 어떤 인간이었는지, 어떤 삶을 살았고, 어떠한 성과를 창출했으며, 얼마만큼 세상에 기여했는지 등을 평가하는 이 역시 내가 아닌 타인입니다.

그런 측면에서 우리가 신경 써야 할 것은 이름 그 자체가 아니라, 그 이름에 담긴 내실입니다. 타인이 내 이름, 우리 팀의 명칭, 우리 제품과 서비스, 브랜드 그리고 우리 회사 사명에 대해 '참 좋다'고 느낄 때 특색 없는 평범한 이름, 유명하지 않은 브랜드, 처음 들어보는 회사 사명이라 하더라도 다시 한번 그 이름을 곱씹어 보고 주위에 알려줄 것입니다.

그럼에도 불구하고, 우리는 주변에서 이름만 거창하게 내걸고 그에 걸맞은 실력이나 성과를 보여주지 못해 오히려 신뢰를 잃고 무너진 이들의 사례를 여전히 너무나도 흔하게 만나볼 수 있습니다.

돈이 궁하거나, 돈을 빠르게 더 많이 벌고 싶어 무언가 새로운 시도를 하려는 사람들이 빠져드는 것이 남들에게 내세울 만한 거창한 이름, 남들은 물론 나 자신마저 혹할 만한 매력적인 브랜드, 보는 순간 압도감이 들어 돈다발을 들고 찾아가야 할 것 같은 대단한 사업 프로젝트명을 지어야 한다는 유혹입니다. 혹은 인정받고 싶고, 빠르게 더 위로 올라가고 싶다는 욕심에 공직, 협회장, 인증 자격 등을 수집하듯 탐하는 사람들도 있습니다.

그러나 얼마 안 가 알게 될 것입니다. 그 모든 것이 '도루묵'이라는 사실을 말이죠. 그런 유혹에 잠시 빠진 적이 있다면 오늘 저녁 에디찌오네 한 잔 어떨까요?

이제 에디찌오네는 그 이름 자체로 '남부 이탈리아의 특색이 살아 있는', '최고 등급 와인에 전혀 뒤지지 않는 맛과 향이지만 가격은 합리적인', '해마다 색다른 맛과 향을 선보여, 매년 새 시리즈가 기대되는' 와인의 대명사로 여겨지고 있습니다. 자신들의 노력으로 이름에 대한 각인 효과와 그러한 각인 효과로 힘입은 로젠탈 효과를 모두 만들어낸 놀라운 사례가 되었습니다. 그런 에디찌오네를 한잔 하며 헛된 이름이 아닌 진짜 나로서의 성공을 위해 마음을 다잡아보면 좋을 것 같습니다.

에디찌오네! 브린디시, 브린디시!

◆ 에디찌오네(Edizione)

와이너리(Viña)	판티니 그룹(Fantini Group)
포도 품종(Uva)	몬테풀치아노(Montepulciano) 33% 프리미티보(Primitivo) 30% 산지오베제(Sangiovese) 25% 네그로아마로(Negroamaro) 7% 말바시아 네라(Malvasia nera) 5%
생산지역(Región)	이탈리아(Italia), 아브루초(Abruzzo)
와인 스타일 (Estilo de Vino)	깊고 진한 가넷–루비 컬러의 와인으로 체리와 블랙커런트, 허브, 시나몬, 정향, 감초 등의 향신료와 코코아, 미네랄 힌트의 아로마가 느껴지는 훌륭한 구조감을 지닌 와인으로 프레시한 산도에 적절한 보디감, 부드러운 탄닌과 롱 피니시까지 완벽한 밸런스를 이룬다.
등급(Grado)	등급 없음
도수(Contenido Alcohólico)	14%
어울리는 음식(Maridaje)	재료의 향이 강한 붉은색 육류 또는 소스가 가미된 요리

반드시 원조를
고집할 필요는 없다

최초도 최고도 아니지만, 최적으로 가치를 창출해낸
라인 39 카베르네 소비뇽 2018(Line 39 Cabernet Sauvignon 2018)
쁘띠 시라 2018(Petite Sirah 2018)
_ 라인 39

모자 쓴 귀 하나를 두고
벌인 전쟁

옛날 중국의 전쟁터에서는 전투에 참여한 병사들의 전공을 평가하기 위해 적군의 귀를 베어오도록 했다고 합니다. 전투력을 빼앗은 상대편 병사의 숫자를 파악하기 위해 처음에는 머리를 베어오게 했으나, 시간도 많이 걸리고 절차도 번거로워 전투에 방해가 되었기에 베어온 귀의 숫자로 전공을 평가하는 방식으로 변경되었다고 합니다.

쓰러진 적군의 귀를 취하기 위한 다툼은 치열했습니다. 그도 그럴 것이, 아무리 전투를 잘 치렀다 하더라도 귀를 베어가지 못하면 누구도 잘 싸웠다고 인정해주지 않을 것이기 때문입니다. 반대로 대충 도망만 다니며 목숨을 부지하기 급급했다 하더라도 용케 귀만 많이 베어가면 전투의 숨은 공로자로 칭송받고 큰 상을 받는 경우가 비일비재했습니다. 때문에 전투가 승리로 끝날 무렵이면 아군 병사들끼리 '귀'를 두고 뺏고 뺏기는 난리가 한바탕 벌어지고는 했습니다. 여기서 생겨난 한자가 '취할 취取' 자였습니다. 귀耳를 떼어내는 손又의 모양에서 그 의미를 따온 한자입니다.

그런데 예나 지금이나 전쟁 혹은 전투의 승패에 더 큰 영향을 미치는 것은 일반 병사보다는 여러 명의 병사를 이끄는 장교 또는 장수들이었습니다. 기왕이면 적군의 병사 한 명을 꺾는 것보다는 장수 한 사람을 무찌르는 것이 훨씬 더 큰 전공으로 인정받았습니다. 때문에 전투가 끝나고 나면 너나 할 것 없이 장수, 기왕이면 계급이 높은 장수의 귀를 베기 위해 난리법석이 벌어졌다고 합니다.

혼란스러운 전장에 널브러져 있는 적군의 시신 중에서 장수인지 아닌지 구분하는 방법은 당연히 입고 있는 복장입니다. 그중에서도 쓰고 있는 투구가 가장 확실한 구별 기준이 되었죠. 대체

　　　　　　　　　　　　　　　　　　　인생 와인

로 시기에 따라 그 재질과 생김새가 조금씩 다르기는 하지만, 장수들은 일반 병사들과는 확연히 다른 모습의 투구를 쓰고 있었습니다. 천을 두르거나 가죽을 얼기설기 엮어서 대충 머리에 얹은 일반 병사들과 달리 장수들은 가죽을 겹겹이 덧대거나 구리 또는 쇠로 만든 반구형 뚜껑을 얹은 커다란 투구를 애용했습니다. 특히, 일정 규모 이상의 군대를 이끄는 장군들은 머리를 보호하기 위해서 뿐만이 아니라 아군에게는 위엄을 보이고 적군에게는 위압감을 주고자 쇠로 만든 뿔이나 새의 깃털을 꽂아 더 크고 화려한 투구를 만들어 썼습니다.

그렇기에 전공을 입증하기 위해 '높으신 분'의 귀를 찾아 헤매던 병사들에게 투구라는 모자^{帽子}를 쓴 이의 귀는 '최고로 취^取하고 싶은 귀'였습니다. 이로부터 모^帽 글자의 옛 형태로부터 파생된 '曰' 자에 '取' 자가 붙어 '최고', '최대', '최상', '최선'이라는 의미로 사용되는 '최^最' 자가 만들어졌다고 합니다.

그래서일까요? 현대를 살아가는 우리들의 삶은 '최고', '최대', '최다' 등 '최' 자 타이틀을 하나라도 더 붙이기 위한 전쟁 같은 삶일 때가 많습니다. 마치 투구를 쓴 적군 장수의 귀를 찾기 위해 악다구니를 쓰며 전장을 누빈 고대 중국의 병사들처럼 말이죠.

그러다 보니 최고, 최초, 최대 등 '최' 자가 붙은 모든 것에 대한 우리 인간들의 집착은 참 오래고도 깊은 듯합니다. 지금도 수많은 모험가가 남들이 안 가본 곳, 남들이 안 해본 일을 최초로 하기 위해 위험한 시도를 거듭하고 있고, 심지어 귀하디 귀한 자신의 목숨까지 기꺼이 걸고 있습니다. 기존의 건물보다 단 1미터라도 더 높은 건물을 소유하기 위해 파산의 위협도 마다하지 않고 경쟁적으로 초고층 마천루를 짓고 있습니다. '가장 크다'라는 타이틀을 달 수만 있다면 한번 만들어 놓고 다시는 쓰지 않을 솥을 만들거나, 가난한 이들은 끼니를 굶는데도 엄청난 크기로 죽은 이의 동상을 만들기도 하는 것이 우리들 인간의 모습입니다.

'최最'라는
참 매력적인 모자 하나

그런 '최最의 유혹'에 가장 빠져들기 쉬운 것이 기업을 경영할 때 또는 조직 내에서 성장하여 어느 정도 지위에 올라 의사결정을 하게 될 때입니다. 경영자나 리더는 항상 다른 일반 구성원과는 달라야 한다는 일종의 책임감과 압박감에 시달리는 경우가 많습니다. 당연히 더 높은 지위와 더 강한 권력, 훨씬 더 많은 보수를 받고 있기에 당연히 느껴야 하는 것일 수도 있지요. 그러나 그 때문에 하지 말아야 할 의사결정을 하거나, 보이지 말아야 할 행동을 하는 것은 전혀 별개 문제입니다.

자신이 경영자이고 리더임을 너무나 강하게 의식한 나머지 늘 '최초', '최대', '최고', '최선', '최강'을 고집하며 자기 자신은 물론이거니와 이끄는 조직이나 경영하는 회사 전체를 파국으로 몰고 가는 이들은 은근히 많습니다.

1993년 애플의 연구진들은 최고경영진으로부터 '세계 최초의 개인정보단말기^{PDA}'를 개발하라는 압박을 받았습니다. 아직 소비자들이 PDA의 필요성에 대해 잘 느끼지 못하는 상태였고, 제반 기술이 제대로 갖춰지지 않아 이용 편의성이 형편없이 낮았습니다. 그리고 높은 부품값 탓에 기기의 가격이 700달러에 육박해 소비자들이 외면할 것으로 예상되었습니다. 그럼에도 불구하고 '세계 최초'의 제품을 원하는 경영진의 요구는 확고했습니다. 객관적인 데이터와 냉정한 분석은 번번히 묵살됐습니다.

결국 7인치 크기의 흑백 터치스크린을 장착한 세계 최초의 PDA인 뉴턴 메시지 패드^{Newton Message Pad}가 출시되었지만, 지극히 미미한 판매량만을 기록하며 겨우 명맥을 이어가다 불과 5년 뒤인 1998년 완전히 단종되고 맙니다.

역설적인 이야기지만, 이를 계기로 몇 번의 패착과 뉴턴 메시지 패드의 결정적인 실패 덕분(?)에 경영권을 잃고 쫓겨났던 스티브 잡스가 애플로 복귀하게 되었습니다. 그리고 최초는 아니지만 획기적이었던 MP3 기기인 아이팟, 역시 최초는 아니지만 참으로 멋졌던 스마트폰인 아이폰을 성공시켜 지금의 애플로 성장하게 되었습니다.

최대를 고집하다가 망가지는 사례는 그보다도 훨씬 많습니다. 한 지방자치단체가 관광 아이템으로 만들겠다며 5억 원이 넘는 돈을 들여 쌀 50가마로 4만 명이 먹을 수 있는 밥을 지을 수 있는 '세계 최대'의 가마솥을 만들었습니다. 하지만 솥이 너무 크다 보니 열 전달이 제대로 되지 않아, 결국 단 한 번도 밥을 짓지 못하고 폐기된 조리기구의 사례는 애교 수준입니다.

1997년 IMF 이후 경제 회복을 위해 경기부양 정책이 한창일 때, 국내 '최대' 신용카드 회사를 지향했던 LG카드는 모든 힘을 쏟아부어 카드 회원 유치에 나섰습니다. 학생, 전업주부 할 것 없이 뚜렷한 소득이 없거나 신용에 심각한 문제가 있는 이들까지 회원으로 가입시켰습니다. 카드 이용 대금을 납부하지 못하고 연체시킨 회원이 급증했지만, 오히려 더 적극적으로 회원수를 확대해 나갔습니다. 결국 2002년 국내 카드사 중 최초로 회원 수천만 명을 돌파하며 그토록 원하던 국내 최대 신용카드사가 되었으나, 이듬해 곧바로 부도 위기에 몰렸습니다. 이후 공적자금 투입 등 온갖 수모를 겪은 뒤, 2006년 말 신한금융지주로 팔려 현재의 신한카드가 되었습니다.

이 외에도 최고, 최다, 최강을 고집하다 쓰라린 패배를 맛보는 사례가 부지기수임에도 여전히 많은 사람이 돈을 벌기 위해서, 경쟁자를 이기기 위해서, 그리고 끝끝내 성공하기 위해서 반드시

인생 와인

이름 앞에 '최最'라는 모자를 씌워야 한다고 고집합니다.

저는 그런 이들에게 최근 캘리포니아에서 떠오르는 스타급 와이너리이자, 개인적으로 매력적이라 생각하는 와이너리인 라인 39Line 39의 와인을 한잔 권해주고 싶습니다.

가장 아름다운 선,
라인 39

사실 라인 39는 별다른 특색이 없는 와이너리입니다. 캘리포니아에서 가장 먼저 포도 재배나 와인 양조를 시작한 '최초'의 와이너리도 아니고, 가장 넓은 면적에서 포도를 재배하고 가장 많은 양의 와인을 생산하는 '최대'의 와이너리도 아닙니다. 가장 좋은 품질, 가장 비싼 와인을 생산하는 '최고'의 와이너리는 더더욱 아니지요.

와이너리의 이름 역시 특별하지 않습니다. 라인 39는 북위 39도선을 말합니다. 북위 39도선은 말 그대로 북반구의 위도 39도선을 말합니다. 우리나라 사람들은 흔히 38선이라 하여 북위 38도가 귀에 익숙하고, 그보다 북쪽이라고 하면 북한 영토를 떠올리며 '추운 곳', '살기 불편한 곳', '작물이 잘 자라지 않는 곳'이라고 생각하기 쉽습니다. 실제로 우리나라의 북위 39도에는 평양이 위치하고 있습니다. 그러나 북위 39도, 이른바 '라인 39'는 흔히 '세상에서 가장 살기 좋은 라인', '지구에서 가장 아름다운 선'으로 불립니다. 따사로운 태양과 눈부신 백사장, 넘치는 젊음의 열정으로 유명한 스페인의 이비사Ibiza섬이 정확히 북위 39도에 걸쳐져 있고, 그곳에서 동쪽으로 출발하여 지중해의 보석 카브레라Cabrera섬, 이탈리아의 사르데냐Sardegna섬, 에게해를 수놓은 그리스의 수많은 섬이 모두 39도 선 주변에 몰려 있습니다. 그보다 더 동쪽으로 가면 일본에서 가장 자연 풍광이 아름다운 지방 중 하나인 아키타秋田현이 있고, 태평양을 건너서는 캘리포니아의 중심부가 바로 이 39도선 위에 놓여 있습니다.

와이너리 라인 39 역시 이 '39도선' 위에 위치하고 있고, 그로부터 와이너리의 이름을 따온 듯합니다(이름 참 편하게 지었네요. 그렇죠?). 그러나 라인 39는 와인만큼은 이름처럼 편하게 만들지 않는 것으로 유명합니다. 라인 39의 소유주이자 최고 양조 책임자 중한 명인 마크 라스무센Mark Rasmussen은 캘리포니아의 유명 와인 제조사인 크리스 스피글Kryss Speegle, 오닐O'Neill Vintners and Distillers 등에서 30년 이상 와인을 제조해온 베테랑 제조 전문가입니다. 특히, 캘리포니아는 물론이고 독일과 뉴질랜드 등의 와이너리와 계약을 맺고 와인 제조 전반에 걸친 자문을 제공하기도 했습니다. 덕분에 그는 특정 지역이나 품종에 국한되지 않고 다양한 종류의 포도와 양조방법을 접할 수 있었습니다. 다양성에 대한 이해를 바

인생 와인

탕으로 그는 와인 양조에 무척이나 실용적으로 접근하게 되었죠.

또 다른 제조 책임자인 스티븐 드코스타Steven DeCosta는 대학에서 화학과 미생물학을 전공한 뒤 와인 업계에 뛰어든 젊은 인재입니다. 인터뷰에 따르면 열두 살 때 처음으로 와인의 맛에 눈을 떴다고 하니, 라인 39의 홈페이지에 그를 '타고난 와인 제작자Natural born winemaker'라고 설명한 문구가 그다지 과장은 아닌 듯합니다. 마크 라스무센과 여러 면에서 조금은 다른 길을 걸어왔지만, 라인 39에서 포도를 대하고 와인을 만드는 모습에 있어서만큼은 크게 다르지 않습니다.

와인의 품질관리와 브랜드 가치 제고를 위해 특정 포도밭에서 생산되는 포도만을 고집하거나, 단일 품종의 포도만을 사용한다거나, 수백 년간 변함없이 사용해온 양조방식을 유지하는 것이 하나의 유행처럼 번져 나가고 중요한 마케팅 포인트로 활용이 되는 상황에서 두 사람이 이끄는 라인 39는 캘리포니아 전역에서 필요한 포도를 사 모아서 와인을 만들고 있습니다.

'최고', '최상', '유일무이', 전무후무' 등 그럴듯한 것들을 고집하기보다는 자신들이 만들려는 와인에 최고로 적당한 포도를 가장 적절한 가격에 구해서 좋은 와인을 만들어내고 있습니다.

그들이 내세우고 있는 모토 역시 단순합니다. '단순함 속의 아름다움과 복잡하지 않은 즐거움The Beauty in Simplicity and The Joy of the Uncomplicated!'

쓸데없이 복잡하게, 거창하고 화려하게 만들기보다는 단순하고 복잡하지 않게, 기본에 충실한 와인을 만들어 공급하겠다는 의지가 느껴지는 문구입니다. 실제로 라인 39의 와인은 라벨 디자인이 밋밋한 것으로 유명합니다. 온갖 유명한 화가의 작품에, 오만 가지 미사어구로 꾸며진 다른 와인들과 비교하면 연한 노란색 바탕에 숫자 39만 떡하니 새겨져 있는 라벨은 심심하다 못해 허전해 보입니다. 더 나아가 '이 사람들, 브랜드 관리에 너무 정성이 없는 거 아냐?'라는 생각이 들 정도입니다.

그러나 달리 생각해보면 불필요하다고 느끼는 부분은 최소화하고 자신들이 중요하다고 생각하는 부분이나 잘할 수 있다고 생각하는 부분에 집중해 최적의 결과물을 만들어내겠다는 라인 39의 의지가 느껴지는 듯하여 빙그레 웃음 짓게 됩니다.

요즘 TV나 라디오를 틀면 온통 최고, 최대, 최강…. '최最'라는 모자를 쓰고 거드름 빼기를 강권하는 세상입니다. '최고가 아니면 살아남지 못한다', '세상은 1등만을 기억한다', '결국 가장 큰 몇몇만이 살아남을 것이다' 같은 말들이 넘쳐나고 있습니다.

이럴 때일수록 저렴하면서도 딱 좋은 맛과 향을 제공하며 승승장구하고 있는 라인 39의 와인 한잔 어떠실까요? 몇 해 전 한 드라마에 나와서 유명세를 떨쳤던 '강한 자가 살아남는 것이 아니라, 살아남은 자가 강한 것이다' 같은 대사를 읊조리면서 말이죠.

친구들의 와인 노트

Wine Friends' Note

♦ 카베르네 소비뇽 2018(Cabernet Sauvignon 2018)

와이너리(Viña)	라인 39(Line 39)
포도 품종(Uva)	카베르네 소비뇽(Cabernet Sauvignon) 100%
생산지역(Región)	미국(US), 캘리포니아주(California)
와인 스타일 (Estilo de Vino)	짙은 루비색에 카시스, 블랙 체리, 블랙 커런트, 블랙 베리, 잘 익은 자두 힌트와 함께 풍성한 탄닌의 짜임새가 부드러우면서 입 안을 꽉 채우는 풍만한 풀보디의 균형감이 우아한 미감을 제공하는 와인이다.
등급(Grado)	소규모 소량 생산 와이너리(부티크 와인)
도수(Contenido Alcohólico)	13.5%
어울리는 음식(Maridaje)	비프 스테이크, 삼겹살, 구운 양고기 및 치즈

◆ **쁘띠 시라(Petite Sirah 2018)**

와이너리(Viña)	라인 39
포도 품종(Uva)	쁘띠 시라(Petite Sirah) 100%
생산지역(Región)	미국, 캘리포니아주
와인 스타일 (Estilo de Vino)	짙은 루비색에 블랙 페어, 블랙 베리, 자두 등의 아로마와 단단하지만 우아한 탄닌감이 입 안에서 탄탄한 질감이 느껴지게 하며, 복잡 미묘함을 느낄 수 있는 풀보디 와인이다.
등급(Grado)	소규모 소량 생산 와이너리(부티크 와인)
도수(Contenido Alcohólico)	14.5%
어울리는 음식(Maridaje)	비프 또는 포크 스테이크, 양, 오리고기와 훈제 바비큐, 블루 치즈

역설 : 싸지만 싸지 않은 걸 제공해야 성공한다

최상의 가성비로 세계인의 식탁을 침공한

델 아부엘로 '셀렉시온 2016'(El Abuelo 'Seleccion 2016')

_ 보데가스 피케라스(Bodegas Piqueras)

세상에 없던 '그것'을
할 수 있어야 살아남는다

한때 알고 지내던 사업가가 해준 말씀이 있습니다.

"이봐요, 배 대표. 세상 절대로 없는 것 두 가지가 있는데 그게 뭔지 알아요? 하나는 '태어날 때부터 뭐든지 잘하는 녀석'이고, 다른 하나는 '싸고 좋은 물건'입니다. 그런데 굳이 진짜로 없는 것 하나만 꼽아보라고 한다면 나는 '싸고 좋은 물건'을 꼽을 겁니다. 달리 도둑놈이 아니에요. 남한테 돈은 적게 주고 좋은 물건을 바라는 녀석, 그 녀석이 바로 도둑놈입니다."

당시 그분이 처한 상황이 상황이니만큼 표현은 다소 거칠었습니다만, 말씀하려는 진의가 무엇인지는 충분히 이해하고도 남았습니다. 그런데 제 생각부터 말씀드리자면 그분의 말씀은 지극히 맞기도 하면서, 또 조금은 다르게 생각해볼 부분이 있습니다.

세상에 '싸고 좋은 물건'은 없습니다. 정확하게 표현하자면 '거의' 없습니다. 그러나 달리 생각해보면 그렇기에 '싸고 좋은 물건'을 만들어낸 소수의 사람이 시장을 지배하고 독보적인 성과를 거두며, 돈을 쓸어 담고 있는 것입니다. 이른바 '가성비가 좋은' 물건들입니다.

우리가 흔히 '가성비'라는 단어는 '가격 대비 성능'이라는 말을 줄여 쓴 단어로, 그 유래는 분분합니다. 하지만 일반적으로 과거 하이텔이나 나우누리 등에서 활동하던 PC통신 1세대들 사이에서, 최저의 가격으로 가장 높은 사양의 PC를 조립하는 능력을 자랑하는 분위기 속에서 탄생한 단어라는 것이 정설입니다. 처음 등장한 이후 급속도로 퍼지기 시작해 언론 보도자료나 정부의 공식 문서에까지 사용되는 일상적인 단어가 되었죠. 이제는 '가심비(가격 대비 심리적 만족감)' 같은 파생어까지 만들어져 사용되고 있습니다.

소비자들 사이에서 가성비가 워낙 중요시되다 보니 기업에서도 신경을 쓰지 않을 수 없게 되었습니다. 가성비 좋은 제품이나 서비스를 만들어내기 위해 역량을 집중하거나 실제 가성비가 좋지 않더라도 광고 문구 등을 통해 '가성비가 좋은 제품'임을 알리고 그런 이미지를 만들기 위해 노력하고 있습니다. 앞서 제 지인의 표현대로라면 '세상에 존재하지 않는 것'을 위해 혹은 '도둑놈 심보'를 만족시키기 위해 수많은 기업이 경쟁하고 있는 셈이지요.

'1000원숍'으로 시작해서 현재는 대형 유통업체와 어깨를 나란히 견주고 성업하고 있는 다이소Daiso, '짝퉁만 만들어내는 카피 전문 기업'이라는 오명을 벗고 수많은 '대륙의 실수'를 양산해내고 있는 샤오미Xiomi, 우리 주변에서 만날 수 있는 '맛 좋고 값싼' 식당들이 그에 해당될 것입니다.

하지만 이 '가성비'라는 단어에는 한 가지 치명적인 단점이 있습니다. 그것은 '가성비'라는 단어와 '고급', '고가', '고성능', '고품질' 같은 단어 사이에 연결고리가 극히 약하다는 점입니다. '가성비가 좋은 제품'이라는 말을 들으면 '구매할 만한 제품', '참 좋은 제품'이라는 생각은 들지만 무언가 고급스럽다거나 다른 이들은 갖고 있지 않은 희귀한 레어템이라거나 혹은 소장할 만한 귀중한 제품이라는 생각까지는 들지 않는 것이 사실입니다.

그런데 그런 것까지 성공시킨 이들이 있습니다. 가격 대비 최상의 성능을 뽑아내서 '가성비'에 대한 고객들의 니즈를 만족시킨 것은 물론, 더 나아가 고급스러운 이미지와 품격까지 완성시킨 대단한 이들이 있습니다. 바로 스페인 중부 라만차^{La Mancha} 고원 인근에 위치한 와이너리 보데가스 피케라스^{Bodegas Piqueras}입니다.

원조 '세기의 결혼식'의
'진짜' 주인공

비록 해피엔딩으로 끝나지는 못했지만 화제성만으로는 21세기 최고였던 송중기와 송혜교 커플의 결혼식, 그리고 그보다 몇 년 전에 거행된 장동건과 고소영 커플의 결혼식, 다시 그보다 십수 년 전으로 거슬러 올라가면 최수종과 하희라 부부의 결혼식, 그리고 이제는 고인이 되었지만 당대 스타로서의 화제성만큼은 앞서의 남자 배우들을 전부 합친 것보다도 컸던 '한국의 알랭 드롱' 고 신성일과 엄앵란 부부의 결혼식까지.

우리는 유명 스타나 정재계 유력 인사들이 만나 가정을 이루는 모습을 보며 흔히들 '세기의 결혼식'이라는 문구를 씁니다. 너무 자주 쓰이다 보니 요즘은 진부하게 느껴지기도 하죠. 그런데 이

인생 와인

문구의 진정한 주인이라고 할 만한 결혼식이 있었습니다. 영국 역사상 가장 오랫동안 왕세자 자리에 머무르고 있는 찰스 왕세자와 지금은 고인이 된 다이애나 왕세자비의 결혼식이었죠.

1981년 7월, 세인트 폴 성당에서는 영국의 왕위 계승 1순위로서 곧(그러나 그 '곧'이 40년이 넘는 세월을 지칭하는 단어가 될 줄은 아무도 몰랐죠) 영국 국왕의 자리에 오를 찰스 왕세자와 스펜서 백작 가문의 딸인 다이애나 스펜서의 결혼식이 거행되었습니다. 이제 갓 스무 살을 넘긴 신부 다이애나는 1만여 개의 진주와 장신구들로 수놓아진 실크 드레스를 입었는데, 머리 위에 얹는 레이스 장식인 트레인의 길이만 무려 7.6미터에 달했습니다. 신랑인 찰스 왕세자와 똑같이 178센티미터로 장신이었던 신부 다이애나가 신랑보다 커 보이지 않도록 굽이 낮으면서도 우아함을 살린 디자인의 구두는 542개의 스팽글과 132개의 진주로 장식되어 있었는데, 구두 장인이 꼬박 6개월간 한 땀 한 땀 못질을 하고 바느질을 해서 만든 진정한 명품이었습니다.

우아한 자태의 그녀는 아버지 스펜서 남작과 함께 마차를 타고 식장으로 들어섰습니다. 영국은 물론 전 세계에서 초대받은 3,500여 명의 VIP들이 성당 안팎을 가득 메웠습니다. 대처 영국 수상과 미테랑 프랑스 대통령 등 유럽 거의 모든 나라의 정상들이 참석했고, 스웨덴, 노르웨이, 덴마크, 일본, 태국, 요르단 등 수많은 군주제 국가의 왕과 왕비도 자리를 함께했습니다. 그 외에도 전 세계 재계를 주름잡는 대부호들과 유명 연예인들도 하객 명단에 그 이름을 올렸습니다. 거리에는 200만 명이 넘는 시민들이 역사적인 결혼식을 먼발치에서나마 구경하기 위해 몰려나왔습니다. 60개국이 넘는 나라에서 결혼식장과 주변 풍경을 생중계했는데, 적어도 7억 5,000만 명 이상의 사람들이 그 모습을 TV로 지켜보았습니다. 가히 '세기의 결혼식'이라는 수식어가 과장이 아닐 정도로 장관이었습니다.

결혼식이 끝난 뒤 이튿날 거행된 피로연 역시 결혼식만큼이나 대단했는데, 와인 전문가들과 애호가들은 그 피로연에 어떤 와인이 서빙될지에 주목했습니다. 와인이야 개인 취향이라고는 하지만, 이 결혼식 피로연에 어떤 와인이 오르느냐에 따라 해당 와이너리는 물론이거니와 그 와이너리가 속한 지역 역시 세계인의 이목이 집중될 것이기 때문이었습니다. 그런 열렬한 관심 속에 몇 종의 와인이 피로연에 제공되었는데, 그중 사람들의 관심을 한 몸에 받은 와인은 스페인 와이너리 베가 시실리아^{Vega Sicillia}의 우니코^{Unico}였습니다.

1859년 돈 엘로이 레칸다^{Don Eloy Lecanda Chaves}는 아버지 토리비오 레칸다^{Toribio Lecanda}로부터 스페인 고유 품종인 템프라니요^{Tempranillo} 포도가 한가득 심어져 있는 포도밭을 물려받았습니다. 이후 몇 년간 템프라니요 품종만으로 와인을 만들던 그는 5년 뒤 프랑스 보르도로 넘어가 포도나무 몇 그루(실제로는 거의 2만여 그루)를 사다

인생 와인

자신의 포도밭에 옮겨 심었습니다. 이후 꽤 품질 좋은 와인을 생산해내기는 했지만, 그렇다고 보르도나 부르고뉴의 특급 와인 메이커와 어깨를 견줄 만한 수준까지는 아니었습니다. 그랬던 베가 시실리아가 획기적으로 변모한 것은 20세기 초 와이너리의 주인이 바뀌고, 젊은 와인 기술자 도밍고 가라미오라^{Domingo Garramiola} Txomin를 영입하면서부터였습니다. 다른 와이너리의 경험 많은 연로한 기술자들과 달리 그는 열린 마인드와 젊은 감각의 소유자였습니다. 그는 리오하 와인의 생산방식에 보르도 와인의 생산방식을 접목해 새로운 양조방식을 수립했습니다. 덕분에 1900년대 초반부터 그 명성이 주위에 알려지기 시작했습니다.

그러나 베가 시실리아가 위치한 지역은 심할 때는 낮과 밤의 기온 차이가 30도에 이르는 큰 일교차 때문에 나무들의 성장이 더딘 편인데, 가혹하리만큼 심한 가지치기를 통해 이 중에서도 최고의 포도나무만을 키워내는 것이 전통처럼 자리 잡았습니다. 당연히 열리는 포도송이 자체의 숫자가 다른 포도밭에 비해 적을 수밖에 없었습니다. 더군다나 포도송이를 수확할 때도 일일이 손으로만 채취해 온 정성을 다해 발효와 숙성을 시키고 블렌딩을 하다 보니 한 해에 생산할 수 있는 와인의 수량 역시 극히 적었습니다.

때문에 베가 시실리아의 우니코 같은 경우, 시중에는 판매하지 않고 친분을 통해 연결된 왕족이나 귀족 같은 유럽의 최상류

층들 간의 선물용으로만 판매되었습니다. 이때부터 베가 시실리아에는 '오직 우정으로만 살 수 있는 와인', '존재하지만 마셔본 사람은 없는 와인', '이 와인을 선물받았다는 것은 당신이 유럽의 중심에 있다는 것'이라는 별명과 수식어들이 붙기 시작했습니다. 이런 베가 시실리아 우니코가 찰스 왕세자와 다이애나 왕세자비의 결혼 피로연 식탁에 올랐다는 언론 보도가 이어지면서 그 명성은 극에 다다랐습니다.

스페인에서 건너온
가성비 끝판왕

이토록 극찬을 받는 베가 시실리아지만 분명한 단점은 존재합니다. 구하기가 쉽지 않다는 점과 역시 '가격'이 문제였습니다! 워낙 한 해에 생산되는 양 자체가 적다 보니 구하고 싶어도 시중에서 쉽게 구할 수도 없을뿐더러, 가격 자체가 부담 없이 구매를 결정할 수 있을 만한 수준이 아닙니다. 괜찮은 빈티지는 메독의 1등급 와인과 비교해도 절대로 밀리지 않는 수준입니다. 그러나 미리 포기할 필요는 없습니다. 방법이 하나 있습니다. 베가 시실리아에서 배우고 익힌 실력 그대로 만든, 그러나 가격은 그 10분의 1에도 못 미치는 스페인의 가성비 끝판왕 와인을 선택하는 겁니다. 보데가스 피케라스가 바로 그 주인공입니다.

1915년 알만사^{Almansa} 지역에 거주하던 루이스 피케라스^{Luis Piqueras López}라는 농부가 자신의 포도밭에서 수확한 포도로 와인을 담갔습니다. '제대로 맛이 나면 가족끼리 나눠 먹고, 운 좋게 생산이 잘 되어 좀 남으면 시장에 내다 팔' 심산이었습니다. 담을 병도 구하지 못해 흙을 빚어 구워 만든 항아리에 와인을 담아 장날 시장에 내다 놨습니다. 예상과 달리 와인은 날개 돋친 듯 팔려 나갔습니다. 몇몇 사람은 그의 집에까지 찾아와 '남는 와인이 있으면 내어놓으라'고 엄포 아닌 엄포를 놓기까지 했습니다. 그러나 포도밭도 크지 않았고 양조장은 가내 수공업 수준이었으며 기술자를 구할 돈이 없어 포도밭 관리와 와인 양조는 하나부터 열까지 루이스 피케라스가 직접 해결해야 했습니다. 당연히 허례허식, 낭비 요소는 발 디딜 여유가 없었죠. 그때부터 '거품 없는 최고의 가성비'라는 피케라스 와이너리의 전통이 생겨났습니다.

그랬던 와이너리가 대대적으로 변화하게 된 것은 뜻밖에도 주인장 루이스 피케라스의 '헛짓' 덕분이었습니다. 1927년 크리스마스를 며칠 앞두고 가족과 나눌 음식 재료를 사기 위해 장터에 나간 그는 주머니 속에 있던 (8페세타 정도였다는 사람도 있고, 그보다 더 많았다는 사람도 있습니다. 아무튼) 잔돈을 털어 크리스마스 기념 복권을 샀습니다. 그런데 그 복권이 드라마틱하게도 1등에 당첨된 것입니다. 여러분은 복권 1등에 당첨되면 맨 먼저 무엇부터 할 생각이신가요? 빚을 갚아야겠다는 분도 계실 테고, 아파트 한 채 장만하겠다는 분도 계실 테고(사실 요즘 복권 당첨금으로는 택도 없지만 말입니다), 이도 저도 안 되니 평상시 타고 싶었던 스포츠카나 한 대사서 타고 다니겠다는 분도 계실 겁니다. 그러나 루이스 피케라스는 이 무렵 진심으로 와인에 미쳐 있었습니다. 당시로서는 고된 포도 농사를 하지 않고 살 수 있을 정도의 목돈을 당첨금으로 타게 되었지만, 그는 그 돈으로 자신의 포도밭 옆 공터를 사서 제대로 된 시설을 갖춘 와이너리를 지었습니다. 그렇게 보데가스 피케라스의 역사가 본격적으로 시작되었습니다.

1961년 루이스 피케라스의 딸 루이사와 사위 마리오의 사이에서 사내아이가 하나 태어났습니다. 그 아이가 바로 현재의 보데가스 피케라스를 이끌고 있는 스페인의 스타 와인 메이커 후안 파블로 피케라스Juan Pablo Bonete Piqueras입니다. 그는 할아버지가 세운 전통 위에 아버지가 구축한 체계 속에 포도가 성장하고 와인이 만들어지는 모습을 보며 자랐습니다. 당연히 와인에 대한 탁월한 감이 생길 수밖에 없는 환경이었죠. 그는 알리칸테 대학교 와인 양조학과에 입학했는데, 졸업할 때는 난다 긴다 하는 와이너리의 후계자들이 주축을 이뤘던 그곳에서 압도적인 최고의 성적으로 학업을 마쳤습니다.

대학을 졸업한 그는 집으로 돌아가 외할아버지와 아버지가 일

인생 와인

군 와이너리에 몸담는 대신 대학 인근 지역이었던 예클라^{Yecla} 지방의 유명 와이너리였던 보데가스 페냐피엘^{Bodegas Peñafiel}, 보데가스 바라온다^{Bodegas Barahonda} 그리고 보데가스 카스타뇨^{Bodegas Castaño} 등에서 다양한 경력을 쌓았습니다. 그리고 경력의 정점이자, 그의 인생의 변곡점이 될 와이너리에 몸담게 되는데, 앞서 말씀드렸던 스페인 최고의 와이너리로 꼽히던 베가 시실리아였습니다. 그곳에서 포도를 재배하고 수확하는 단계에서부터 정성을 다해 섬세한 손길로 최상의 와인을 만들어내는 방법을 익힌 그는 그제야 비로소 집으로 돌아왔습니다.

2000년 아버지 마리오 보네테가 사망하자 아들 후안이 보데가

▲ 보데가스 피케라스 와이너리 포도밭

스 피케라스를 맡게 되었습니다. 그는 추가로 포도밭을 사들이고 와인 양조 시설과 병입 공정 라인을 새롭게 건설하는 등 보데가스 피케라스의 대형화, 현대화를 추진했습니다. 그들이 보유한 150여 헥타르는 인근 지역 와이너리 중 가장 큰 규모였습니다. 미국과 프랑스에서 오크통도 추가로 사들였는데, 그들이 보유한 3,000개의 오크통 역시 인근 지역에서 가장 많은 수였습니다. 덕분에 보데가스 피케라스의 와인은 터무니없을 정도로 저렴한 반면, 그 맛과 향은 (베가 시실리아 팬들께는 죄송한 말씀입니다만, 거짓말 조금 보태서) 그 비싸다는 베가 시실리아와 비교해도 크게 밀리지 않은 수준입니다. 가히 가성비 끝판왕이라고 하지 않을 수 없습니다.

가격 먼저 성능은 나중이 아니라, 성능 먼저 가격은 그다음에

그런데 이제는 그 가성비만으로도 힘든 세상이 되었습니다. 이 모든 것이 그놈의 '경쟁'이 치열해졌기 때문입니다. 가격 대비 성능을 일컫는 가성비는 물론이거니와 가격 대비 제품과 서비스로부터 받는 느낌, 심리적 만족감 등을 뜻하는 '가심비價心比', 그보다 더 나아가 가격 대비 더 빨리, 불필요한 발품 팔지 않고 즉시 구입할 수 있는 제품을 뜻하는 '가시비 價時比'까지 비슷한 가격대의 경쟁 제품이나 서비스와 비교하는 포인트는 더더욱 늘어나고 있습니다. 가격 대비 더 윤리적으로 깨끗하고 도덕적으로 올바른 제품을 뜻하는 '가륜비價倫比', 가격 대비 시각적으로 더 보기 좋은 제품을 뜻하는 '가시비價視比' 등 원하는 것을 갖다 붙여 만든 신조어들이 난무하고 있습니다. 저 역시 한때 제주도에서 베이커리 카페를 경영했던 적이 있는데, 그때 가장 고민했던 것이 이 '가성비'였습니다.

'나라면 이 가격에 이 빵을 먹으러 이곳까지 올까?'
'문만 열면 커피전문점이 즐비한 세상에서, 이 돈을 내고 굳이 우리 카페의 커피를 마시기 위해 찾아올 손님이 있을까?'

눈만 뜨면 이런 고민을 했습니다. 그런데 인생을 살아가며 다른 사람으로부터 돈을 벌어서 먹고살기 위해서는 앞으로도 이 고민은 계속될 듯합니다. 어떤 업에 종사하건, 어떤 규모로 장사나 사업을 하건 혹은 속한 조직 내에서 어떤 직급에 있든지 간에 말입니다. 그렇다면 이 가성비에 대해 고민만 할 것이 아니라, 가성비를 높일 방법을 즐겁게 찾아내야 할 것 같은데, 그게 또 쉽지 않습니다.

앞서 말씀드린 것처럼 '가성비'는 고급스러운 이미지와는 잘

▲ 보데가스 피케라스 셀러

어울리지 않는 단어입니다. 최고급 한우보다는 저렴한 수입산 소고기지만 '한우 못지않은 맛'을 내는 경우, 최고의 스포츠카보다는 비싸지 않은 준중형 승용차지만 '가속력 등은 스포츠카 못지않은' 경우, 최고 스타플레이어보다는 적은 계약금 또는 연봉을 주고 영입했지만 '승부처에서 한방이 있는' 경우, 보통 이런 경우에 '가성비'라는 단어를 사용합니다.

그런 점에서 와인, 와이너리에게 있어 '가성비'라는 단어는 썩 달갑지 않은 수식어일 듯합니다. 그렇기에 고객으로서 '가성비를 따지는 일'은 무척이나 즐거운 일이지만, 그 '가성비를 만들어내기 위해', 혹은 '가성비를 다른 경쟁자와 맞추기 위해' 노력하는 것은 그다지 즐겁지도 쉽지도 보람되지도 않은 경우가 많습니다.

그러나 자신의 실력에 대한 자신감을 바탕으로 '가성비'라는 단어를 자유롭게 사용하며 브랜드 가치를 높여가는 기업이나 사람도 많습니다. 가격에 기준을 맞추는 것이 아니라, 최선의 노력으로 최고의 성과(제품, 서비스)를 만들어낸 뒤 최대한 합리적인 가격으로 소비자들에게 제공하여 가성비를 인정받는 경우 말이죠. 와인 업계에서는 보데가스 피케라스가 대표적입니다.

그들은 스페인은 물론이거니와 전 세계 어떤 와인과 비교해도 전혀 뒤지지 않는, 아니 오히려 어떤 면에서는 압도적인 장점을 보유하고 있음에도 가격은 '와, 이렇게 받아도 될까?' 싶을 정도로 저렴하게 제공하고 있습니다. 탁월한 가성비인데, '가격에 비해 괜찮은 맛'이 아니라 '매우 훌륭한 맛 대비 저렴한 가격'인 것이죠.

그런 가격 정책이나 경영방침은 그들이 생산하는 와인의 네이밍에서도 드러납니다. 거창한 유래와 의미, 화려한 수식어가 난무하는 와인 이름들 속에서 '할아버지'를 뜻하는 '엘 아부엘로티 Abuelo'라는 단순한 단어를 자신들의 와인 이름으로 사용한 그들의 모습을 보고 있자면 가성비에 그들이 얼마나 진심인지 느끼게 됩니다.

오늘도 누군가(자영업자라면 고객, 관공서나 학교에 근무한다면 납세자, 회사에 몸담고 있다면 주주 또는 오너 등)로부터 '밥값(가격)'을 받고 그

밥값에 걸맞은 '성과(성능)'를 냈는지 고민되는 분들이 있다면 '보데가스 피케라스 할아버지(엘 아부엘로)'를 만나보는 것은 어떨까요? 밥값을 했다면 한 대로 자랑스럽게! 아쉽게도 못했다면, 내일은 다를 거라는 다짐을 하며!

스페인에서 온 가성비 끝판왕과 오늘 밤 가성비 넘치는 저녁을 보내보는 건 어떨까요?

◆ 엘 아부엘로 '셀렉시온' 2016(El Abuelo 'Seleccion 2016')

와이너리(Viña)	보데가스 피케라스(Bodegas Piqueras)
포도 품종(Uva)	가르나차(Garnacha) 60% 모나스트렐(Monastrell) 25% 시라(Syrah) 15%
생산지역(Región)	스페인(España), 알만사(Almansa)
와인 스타일 (Estilo de Vino)	짙은 진홍색 컬러에 건포도, 말린 자두, 바닐라, 시나몬, 정향, 코코넛 및 로즈마리 아로마가 조화되어 복합적인 향을 내뿜으며, 풀보디 와인의 강하면서도 입 안에서 오래 지속되는 아로마와 적절한 산도, 탄닌 등이 조화를 이뤄 강한 인상을 남기는 와인이다. 한정 생산(12,000병)하는 보데가스 피케라스 플래그십 와인이다.
등급(Grado)	DO(스페인 알만사)
도수(Contenido Alcohólico)	14.5%
어울리는 음식(Maridaje)	초리스, 타파스 또는 리소토 등의 쌀 요리 음식, 소, 양 등을 그릴에 구운 고기 요리, 튀김 요리, 치즈

Chapter 4

돈을 벌고 나서
마시는 와인

Vino, dopo aver preso i soldi

Je ne peux vivre sans champagne,

en cas de victoire, je le mérite;

en cas de défaite, j'en ai besoin.

✦ ✦ ✦

나는 샴페인 없이는 살 수 없다.

승리의 순간에는 마실 권리가 있어서,

패배의 순간에는 마시고 싶어서.

__ 나폴레옹*(1769~1821)

---

* Napoléon Bonaparte: 프랑스의 군인이자, 제1제국의 황제. 주브레 샹베르탕(Gevrey Chambertin)과 모엣&샹동(Moët & Chandon)을 좋아했다.

최고의 자리는
결국 되고 싶은 사람이 차지한다

최고에 대한 집념으로 끝끝내 위대한 최고가 된
포이악 프리미에르 그랑 크루 클라세(Pauillac Premier Grand Cru Classé)
_ 샤토 무통 로쉴드(Château Mouton Rothschild)

Manners Maketh Man,
Price Maketh Man Too

2015년 개봉해 미국 현지와 국내에서 모두 큰 인기를 끌었던 영화 〈킹스맨Kings man : The Secret Service〉이라는 영화를 기억할 겁니다. 그 영화의 첫 장면에 잠시 등장했다가 칼날이 달린 의족을 차고 있는 가젤이라는 킬러에게 허무하게 살해당하는 렌슬롯Lancelot이라는 캐릭터가 있습니다. 멋지게 등장하지만 너무나 짧은 시간에 허무하게 퇴장하는 단역이라 영화를 본 많은 분께 이름을 말해도 '그게 누구지?'라며 기억을 하지 못하는 분들이 대부분일 게 분명합니다. 그러나 영화 속에서 그와 그가 구하고자 했던 교수가 위스키 잔을 들고 보여준 장면을 말씀드리면 상당수가 '아!' 하고 기억할 것이 분명합니다. 특히, 30대 중반을 넘어서서 이제 술의 진정한 맛과 향을 느끼기 시작한 분들이라면 더더욱….

렌슬롯이 그토록 마시고 싶어 했던 그 한 잔의 술 이름은 '달모어 1962'입니다. 실제로는 '달모어 62년^{Dalmore 62 Year Old}'을 모티브로 해서 살짝 이름을 바꾼 가상의 위스키입니다. 1839년 알렉산더 매더슨^{Alexander Matheson}이 스코틀랜드 하이랜더에 세운 위스키 증류소인 달모어는 넓은 보리밭이 펼쳐진 깨끗한 자연환경 속에서 품질 좋은 위스키를 만들어내는 브랜드로 이름이 높았습니다.

품질만큼이나 비싼 가격대로 유명했던 달모어 증류소는 1943년 무지막지한 시도를 하는데, 1868년, 1876년, 1926년 그리고 1939년산 원액 4통을 블렌딩해 최상의 맛과 향을 지닌 위스키를 만든 것입니다. 그렇게 만들어진 위스키는 단 12병에 불과했습니다. 그리고 60여 년이 지난 2002년, 드디어 달모어는 12병의 위스키를 세상에 내보냈습니다. 그 소문을 들은 사람들은 달모어 증류소가 이 어마어마한 위스키에 어떤 대단한 이름을 붙일까 궁금해했습니다. 그러나 증류소 측은 허무하게도 4가지 원액 중 가장 막내인(숙성연수가 덜 된, 그래도 60년은 훌쩍 넘은) 1939년 원액을 기준으로, 모두 62년이 넘은 원액으로 만들었다 하여 간단하게 '달모어 62'라는 이름을 붙였습니다.

그러나 '달모어 62'의 가격만큼은 이름처럼 간단하지 않았습니다. 2002년에 12병 중 한 병이 시장에 나왔는데, 그 당시 거래가격은 우리 돈으로 4,000만 원이 훌쩍 넘는 3만 9,000달러였습니다. 마지막으로 시장에 등장한 것은 2011년이었는데, 그때 거래가는 우리 돈 2억 5,000만 원가량인 20만 달러였습니다. 때문에 〈킹스맨〉 같은 영화에서 '(렌슬롯처럼) 고도로 훈련받은 최고의 요원조차 그 맛과 향에 유혹되었다'는 설정에 사용된 최고급 위스키 이름에 '달모어 62'와 비슷하게 작명한 '달모어 1962'라는 이름을 사용한 것입니다.

그런데 2005년 놀라운 일이 일어났습니다. 런던 외곽에 위치한 5성급 호텔인 페니힐 파크^{Pennyhill Park Hotel} 내에 자리 잡은 애스콧 바^{Ascot Bar & Lounge}에 한 중년 신사가 친구 다섯 명과 함께 방문해 12병의 달모어 62 중 한 병을 구입해 마신 것입니다. 그가 그 위스키 한 병에 지불한 금액은 무려 3만 1,000파운드, 당시 환율로 5,800여만 원에 다다르는 거액이었습니다. 달모어 브랜드 위스키 한 병이 대략 위스키 스트레이트 잔으로 30여 잔이 나오니, 그들이 홀짝홀짝 마신 한 잔은 우리 돈으로 170여 만 원이 넘는 것입니다. 그런데 일반인의 상식으로는 잘 이해가 가지 않는 엄청나게 고가의 술병들이 마구 비워지는 술자리는 의외로 드물지 않습니다.

일본의 사업가가 창립기념일을 기념하기 위해, 창업연도와 같은 시기에 만들어진 사케를 병당 50만 엔 이상 주고 수백 병을 사들여 연회를 벌였다는 소식부터, 미국의 투자 은행가들이 목표로 한 기업의 적대적 인수합병의 성공을 축하하며 네 명이서 샴페인 값으로만 2억 원을 넘게 지불한 술자리를 가졌다는 소식까지. 심지어 사회주의국가인 (사실, 근래의 모습만 보면 우리보다 더한 자본주의국가이지만) 중국에서조차 제조연도와 희소성에 따라서는 병당 수십만 원에서 수천만 원까지 호가하는 마오타이주茅台酒를 연회에서 물처럼 마셨다는 소식을 심심치 않게 보고 들을 수 있습니다.

오랜 고난의 시기를 거쳐 각고의 노력을 기울여 큰돈을 벌었거나 남다른 성공을 거두었을 때 그를 축하하고 싶은 마음에 축배를 드는 마음은 동서양 고금을 막론하고 인간의 공통된 심리일 것입니다. 그런 축하의 자리에 자주 이름을 올리는 엄청난 가격의 술들이 있는데 아르망 드 브리냑Armand de Brignac이나 돔 페리뇽Dom Perignon 같은 샴페인이 있고, 달모어를 포함해 맥캘런Macallan의 파인 앤드 레어Fine and Rare 시리즈나 글렌피딕Glenfiddich의 레어 컬렉션Rare Collection 같은 싱글 몰트 위스키 증류소의 한정판 위스키 역시 샴페인 못지않게 단골로 등장하는 친구들입니다. 그 외에도

인생 와인

와인 중에서도 '목돈을 손에 쥔 이들의 술자리', '성공한 이들의 자축 파티'에 자주 등장하는 친구들이 있는데, 속칭 '보르도 5대 샤토'로 불리는 5개 샤토의 와인이 바로 그 주인공입니다.

5대 짬뽕,
아니 5대 와인

한동안 우리나라 SNS나 포털 사이트에서는 '전국 5대 짬뽕'이니, '서울 3대 빵집'이니 해서 특정 음식을 만드는 업소에 순위를 매기고 그곳을 순례하듯 방문해 찍은 사진이나 소감 등을 자랑스럽게 업로드하는 것이 열풍처럼 번졌던 적이 있습니다. 와인의 세계에도 그러한 랭킹이 여러 개 존재하는데 그중 가장 대표적인 것이 이른바 '보르도 5대 샤토'입니다.

나폴레옹 보나파르트의 조카로 쿠데타를 일으켜 왕위에 오른 나폴레옹 3세는 폭압적인 전제정치와 대중의 인기에 영합하는 포퓰리즘을 적절하게 사용한 다소 특이한 형태의 독재자였습니다. 자신에게 반대하는 정적들이나 시위대는 폭력을 사용해 잔혹하게 진압하는 한편, 국민들의 환심을 사기 위해 각종 개혁정책과 여성인권 등에 관심을 기울였던 독특한 지도자였죠. 그런 그가 가장 심혈을 기울였던 것은 1853년부터 추진한 '파리 개조 사업^{Travaux haussmanniens}'이었습니다. 나폴레옹 3세는 조르주 외젠 오스만 남작을 시장으로 임명해 파리를 세계 최고의 도시로 변모시키도록 했습니다. 이미 파리의 상하수도 정비와 센강 치수사업 등을 성공적으로 마무리한 경험이 있었던 오스만 시장은 미로처럼 얽히고설킨 도로를 개선문을 중심으로 사통팔달 쭉쭉 뻗은 방사상 대로의 모습으로 바꿨습니다. 그리고 비위생적인 주거환경의 주범이었던 불량 주택들과 센강을 흐르는 강물의 속도를 늦춰 수질 오염의 주범이었던 자잘한 다리들을 철거했습니다. 넓어진 도로에는 가스등을 설치해 밤낮없이 거리를 환히 비췄고, 주택들이 철거된 자리에는 거대한 상점가들이 들어섰습니다.

거기서 한발 더 나아가 (그리고 대부분의 독재자들이 그러하듯) 나폴레옹 3세는 자신의 이런 치적을, 그리고 변모한 파리의 모습을 세계 만방에 알리고 자랑하고 싶어졌습니다. 그러한 이유로 개최한 것이 1855년의 파리 만국박람회입니다. 박람회에는 프랑스 각지에서 출품한 다양한 제품과 산물들이 전시되었는데, 그중에는 '당연히' 와인도 있었습니다. 그러나 그 무렵까지만 하더라도 와인 시장은 질서가 없었습니다. 산지별, 생산자별로 상표 표기도 저마다 달랐고, 품질관리도 들쭉날쭉했으며, 가격 역시 제각각이었습니다. 속칭 '가오'를 중시했던 나폴레옹 3세로서는 그냥 두고만 볼 수 없었겠죠. 그는 직접 대표적인 와인 산지인 메독 지역에서 생산된 보르도 레드 와인을 기준으로 다섯 단계의 등급으로 체계를 잡기로 했습니다.

수백 곳의 샤토가 저마다 높은 등급을 받기 위해 경쟁하는 가운데, 나폴레옹 3세를 포함한 판정관들은 심혈을 기울여 등급을 책정하기 시작했습니다. 와인의 품질, 생산자의 기술력, 생산 및 유통량은 물론이거니와 해당 샤토에 대한 주위의 평판, 역사 등에 대한 다각도의 평가가 이어졌습니다. 결국, 그해 5월 샤토 마고Château Margaux, 샤토 라피트 로쉴드Château Lafite-Rothschild, 샤토 라투르Château Latour 그리고 샤토 오브리옹Château Haut-Brion 이렇게 4개 샤토가 최고 등급인 1등급에 선정되었습니다. 그로부터 '보르도 5대 샤토' 혹은 '5대 와인'의 유명한 스토리가 시작되었습니다. 그런데 어라? 분명히 '보르도 5대 와인' 이야기를 하고 있는데 4개의 샤토가 최고 등급에 선정되었다니 뭔가 오타나 착오가 있었던 건 아닐까요? 그러나 실제로 그랬습니다.

1855년 당시 1등급에 선정된 샤토는 이 4개 샤토가 전부였습니다. 아, 물론 그들 4개 샤토에 버금가는, 아니 어느 면에서는 훨씬 능가하는 샤토 무통 로쉴드Château Mouton Rothschild라는 샤토가 하나 더 있기는 했습니다. 생산되는 레드 와인의 품질은 물론이거니와 샤토의 관리 수준과 이어져온 내력 등이 다른 4군데의 1등급 샤토와 비교해도 전혀 손색이 없었습니다. 그러나 1855년의 등급 심사에서는 2등급으로 선정되고 말았습니다. 이유는 엉뚱하게도 1853년 샤토 브란느 무통Château Brane-Mouton을 구입해 샤토 무통 로쉴드로 이름을 바꾸고 대대적인 투자를 한 이가 프랑스인이 아닌 영국인 나다니엘 로스차일드(로쉴드의 영국식 발음)라는 이유에서였습니다.

무통은 무통에서,
무통에 의해, 무통에 담아

　　　　　　　　'영국 자본'이라는 편견으로 메독 1등급 순위에 들지 못한 뒤, 무통 로쉴드는 급격하게 쇠락하고 말았습니다. 그 배경에는 이웃 와이너리이면서 주인들 간에는 사촌지간이었던 샤토 라피트 로쉴드Château Lafite-Rothschild의 계획적인 방해가 있다는 후문이 있지만, 무엇보다 무통 로쉴드의 몰락을 가져온 것은 나다니엘 로스차일드 사후 와이너리를 물려받은 아들과 손자들의 무관심 때문이었습니다. 핵심 사업인 금융업과 파리의 화려한 사교계에만 관심이 있었던 후손들은 와이너리를 방치했고, 그 사이 샤토의 관리인들은 와인을 빼돌리고 장부를 부풀려 딴 주머니를 채우고 있었습니다. 그때 등장한 인물이 4대 후손인 필립 드 로쉴드Baron Philippe de Rothschild 남작이었습니다.

　그는 열두 살이던 때, 제1차 세계대전의 포화를 피해 메독 지

　　　　　　　　　　　　　　　　　　　　　　　　인생 와인

방의 포이약Pauillac 마을로 피난을 와 있었습니다. 그때, 새벽녘 포도밭 사이로 피어오르는 안개와 이슬을 머금은 포도잎, 포도를 수확하기 위해 바구니를 등에 메고 밭고랑을 걸어가는 농부들의 건강미 넘치는 모습, 수확을 마친 뒤 아무렇게나 따른 와인을 한 잔 마시고 벌건 얼굴로 지어 보이는 순박한 그들의 미소…. 그 모든 것에 매료된 그는 피난을 끝내고 집으로 돌아가자마자 무통 로쉴드의 경영을 자신에게 맡겨 달라고 아버지를 졸랐습니다.

결국, 스무 살 성인이 되던 해인 1922년 와이너리의 주인이 된 필립 드 로쉴드 남작은 본격적으로 무통 로쉴드를 바꿔 나가기 시작했습니다. 그는 단순히 운이 좋아 와이너리를 물려받은 귀족 가문의 도련님이 아니었습니다. 포도 재배에 필요한 지식과 좋은 와인을 만들기 위한 기술과 경험 그리고 예술가적 안목과 심미안까지 두루 갖춘 야심만만한 와인 생산자였습니다. 무엇보다도 '절실하게' 자신의 와이너리를 다섯 번째 메독 1등급 샤토의 반열에 올려놓고 싶었습니다.

그가 경영을 맡고 처음으로 수확한 포도로 만든 와인이 출시되는 해였던 1924년, 마침내 무통 로쉴드를 다시 역사의 무대 위로 끌어 올리겠다는 놀라운 선언을 하게 됩니다. 당시 와이너리는 포도를 수확하여 와인을 양조한 뒤에는 오크통 채로 중간 상인들에게 판매했고, 그 와인을 숙성시켜 병에 넣어 판매하는 것은 전적으로 중간 상인의 몫이었습니다. 나름 효율적인 방식으로 보이지만, 무엇보다 품질을 보장할 수가 없었습니다. 그리고 만일 와인에 문제가 생길 경우 누구의 잘못인지를 따지기 어려웠습니다. 스물두 살의 앳된 청년 필립 드 로쉴드 남작은 그러한 판을 아예 뒤집어 엎기 위한 시도를 했습니다.

"무통 로쉴드의 와인은 무통 로쉴드의 병에, 무통 로쉴드의 라벨을 붙여서, 무통 로쉴드에서 출시되어야 합니다."

그해부터 샤토에서 직접 포도의 재배, 수확, 양조, 숙성, 병입까지 모든 것을 담당해서 시장에 내놓겠다고 선언한 것입니다. 지금으로 보면 지극히 당연한 이야기로 들릴 수 있지만, 당시에는 '와인을 잘 모르는 애송이의 정신 나간 소리'로 취급받았습니다. 막강한 자금력과 시장에 대한 영향력을 보유하고 있던 중간 상인들이 집단적으로 반발했고, 중간 상인의 눈치를 볼 수밖에 없는 일반 생산자들은 필립 드 로쉴드 남작의 주장에 미온적으로 반응했습니다.

그러나 어리다고는 하지만 그는 고집과 근성이라면 전 유럽 둘째가라면 서러울 로쉴드 가문의 핏줄이었습니다. 높은 상품성과 브랜드 가치를 지니고 있기에 상대적으로 중간 상인의 눈치를 덜 봐도 되는 샤토의 소유주들을 설득해 '와인은 샤토에서 직접 병입한다Mis en bouteille au chateau'는 원칙을 공동 선언하게 만들었습니다. 메독의 1등급 샤토들과 소테른의 특1등급인 샤토 디켐의 소유주가 참여했고, 무통 로쉴드를 포함해 보르도 와인들의 전반적인 품질이 한 단계 더 올라섰습니다. 그리고 이후로도 안정적으로 관리될 수 있었습니다.

역사상 최고의 '위대한 빈티지Great Vintage'라고 불리는 1945년에 생산된 무통 로쉴드 와인은 수많은 와인 전문 저널로부터 '죽기 전에 마셔야 할 와인'으로 꼽히며 단순한 와인을 넘어 하나의 현상이자 전설로 인정받을 정도였습니다. 품질로 보나 명성으로 보나 화제성으로 보나 무통 로쉴드는 이미 1등급 샤토가 되고도 충분히 남을 수준이 되었습니다. 그러나 늘 이해할 수 없는 이유로 승급을 목전에 두고 고배를 마셔야만 했습니다.

필립 드 로쉴드 남작은 포기하지 않았습니다. 최고의 와인이라는 것이 단순히 병 속에 든 와인의 품질만을 말하는 것이 아님을 일찌감치 깨닫고, 당대 최고 유명한 아티스트들을 초빙하여 무통 로쉴드의 레이블을 그리도록 했습니다. 면면을 살펴보면 살바도르 달리(1958년 빈티지), 헨리 무어(1964년 빈티지), 후안 미로(1969년 빈티지) 같은 유명 화가들이 즐비했습니다. 무통 로쉴드의 화려한 레이블 퍼레이드는 1970년대 들어 정점을 맞이했는데, 마르크 샤갈(1970년 빈티지), 바실리 칸딘스키(1971년 빈티지), 앤디 워홀(1975년 빈티지) 등이 디자인에 참여했고, 그 정점은 뭐니 뭐니 해도 1973년 빈티지의 레이블 디자인을 담당했던 파블로 피카소였습니다.

▲ 샤토 무통 로쉴드 라벨
_이우환 화백(2013년 빈티지)

그리고 바로 1973년에 무통 로쉴드는 메독 1등급 샤토의 자리에 다섯 번째로 그 이름을 올리게 됩니다. 첫 번째 쓰라린 잔을 받아든 뒤, 무려 120년 만의 쾌거였습니다(재미있는 것은 그림의 대가를 와인으로 지불했다는 겁니다).

저는 2013년 빈티지가 마음에 듭니다. 최초로 한국인이 디자인한 라벨이 2013 빈티지에 붙어 있기 때문입니다. 바로 그 이름도 자랑스러운 이우환 화백이 그린 그림입니다. 이렇듯 와인을 그냥 술이 아닌 예술로 승화시켰다는 것이 감동적이기까지 한 건 저만의 느낌일까요?

누가
대통령이 되는가?

과거 유력한 정치인이 방송에 나와 이런 질문을 던진 적이 있습니다.

"여러분은 어떤 사람이 대통령이 되는지 아십니까?"

진행자를 비롯해서 난다 긴다 하는 패널들 모두 저마다 생각하는 바를 이야기하기 시작했습니다. '친화력을 바탕으로 국민과 진솔하게 소통할 수 있는 리더', '남다른 카리스마를 바탕으로 국론을 하나로 모을 수 있는 리더', '경제관이 뚜렷하고 통치 철학이 분명하여 경제를 살릴 수 있는 리더' 등 온갖 미사여구로 치장된 리더상이 등장했습니다. 그러나 질문을 던진 정치인의 입에서 나온 것은 전혀 뜻밖의 답이었습니다.

'후보들 중 가장 대통령이 되고 싶은 사람'이 그의 답이었습니다. 물론, 그의 말이 절대적으로 정답은 아닙니다. 그러나 대통령뿐만이 아니라 우리가 살아가는 모든 삶의 영역에 그 말을 대입해보면 '틀렸다'라고 말하기 어려울 것 같습니다.

관성의 법칙은 일반적인 자연 현상에만 적용되는 것은 아닙니다. 인간의 삶 역시 이전에 살아오던 삶의 형태, 수준, 질을 유지하려는 경향이 있습니다. 물론 대다수의 사람이 늘 더 멋진 삶의 형태, 더 높은 삶의 수준, 더 나은 삶의 질을 원한다고 하지만 그들이 보여주는 삶의 모습은 이전 삶의 모습과 크게 다르지 않습니다. 저 또한 그랬으니까요.

그 삶의 관성을 끊어내야 변화가 일어나는데, 그게 또 쉽지 않습니다. 이전과 다른 간절함이 있어야 겨우 변화를 시도해볼 수 있고, 그러한 변화가 있어야 새로운 무언가를 얻을 수 있습니다.

그래서 '가장 ~하고 싶은 사람이 ~을 할 수 있다'는 이야기가 나온 게 아닐까 합니다.

성공하고 싶다면, 간절히 성공하고 싶다면, 오늘 밤 무통 로쉴드 한 잔 어떠신가요? 물론, 샤토 무통 로쉴드는 이름값을 단단히 합니다. 비쌉니다. 비싸도 그냥 비싼 것이 아니라 엄청나게 비쌉니다. 20세기 최고의 전설적인 빈티지로 알려진 '1945년 빈티지'나 그에 못지않은 우수한 빈티지로 '1961년 빈티지를 열었다'라고 한다면 중앙 일간지 1면은 아니더라도 문화나 미식 관련 섹션 한 면을 통틀어 시음기를 올려도 전혀 오버가 아닐 정도로 귀한 와인입니다. 최근의 다른 빈티지라고 하더라도 일반인들이 마음 편하게 구입하기에는 부담이 큰 초고가의 와인입니다.

그러나 절실하게 성공을 원한다면, 혹은 오늘 작은 성공을 거두었고 이제는 더 큰 성공을 향해 간절하게 질주하고 싶다면 자신을 위해 기쁜 마음으로 거창한 선물 하나 선사해보는 것은 어떨까요? 100여 년 전 샤토 무통 로쉴드의 포도밭을 거닐며 메독 1등급 샤토에 들기를 간절하게 원했던 스무 살의 젊은 귀족 필립 드 로쉴드의 얼굴을 떠올리면서 말이죠.

Wine Friends' Note

♦ 포이악 프리미에르 그랑 크루 클라세(Pauillac Premier Grand Cru Classé)

와이너리(Viña)	샤토 무통 로쉴드(Château Mouton Rothschild)
포도 품종(Uva)	카베르네 소비뇽(Cabernet Sauvignon) 메를로(Merlot) 카베르네 프랑(Cabernet Franc) 쁘띠 베르도(Petit Verdot)
생산지역(Región)	프랑스(France), 보르도(Bordeaux), 포이악(Pauillac)
와인 스타일 (Estilo de Vino)	보르도 포이악 스타일의 레드 와인으로 다소 강한 탄닌과 산미가 느껴지는 묵직한 맛과 향이 일품인 와인이다. 약한 담배와 가죽 향이 느껴지며, 오크통의 향과 희미한 흙냄새가 느껴지기도 한다.
등급(Grado)	Pauillac AOC(AOP) / 1등급(Grand Cru Classé)
도수(Contenido Alcohólico)	13~14%
어울리는 음식(Maridaje)	기름진 등심이나 안심 스테이크 또는 양념을 한 고기 요리, 푸아그라, 파스타

인생, 반짝이는 순간에는
조금 더 반짝여도 된다

최상의 품질로 최고를 넘어 전설이 되어가는
로마네 콩티(Romanée-Conti)
_ 도멘 드 라 로마네 콩티(Domaine de la Romanée Conti)

포도밭의
수사반장

2010년 초, 프랑스 부르고뉴 지방의 한 와이너리로 편지 한 통이 날아들었습니다. 편지에는 보내는 사람의 이름도 제대로 적혀 있지 않았고 소인도 찍히지 않아 뭔가 허술해 보였지만, 안에는 놀라운 내용이 담겨 있었죠. '100만 유로를 주지 않으면 포도밭에 독극물을 뿌리겠다'는 협박이었습니다. 편지를 받은 와이너리의 경영자와 관리인들은 대수롭지 않게 생각했습니다. 워낙 전 세계적으로 유명한 와이너리다 보니 이미 여러 차례 유명세를 치르기도 했었고, 그곳에서 양조되는 와인의 명성과 높은 가격을 시기하고 질투하는 사람들도 셀 수 없이 많았기 때문이죠. 그 편지는 그날 저녁 와인 안주 취급을 받으며 잊히는 듯했습니다.

그러나 그 편지가 심상치 않음은 며칠 뒤 또다시 같은 이가 보낸 것으로 보이는 편지를 받으면서부터였습니다. 이번 편지에는 단순히 협박 문구만 써 있지 않았습니다. 봉투 안에는 포도밭 도면과 두 그루의 포도나무가 심어진 자리 위에 무언가 알 수 없는 표식이 그려져 있었습니다. 아마도 그 나무들부터 독극물을 주입하겠다는 경고인 듯했습니다. 포도밭 도면과 포도나무의 위치는 실제와 정확히 일치했습니다. 적어도 한 번 이상 와이너리에 직접 방문해 세심하게 살피지 않으면 알아챌 수 없는 지형적 특징과 최근의 포도나무 위치까지 반영하여 꼼꼼하게 그려진 도면이었습니다. 와이너리 관계자들은 소름이 돋았습니다.

와이너리의 공동 대표 중 한 사람인 오베르 드 빌렌Aubert de Villaine은 즉시 경찰에 신고하는 한편, 범인에게 '협상을 하자'는 메시지를 남겼습니다. 반응은 바로 왔습니다. 협박범은 인근 마을 공동묘지에 100만 유로를 가져다 놓으라고 했고, 그러면 포도나무에 독극물을 주입하지 않겠다고 했습니다. 경찰의 도움으로 와이너리 관계자는 모조 수표를 준비했고, 그 모조 수표는 경찰에게 협박범의 정체를 알려주는 표식 역할을 했습니다. 샹볼-뮈지니 Chambolle-Musigny라는 마을을 탐문수사 중이던 경찰이 마을에서 못 보던 사내를 발견했고, 그의 몸과 소지품을 뒤지자 경찰에 제공했던 '특별한 표식이 새겨져 있던' 모조 수표를 발견했습니다.

50대 중반이었던 사내의 이름은 자크 솔티Jacques Soltys로, 젊었을 때부터 온갖 범죄를 저지르며 감옥을 들락날락했던 인물이었습니다. 나이가 들면서 한때 자리를 잡고 제대로 살기 위해 부르고뉴의 한 와이너리에서 2년간 근무하며 와인 양조를 배우기도 했다고 합니다. 그러나 '배운 게 도둑질'이라고, 쉽사리 남의 돈을 탐하던 그의 눈에 들어온 것은 유명 와이너리들의 금고 속 돈다발이었습니다. 큰 규모의 와이너리는 포도 수확철마다 인부들에게 일당을 지급하기 위해 은행에서 많은 현금을 찾아 두었습니다. 그는 그 돈을 노린 것입니다.

처음에는 푼돈을 조금씩 훔치다가 점점 대범해져서 아예 대놓고 강도짓을 하였습니다. 협박 범죄를 저지르기 전, 그는 한 부유한 와이너리의 가족을 인질로 붙잡고 몸값을 요구하다 징역을 살고 나왔던 것입니다. 출소하고 나서도 범죄의 유혹을 떨쳐내지 못했던 그는 기왕 하는 거 가장 부유하고 돈이 많은 와이너리를 제대로 한번 털겠다고 마음먹었습니다. 그런 생각으로 와인 관련 잡지를 보며 범죄 대상을 물색하던 그의 눈에 들어온 것이 협박의 대상이 된 와이너리였던 것입니다. 그가 읽었던 기사의 제목은 '로마네 콩티 1999년 빈티지, 홍콩 경매에서 3만 250달러에 팔렸다'였습니다.

신이 축복한 마을,
인간이 사랑한 와인

많은 사람이 럭셔리 세단이라고 하면 메르세데스 벤츠를 꼽습니다. 최고의 스포츠카를 꼽으라 하면 페라리나 람보르기니를 떠올리죠. 그러나 아시다시피 (한정판, 특별 모델을 제외한 시판하는 양산차를 기준으로) 벤츠나 페라리, 람보르기니에 비해 고급이면서 희소한 자동차들의 부류가 있습니다. 럭셔리 세단 쪽으로는 롤스로이스, 벤틀리 등이 있고, 고성능 스포츠카 쪽으로는 부가티, 코니세그, 파가니 등이 있습니다. 이러한 차들은 적게는 수억 원에서 많게는 수십억 원의 가격을 자랑하고, 돈이 있다고 해서 쉽게 살 수도 없습니다. 또 닳고 부서지는 기계임에도 불구하고 보유하고 있을수록 오히려 값어치가 올라가는 기현상을 보이기도 합니다.

그런데 (이런 이야기는 별로 하고 싶지 않지만) 가격대만으로 치면 와인 중에도 벤츠에 해당하는 와인이 있습니다. 메독 1등급 와이너리 또는 슈퍼 투스칸이라 불리는 우수한 이탈리아 와인이 그에 해당하지요. 한 병에 적게는 몇십만 원에서부터 많게는 수백만 원을 호가합니다(경매 등에 출품되는 특별한, 혹은 매우 오래된 빈티지의 와인이 아닌 시판용 일반 와인 기준). 이 정도만으로도 대단하지요. 750밀리리터짜리 와인 한 병을 대략 여섯 잔으로 나눠 마실 수 있으니, 술 한 잔에 몇만 원에서 몇십만 원인 셈입니다. 일반인들이라면 이 정도 와인이라도 평생에 한 번 마시기 힘들 겁니다.

그런데 와인계에도 롤스로이스나 부가티가 있습니다. 특별한 빈티지가 아닌 일반 시판용 와인이 수천만 원을 호가하는데, 인간도 아닌 나무를 대상으로 한 협박이 이뤄지는, 나무 몇 그루에 대한 몸값(?)으로 100만 유로를 불러도 전혀 이상하지 않은, 그런 협박에 지역 경찰이 총출동해서 비상대기를 하는 그런 와이너리에서 만들어진 와인인 로마네 콩티입니다.

아무리 그래도 와인 한 병에 3,900만 원이라니! 도대체 뭘로 만든 와인이기에 이런 높은 가격으로 팔리는 것일까요? 당연히 포도로 만듭니다. 다만, 로마네 콩티가 이런 가격에 팔리는 이유를 이해하기 위해서는 '뭘로 만드느냐'보다 '어디서 만드느냐', 그리고 '누가, 어떻게 만드느냐'를 살펴봐야 합니다. 와이너리 로마네 콩티가 자리 잡은 마을의 이름은 본 로마네Vosne-Romanée로 부르고뉴 지방에서 최고급 와인을 생산하는 것으로 유명한 코트 도르Côte d'Or 지역에 속해 있습니다. 프랑스어로 '황금의 언덕'이라는

인생 와인

뜻인 코트 도르 지역의 남쪽은 코트 드 본Côte de Beaune이고, 북쪽은 코트 드 뉘Côte de Nuits 지역인데, 본 로마네 마을은 코트 드 뉘 지역에 속해 있습니다.

코트 드 뉘는 로마네 콩티 외에도 높은 상품 가치와 가격대를 자랑하는 와인들을 많이 생산해내는 지역으로 유명합니다. 다른 곳에는 한 곳도 있기 힘든 그랑 크뤼(1등급 포도밭)가 코트 드 뉘 지역 한 곳에만 모두 9곳이나 위치해 있을 정도입니다. 그중에서도 본 로마네 마을은 흔히 '주 예수님이 사랑하는 마을' 또는 '신에게 사랑받은 마을'이라는 별칭으로 불릴 정도로 자연 풍광도 아름다우면서 와인 생산에도 최적화된 마을입니다.

전 세계 갑부들이나 돈 많은 애호가들의 애간장을 들었다 놨다 하는 것으로 유명한 로마네 콩티답지 않게 와이너리는 수백 년 전 세워진 교회와 좁은 농로 그리고 포도밭과 양조장 몇 곳밖에 없는 한적한 시골 마을에 위치하고 있습니다. 밭 자체의 넓이도 1.63헥타르 정도밖에 되지 않는데, 이는 우리나라 초등학교 운동장의 절반 정도 넓이입니다. 로마네 콩티 포도밭은 검은빛을 띤 갈색의 석회질 토양이 60~70센티미터 정도의 두께로 덮여 있는데, 낮은 언덕을 이루는 포도밭의 토양은 실제 가보면 생각보다 무척이나 척박한 편입니다. 그런데 이러한 척박한 토질이 절묘하게도 로마네 콩티에게는 기막힌 장점이 되었습니다.

포도나무의 뿌리가 양분을 찾아 땅속 깊숙이 뻗어나가 여러 지층에 속한 다양한 성분을 빨아들이면서, 불필요하게 기름지기만 한 토양에 얕게 뿌리내린 포도나무에서는 만들어질 수 없는 오묘하고 풍부한 맛과 향을 머금은 포도가 자라게 된 것입니다.

이곳에서 자라나는 피노 누아 품종의 포도는 포도알 껍질이 매우 얇고, 자잘한 알들이 빼곡하게 송이를 이루는 것으로 유명합니다. 멀리서 보면 마치 '솔방울 같다'고 느껴집니다. 실제로 피노 누아라는 이름도 '솔방울Pin'을 뜻하는 단어에 '검은색Noir'이라는 단어가 더해져서 만들어졌습니다. 포도 자체와 그 포도를 원재료로 만든 와인은 섬세한 맛과 향이 일품이지만, 그건 누군가가 따서 만들어줬을 때의 이야기이고, 피노 누아는 수확을 하기도, 와인을 만들기도 무척이나 어려운 포도 품종입니다.

로마네 콩티에서는 피노 누아 품종의 포도를 철저하게 맛이 들 때까지 기다렸다가 다른 와이너리보다 상대적으로 늦은 시기에 수확해서 선별 작업을 거쳐 발효 작업을 진행합니다. 물론, 이 모든 작업은 극히 일부 과정을 제외하면 오로지 수작업으로 진행됩니다. 저온에서 긴 시간 동안 충분히 발효시킨 뒤 오크통에 담아 정성 어린 숙성 과정을 거치는데, 흥미로운 사실은 로마네 콩티는 별도의 정제나 여과 작업을 하지 않는다는 것입니다. 수확과 선별 시기부터 섬세하게 고르고 거른 덕분이기도 하거니와 포도 자체에 대한 자신감의 발로입니다.

사정이 이렇다 보니 로마네 콩티는 한 해 평균 5,000병 남짓 생산되고, 대단한 풍작인 해에도 기껏해야 6,000병, 작황이 좋지 않은 해에는 3,000병 남짓밖에 생산되지 않습니다. 판매하는 방식 역시 사악한데, 와인을 한 병씩 파는 것이 아니라 로마네 콩티 한 병이 포함된 12병들이 박스를 세트로 만들어 세트 단위로만 판매합니다. 가격은 싼 것(?)이 1,500만 원쯤 하고 훌륭한 빈티지나 소장 가치가 있는 빈티지 제품은 4,000만~5,000만 원이 훌쩍 넘습니다. 때문에 '존재는 모두 알지만, 마셔 봤다는 이는 (내 주변에) 존재하지 않는' 그런 와인입니다.

늘, 결전의 장소

상상을 초월할 정도로 비싼 가격에 팔리는 귀한 와인이다 보니, 항상 로마네 콩티는 화제를 몰고 다녔습니다. 특히 포도밭 소유권을 두고 역사적인 인물들이 벌인 경쟁 스토리는 한 편의 무협소설 못지않게 흥미진진합니다.

11세기 무렵 부르고뉴 지방을 다스리던 위그 2세Hugh II 공작은 생-비방Saint-Vivant 수도원의 수도사들에게 믿음이 부족한 자들을 믿음으로 이끌라며 땅과 숲을 내주었습니다. 수도사들은 적극적인 포교 활동을 펴는 한편 숲을 개간하여 포도나무를 심었습니다. 그로부터 100년 뒤 위그 2세의 후손인 에우데스 2세Eudes II 공작의 아내 알릭스 드 베리^{Alix de Vergy} 공작부인은 수도사들에게 다섯 군데의 포도밭을 더 기증했습니다. 생-비방의 수도사들은 미사에 사용할 미사주를 만들기 위해 정성 들여 포도밭을 일궈냈습니다. 개간하고 포도나무를 심은 그해 첫 와인을 만들어내기 시작하면서 400여 년간 지속적으로 와인을 생산했죠. 다만, 그때는 시중에 판매할 목적이 아닌 수도원에서 사용할 용도였습니다. 그러나 이미 본 로마네 마을의 생-비방 수도사들이 '기가 막힌 와인을 만들고 있다'는 소문은 주변 마을로 퍼져 나갔고, 사람들은 무슨 수를 써서라도 생-비방 수도사들이 만든 와인을 맛보기 위해 안간힘을 썼습니다.

그러나 1625년 수도원이 문을 닫게 되면서 포도밭은 2~3년 단위로 주인이 바뀌며 여러 사람의 손으로 소유권이 넘어갔습니다. 그때부터 생-비방 수도사들의 포도밭을 손에 넣기 위한 치열한 경쟁이 펼쳐지게 되었습니다. 기선 제압을 한 것은 루이 15세의 애첩으로 알려진 퐁파두르 부인^{Madame de Pompadour}이었습니다. 궁정을 드나들며 왕과 밀회를 즐기는 한편 살롱을 경영하며 파리 사교계의 여왕으로 군림한 그녀는 생-비방 수도원의 포도밭을 손에 넣고 그곳에서 생산된 와인으로 루이 15세와 자신의 살롱을 찾는 손님들을 대접할 계획이었습니다.

왕의 사랑을 등에 업고 정치, 외교, 문화예술계에서 막강한 힘을 휘두르던 그녀였기에 포도밭이 그녀 소유가 되는 것은 거의

인생 와인

기정사실이었습니다. 그런데 거래 막판에 또 다른 경쟁자가 등장했습니다. 루이 15세의 친척이었던 루이 프랑수아 1세Louis François de Bourbon II, 일명 '콩티 왕자Prince of Conti'로 불리던 사람이었습니다.

왕족이기는 했지만, 루이 프랑수아는 특혜가 아닌 실력으로 자신의 입지를 다져온 인물이었습니다. 1741년 오스트리아 왕위 계승 전쟁 중 가장 치열한 전장이었던 보헤미아로 가 코니 전투Battle of Coni에서 대승을 거두며 명성을 떨치기 시작했습니다. 이후 1745년에는 독일, 이듬해에는 네덜란드에 주둔하며 성공적으로 임무를 수행했습니다. 특히, 당시 프랑스 궁정은 친위대로 위장한 비밀경찰Le Secret du Roi 조직을 운영하고 있었는데, 루이 프랑수아는 그 비밀경찰 조직의 수장이었습니다.

그런 공로를 인정받아 폴란드 왕위 계승 후보로 그 이름이 오르내렸고, 루이 15세의 특사로 여러 가지 비밀스러운 외교 업무까지 깔끔하게 해결하며 단숨에 프랑스 궁정의 실세로 떠올랐습니다. 그러나 루이 프랑수아의 급격한 세력 확장을 경계하던 퐁파두르 부인이 궁정 내 세력들을 규합하여 계속적인 이간질을 해 왕은 루이 프랑수아를 의심하게 되었죠. 그로 인해 그는 번번히 중요한 관직에서 물을 먹고 야인 신세가 되고 말았습니다.

머리끝까지 화가 치밀어 오른 루이 프랑수아는 퐁파두르 부인을 골탕 먹일 방법을 찾기 위해 혈안이 되었습니다. 그랬던 그의 귀에 들려온 소식이 '부르고뉴에 있는 수도원에 딸린 포도밭을 퐁파두르 부인이 소유하고 싶어 안달이 났는데, 이제 거의 손에 넣을 단계에 접어들었다'는 것이었습니다.

"그래, 바로 이거야!"

루이 프랑수아는 수중에 있던 돈을 털어 포도밭 쟁탈전에 뛰어들었습니다. '무조건 퐁파두르 부인이 제시한 금액보다 높은 금액을 지불하겠다'는 소문을 퍼뜨렸습니다. 더군다나 그에게는 수십 년 전부터 손발을 맞춰온 정보원들이 있었습니다. 전장에 있을 때는 적진에 침투해서 정보를 빼내 왔고, 독일 등에 주둔할 때는 그 나라의 곳곳에 잠입해 필요한 소식을 물어왔던 베테랑 간첩들이었습니다. 그들은 궁정, 수도원, 파리 대교구 등 생-비방 수도원의 포도밭 거래와 관련이 있는 모든 곳에 스며들어 정보를 수집하고 루머를 퍼뜨렸습니다. 퐁파두르 부인 측은 대 혼란에 빠졌고, 궁정 안팎과 가톨릭 지도자들의 여론은 루이 프랑수아 측으로 급격히 기울었습니다.

결국, 1760년 루이 프랑수아 1세는 퐁파두르 부인에게 패배의 쓴맛을 보게 하고 포도밭을 손에 넣었습니다. 그날로 마을의 이름에서 '로마네'를 가져오고, 루이 프랑수아의 또 다른 호칭인 '콩티 왕자'에서 '콩티'를 가져와 '로마네 콩티'라는 이름이 만들어지게 되었습니다.

포도밭 소유권을 눈앞에 두고, 자신이 꺾어 버렸다고 생각했던 왕족에게 크게 한방 먹은 퐁파두르 부인은 매우 약이 올랐죠. 그래서 베르사유 궁정에서 진행되는 모든 연회에 로마네 콩티의 와인을 올리지 못하게 했으며, 왕이 주관하는 만찬에서도 마찬가지였다고 합니다.

그러나 '권불십년 화무십일홍權不十年 花無十日紅이요, 인생지사 새옹지마人生之事 塞翁之馬'라고 했던가요. 루이 프랑수아의 로마네 콩티 소유는 채 30년도 이어지지 못했습니다. 1789년 발발한 프랑스 대혁명 시기에 왕족이 소유한 재산이라 하여 혁명군이 몰수했고, 이후 수십 년간 여러 차례 경매 물건으로 등장하며 설움을 톡톡히 당했습니다. 다행히 1869년 자크-마리 뒤보Jacques-Marie Duvault가 밭을 사들이며 제대로 된 주인을 만나게 되었죠. 이후 몇 차례 지분 분할과 매각, 상속 등으로 소유와 동업 구조가 바뀌어 현재는 와이너리 대표인 오베르 드 빌렌의 빌렌 가문이 다른 몇몇 파트너 가문과 함께 공동으로 소유와 경영을 하고 있습니다.

명품을 명품답게
만드는 것들

명품을 만드는 조건은 여러 가지가 있습니다. 우선 (너무 당연한 얘기지만) 명품이라는 이름에 걸맞은 높은 수준의 품질입니다. 그 품질은 디자인이 될 수도 있고, 소재가 될 수도 있으며, 만드는 데 들어간 기술이나 제품의 내구성이 될 수도 있고, 편의성이 될 수도 있습니다. 어찌 되었든 다른 일반적인 브랜드와는 확연히 차별화되어야 합니다. 다른 조건은 가격입니다. 사실 높은 가격은 조건이 아니라 결과론적인 얘기지만, 일단 높은 가격의 책정은 일반 사람들이 손쉽게 명품을 구입하기 어렵게 만들고 자연스럽게 해당 제품을 희소하게 만들어줌으로써 명품으로서의 가치를 높이는 역할을 합니다.

그러나 그런 모든 것보다 우선하는 것이 있으니, 명품 브랜드 스스로가 자신들을 명품이라고 느끼는 자부심, 그 자부심을 지키기 위해 어떠한 희생이라도 감수하겠다는 의지, 그리고 의지에서 그치는 것이 아니라 실제로 실천에 옮기는 실행력, 이런 것들이 어우러져 진정한 명품이 만들어지는 것입니다.

그런 차원에서 파리 북쪽 근교 생투앵Saint-Ouen이라는 마을에 있는 '세계에서 가장 비싼 소각장'의 사례는 참 흥미롭습니다. 쓰레기를 소각하는 소각장이야 다 거기에서 거기지, 비싸고 싼 것이 있냐고 생각할지 모릅니다. 그러나 매년 이곳에서 불태우는 물건을 보면 아마도 고개가 끄덕여질 것입니다. 우리가 명품이라고 하는 패션 브랜드가 있습니다. 그들 명품 중에서도 상대적으로 고가에 돈이 있어도 구하기 쉽지 않아서 '명품 중의 명품'이라고 불리는 브랜드가 있는데, 프랑스의 패션 브랜드 에르메스Hermès가 대표적입니다. 원래는 프랑스 귀족들이 타는 말의 채찍, 안장, 장

인생 와인

화 등을 만들어 납품하던 장인이었던 티에리 에르메스^{Tierry Hermès}가 자동차의 발달 등으로 인해 마구馬具의 수요가 줄어들자 가죽을 가공해 여행가방 등을 만들면서 현재와 같은 모습으로 성장시킨 브랜드입니다. 시작부터 주 소비계층이 상류층 귀족이었기 때문에 대부분의 제품은 일반인들은 쉬이 넘보지 못할 만큼 고가입니다. 또 현대에 와서도 거의 모든 공정을 수작업으로 진행하는 덕분에 생산되는 수량은 극히 적고, 가격은 지극히 높은 상태를 유지하고 있습니다.

에르메스를 대표하는 여성용 핸드백인 버킨백은 모나코 공국의 공작부인이자 세계적인 영화배우였던 고 그레이스 켈리가 즐겨 들어 '켈리백'이라고도 불렸는데, 가방 하나가 1,500만 원에서 시작해서 일부 특별한 모델의 경우 억 단위가 넘어간다고 하네요. 그나마 구할 수 있을 때의 이야기입니다. 매년 특정 국가에 한정된 수량만이 배정되다 보니 각 나라마다 버킨백을 사기 위해 돈을 들고 줄을 서는 고객들이 수천 명이 넘는데, 실제 판매는 단골고객 위주로 극히 일부 수량씩 이뤄지고 있다고 합니다. 말 그대로 '내 돈 내고도 살 수 없는' 가방인 셈이지요.

그런데 그런 귀한 가방 같은 브랜드의 옷, 신발 등이 매년 생투앵의 소각장에서 불태워지고 있다고 합니다. 매년 특정한 날이면 사람들의 눈을 피해 새벽 일찍 트럭들이 소각장에 도착해 물건이 담긴 상자들을 내려놓는데, 그 안에는 적게는 수백만 원에서 많게는 수천만 원이 넘는 에르메스 제품들이 담겨 있다고 합니다. 몇 년째 매장에서 팔리지 않아 재고로 남겨진 제품들이지요. 프랑스 전역의 매장에서 전날 저녁 비밀리에 무작위로 차출된 관리자급 직원 10여 명은 제품의 수량과 상태, 일련번호 등을 최종적으로 확인한 뒤 소각로에 제품들을 집어넣고 완전히 불에 타서 재만 남은 것을 확인한 뒤 10명의 서명이 담긴 서류를 작성해서 제출하고 각자의 일터로 돌아간다고 합니다.

에르메스가 이런 비싼 소각을 하는 이유는 브랜드의 가치를 위해서입니다. 팔리지 않은 재고가 헐값으로 팔려 나가거나 인터넷 거래 등을 통해 암암리에 유통되는 것을 막기 위해서입니다. 또 이월상품 할인이나 재고물건 땡처리 등에 대한 소비자의 기대를 원천 차단하여 '에르메스는 언제나 제값 주고 사는 물건(심지어 제값을 주고도 쉽게 구하지 못하는 물건)'이라는 이미지를 유지하기 위해 비싼 소각 행사를 매년 실시하는 것입니다. 이들 역시 자신들의 브랜드 가치를 지키기 위해 이러한 희생을 기꺼이 감내한 것입니다. 진정한 명품이 되기 위해서는 투자가 필요합니다.

어느 정도 성공을 거두었다면 그다음부터는 자신의 삶을 진짜 명품 인생으로 만들기 위한 투자를 해 보는 것은 어떨까요? 고급 승용차, 럭셔리한 보석, 명품 의류로 몸을 휘감으라는 얘기가 아닙니다. 본인 스스로가 명품이라는 자부심, 그렇기에 나 스스로에게 아낌없는 투자를 하고, 항상 좋은 것만 몸 속으로 들이고,

인생 와인

내 삶 자체를 소중하게 아끼고 가꿔나가겠다는 의지로 말이죠.

그 첫 시작의 의미로 '여유가 된다면' 로마네 콩티 어떨까요?

다만, 로마네 콩티를 마시려면, 한 병이 아니라 한 잔을 마시기 위해서라도 당신은 정말로 꼭! 성공해야 합니다!

친구들의 와인 노트

Wine Friends' Note

◆ 로마네 콩티(Romanée-Conti)

와이너리(Viña)	도멘 드 라 로마네 콩티(Domaine de la Romanée Conti)
포도 품종(Uva)	피노 누아(Pinot Noir) 100%
생산지역(Región)	프랑스(France), 부르고뉴(Bourgogne)
와인 스타일 (Estilo de Vino)	버건디 코트 드 뉘 레드(Burgundy Côte de Nuits Red) 계열의 레드 와인으로 다소 높은 산미와 은근하게 묵직한 보디감이 인상적이다.
등급(Grado)	등급이 필요 없는 와인
도수(Contenido Alcohólico)	13%
어울리는 음식(Maridaje)	최상급의 스테이크 또는 잘 숙성된 고급 치즈

인생 와인

벽을 높고 굳건히 쌓을수록 돈이 모인다

높고 단단한 벽을 세워 최고의 품질을 지켜온

안드레아(L'Andrea)

_ 카스텔로 몬테 비비아노 베키오(Castello Monte Vibiano Vecchio)

로마인들은
길만 뚫지는 않았다

'모든 길을 로마로 통한다'라는 말이 있습니다. 어느 책에서 찾아보면 '옴네스 비애 로맘 두컨트 Omnes viae Romam Ducunt'라고 거창하게 라틴어로 적어 놓은 것을 발견할 수도 있습니다. 그러나 사실 이 말은 로마 시절에는 존재하지 않은 문장이었습니다. 당연히 라틴어로 된 기록으로 남아 있지도 않죠. 학자에 따라 의견이 조금씩 다른데, 어떤 이들은 1391년 영국의 역사가 제프리 초서^{Geoffrey Chaucer}가 제일 처음 사용했다고 하고, 다른 이들은 그보다 한참 뒤인 1600년대 중반 프랑스의 동화작가인 장 드 라 퐁텐^{Jean de La Fontaine}이 처음 사용했다고 하기도 하죠. 어찌 되었든 로마 사람들은 이 문장을 말하지도, 아니 존재하는 줄도 몰랐다는 것이 정설입니다.

그럼에도 불구하고 이 문장이 서구 유럽 문화권은 물론, 지구 반대편으로 넘어와 극동아시아의 대한민국에서도 모르는 사람이 없는 유명한 문구가 된 것은 고대 로마인들의 삶과 남긴 자취에 대해 이 문장만큼 잘 표현한 것이 없기 때문이죠. 실제로 과거 로마인들이 로마에서 시작해서 남동쪽 브린디시 지방까지 깔아놓은 아피아 가도^{Via Appia}를 찾아가 보면 깜짝 놀라게 됩니다. 지금으로부터 2000~3000여 년 전에 건조했다고는 믿을 수 없을 정도로 정교하면서도 탄탄하게 만들어진 돌길은 사람은 물론 자동차가 지나가기에도 충분할 정도로 넓습니다. 그리고 금세 빗물이 흔적도 없이 사라지게 만드는 배수 능력을 자랑합니다. 실제로 가도의 몇몇 구간은 '로마의 유적'이라기보다 마을 주민들의 농로나 산책로로 수천 년간 사용되었습니다.

사정이 이렇다 보니, 아피아 가도는 수없이 많은 정복 전쟁을 펼친 로마인의 이미지와 결부되어 많은 사람이 '로마인은 한 곳에 정주하지 않고 길을 뚫고 정복욕을 해소하기 위해 미친 듯이 전장을 내달렸을 거야'라고 오해합니다. 그러나 실은 로마인들은 집에 머무르기를 좋아하고, 집 안 가꾸기를 즐겨 했으며, 특히 정원을 아름답게 꾸미는 것을 사랑했습니다.

로마인들은 집 안에 아트리움Atrium, 페리스틸리움Peristylium, 지스터스Xystus라는 세 개의 정원을 두었습니다. 아트리움은 집의 가장 안쪽에 위치한 정원으로 살림살이 공간으로 둘러싸인 일종의 중정中庭이었습니다. 빗물을 받은 작은 연못의 일종인 수반과 화분으로 꾸며진 이 공간에서 로마인들은 손님을 맞거나, 주연을 열었습니다. 두 번째 정원인 페리스틸리움은 건물의 안쪽이기는 하지만, 살림을 하는 공간의 바깥 공간으로 가운데 정원을 두고 사방은 기둥과 처마로 이뤄진 주랑이 빙 둘러싼 형태였습니다. 이곳에서 로마인들은 본격적으로 화초를 가꿨습니다.

시간이 날 때마다 주랑 아래를 거닐며 꽃과 나무 그리고 그 사이를 노니는 새와 곤충들을 바라보며 고된 전투와 정쟁의 피곤함을 잊고는 했습니다. 세 번째 정원인 지스터스는 일종의 후원이었습니다. 아트리움과 페리스틸리움이 정원은 정원이되 사람들과 어울리는 일종의 사교 공간이자, 사람이 우선인 공간이었다면 지스터스는 가장 정원다운 공간이었습니다. 로마인들은 이곳에서 주로 과일과 채소를 재배했습니다.

물론, 신분과 지위, 보유한 재산 등에 따라 규모는 천차만별이었고, 빈곤한 계층의 경우 아트리움과 페리스틸리움을 합친 형태의 정원과 지스터스, 이렇게 두 개의 정원으로 꾸리거나, 화초를 심어야 할 곳에 과일나무와 채소를 더 심어서 살림에 보태기도 했습니다. 하지만 대부분의 집에서 구색 정도만 갖추는 한이 있더라도 세 개의 정원을 가꾸는 것을 철칙으로 삼았습니다.

이러한 정원들을 통칭해서 호르투스Hortus라고 불렀는데, 나중에는 일반적으로 집 건물 안에 있는 정원이 아닌 집에 딸린 과수원이나 좀 더 큰 규모의 텃밭을 지칭하는 단어로 쓰이게 되었습니다. 그러한 로마 정원문화의 정점에 제가 가장 사랑하는 와인 중 하나인 안드레아가 있습니다.

진시황 때부터
존재했던 포도밭

길다란 장화 모양을 하고 있는 이탈리아 반도. 그 장화의 중간 정강이, 발로 차면 가장 아플 부분을 콕 찍으면 그곳이 '움브리아Umbria' 지방입니다. 장화에 빗대 정강이라고는 했지만, 이탈리아인들은 이곳을 일컬어 자신들의 '녹색 심장'이라고 부릅니다. 움브리아 지방이 밝은 초록빛 구릉과 짙은 청록의 계곡으로 유명하기 때문이죠.

18세기 무렵, 그 '밝은 초록빛 구릉' 중 한 곳에 한 가문이 자리를 잡았습니다. 석회암이 고르게 섞인 백악질 토질의 구릉은 배수는 잘 되면서 양분은 그대로 머금어 천혜의 과수원 부지였습니다. 게다가 구릉의 사면으로부터 은은하게 불어오는 바람은 한여름에도 지나치게 덥지 않은 상쾌한 기온을 유지했고, 온화하면서도 긴 일조시간을 자랑하는 중부 이탈리아의 햇볕은 과실이 익어가기에 최고의 조건이었습니다. 그들은 이곳에 포도와 올리브 나무를 심어 과수원을 일궜습니다. 가성비로 치면 타의 추종을 불허하는 놀라운 수준의 와인을 생산해내는 카스텔로 디 몬테 비비아노Castello di Monte Vibiano의 시작이었습니다.

그런데 현재의 몬테 비비아노를 이끌고 있는 로렌조 파솔라 볼

▲ 카스텔로 몬테 비비아노 베키오 포도밭

로냐^{Lorenzo Fasola Bologna} 회장의 조상이 이때 자리를 잡았다는 얘기지, 이 지역의 역사 자체는 그보다 훨씬 더 전으로 거슬러 올라갑니다. 기록에 따라 조금씩 다르기는 하지만, 일반적으로 기원전 217년 무렵 이 지역에 최초의 과수원이 조성된 것으로 알려져 있습니다. 로마 공화정 시절 제2차 포에니 전쟁이 한창이던 무렵의 일입니다. 동양에서는 진시황이 천하를 다스리던 시기였지요. '까마득한'이라는 수식어로만은 부족한 오래전부터 이곳은 천혜의 과수원이었던 셈입니다. 대신 그때는 포도가 아니라 올리브가 주된 재배 과수였을 것입니다.

토지 정리 작업을 위해 몬테 비비아노 인근에 심어진 나무들의 나이를 측정했는데, 몇몇 올리브나무의 나이가 무려 2000살이 넘는 것으로 나타나 조사한 사람들의 말문을 막히게 만들었다고 합니다. 로마 사람들이 심고 기른 나무였던 것이지요. 몬테 비비아노는 앞서 이야기했던 로마인들의 정원이자 텃밭인 호르투스였습니다.

이곳이 로마인들이 조성한 호르투스였음을 알려주는 표시는 굳이 찾으려 하지 않아도 길을 걷다 보면 곳곳에서 마주치게 됩니다. 우리와 달리 로마 사람들은 정원과 텃밭조차 자신들의 자부심 넘치는 건축물 안으로 들여놓으려 시도했습니다. 때문에 포도밭 곳곳에 로마인들이 세운 담벼락인 호르투스 콘클루서스^{Hortus Conclusus}와 크고 작은 석축 그리고 아치형 돌문이 세워져 있습니다.

혹자는 이곳을 일컬어 포도밭이라 하지 않고 정원이라고 하며, 또 다른 이는 이곳이 '세계에서 가장 아름다운 정원'이라고 엄지손가락을 꼽고는 합니다. 실제로 몬테 비비아노는 무척이나 아름답습니다. 역사가 짧은 다른 포도밭들 중 상당수가 끝도 없이 광활한 벌판에 포도나무가 심어져 있는 농지 같은 느낌이라면 몬테 비비아노는 돌담과 정원수로 잘 구획된 넓은 정원에 포도나무가 곳곳에 정성 들여 심어져 있는 모습입니다. 포도송이가 맺히고 색이 짙어지면 마치 화단에 꽃이 핀 것 같은 느낌이 드는 것은 그 때문입니다.

몬테 비비아노의 정원, 아니 포도밭은 보기에만 아름답게 꾸민 것이 아니었습니다. 일찌감치 환경의 중요성을 인식한 그들은 세계유기농업운동연맹International Federation of Organic Agriculture Movements에 가입하고, 유전자 변형 종자 사용 회피, 합성 화학약품 사용 금지, 화학물질을 섞지 않은 농지 사용 등을 지켜가며 포도밭을 일구고 있습니다.

몬테 비비아노는 포도밭만 정원처럼 정성껏 가꾼 것은 아니었습니다. 와인 자체도 많은 정성을 기울였습니다. 생산 과정에서 배출될 수 있는 공해물질을 제거해 세계 최초로 탄소배출 제로 인증을 획득한 와이너리 중 한 곳이 되었습니다. 그런 몬테 비비아노의 프레그십 와인이자, 에미레이트 항공 등의 일등석 라운지 및 기내식 서비스에서 제공되는 와인으로 명성이 높은 안드레아의 경우 프렌치 오크통에서 24개월을 숙성시킨 뒤, 병입하여 다시 12개월을 더 숙성시킨 뒤에야 시중에 출시됩니다. 때문에 와이너리의 규모나 가격대와 별개로 안드레아는 쉽게 구해서 먹기 어려운 귀한 와인 취급을 받고 있습니다. 그런데 이런 몬테 비비아노의 안드레아를 마실 때마다 떠오르는 생각이 있습니다.

안 흔하디흔한
볼펜 한 자루

몇 해 전, 지인들과의 저녁 식사 자리에서 식사를 마칠 무렵 지인 한 분이 자리를 마련해줘서 고맙다며 제게 선물 하나를 내밀었습니다. 모나미 볼펜이었습니다! 그것도 흔하디흔한, 그래서 실제로 필기구로 사용되는 것보다 방바닥이나 사무실 서랍 속에 굴러다니는 게 더 많다는 '전설의 그 볼펜.'

저는 '도대체 이 양반이 이걸 왜 선물이라고 주는 거지? 흔하디흔한 모나미 볼펜인데…' 하는 의문에 빠졌습니다. 그러나 그런 의문에 사로잡힌 것은 그 자리에서 오직 저 하나뿐이었습니다. 동석한 나머지 지인들은 서로 그 볼펜을 돌려보며 '신기해'했고, '부러워'했습니다! 알고 보니 그 볼펜은 모나미사에서 내놓은 한정판 모델인 '153볼펜 50주년 기념 에디션'이었습니다.

153볼펜은 판매되는 필기구 중 가장 싸고 흔한 것 중 하나로 집이나 학교, 회사에서 책상이나 테이블 밑을 잘만 뒤지면 굴러다니는 것 몇 개는 주울 수 있을 정도로 흔하디흔한 볼펜입니다. 그도 그럴 것이 1963년 5월 1일 출시된 이래 전 세계적으로 매월 300만 자루 이상 팔려, 지금까지 팔린 개수만 대략 십여억 자루 이상이고, 그것들을 일렬로 늘어놓으면 지구를 12바퀴 돌고도 족히 남는다고 합니다.

그런데 153볼펜도 한때는 귀한 대접을 받았던 필기구였습니다. 한국전쟁 직후, 청년 사업가 송삼석 씨는 돈벌이가 될 것을 찾아 일본으로 넘어갔습니다. 그의 눈에 띈 것은 당시로서는 최첨단 제품이었던 오토 볼펜이었죠. 필요할 때 심을 꺼내 쓰고 다 쓰고 나서는 심을 넣을 수 있어 손이나 옷에 잉크가 묻지 않을 뿐만이 아니라 그 모든 작동 방식이 스프링을 이용한 반자동이었습니다. 송삼석 씨는 오토 볼펜이 자신에게 큰돈을 벌어다 줄 보배임을 직감했습니다. 한걸음에 오토 볼펜을 만들던 우치다양행內田洋行으로 달려가 보이는 사람마다 붙잡고 기술을 가르쳐달라고 읍소했습니다. 우치다양행의 최고 경영진은 처음에는 그를 거들떠보지도 않았습니다. 그러나 며칠이 지나도록 포기하지 않고 계속해서 기술 이전을 요청하는 그의 진심이 통했는지 우치다는 송삼석 씨에게 오토 볼펜 만드는 기술을 전수해 주었습니다.

한국으로 돌아온 송삼석 씨는 우치다양행으로부터 배운 기술을 활용하여 오토 볼펜을 만들었는데 그 볼펜이 바로 153볼펜이었습니다. 그리고 그가 만든 기업이 바로 모나미였습니다. 153볼펜이 출시될 때 가격은 약 15원이었는데, 현재의 화폐가치로 따지면 약 1,000원 정도인 셈이니 처음에는 그리 싸고 흔한 볼펜은 아니었습니다. 그러나 한국의 경제가 점차 발전하면서 더 편리한 필기구, 더 비싼 필기구들이 줄지어 출시되었고, 어느새 153볼펜은 '싸구려 볼펜', '흔한 필기구'의 대명사가 되었습니다. 특히, 도난이나 분실, 파손이 빈번한 관공서나 대중시설 등에 공용 필기구로 비치되면서 어딜 가나 흔하게 굴러다녀서 굳이 돈 주고 억지로 사지 않는 그런 필기구 취급을 받게 되었죠. 그런데 어떻게 153볼펜은 선물로 주고받는, 그리고 선물로 손에 넣은 이가 다른 사람에게 부러움을 사는 그런 필기구로 거듭날 수 있었을까요?

모나미 153볼펜은 1963년에 출시되었으니, 2013년은 출시 50주년이 되는 해였습니다. 이 해를 앞두고 모나미는 그를 기념하기 위한 제품을 출시하기로 했는데, 뜻밖에도 '싸구려 볼펜의 대명사' 격이었던 153볼펜을 한정판 모델로 재탄생시켜 '모나미 153 볼펜 50주년 기념 에디션'이라고 이름 붙여 시장에 내놓았습니다. 모양은 기존의 153볼펜과 거의 동일했지만, 하얀색이었던 플라스틱 몸체를 황동으로 만들고 니켈 도금을 한 뒤 그 위에 크롬 도금을 덧입혀 번쩍이는 은색으로 제작하였습니다. 볼펜심 또한 플라스틱 잉크 대롱이 달린 형태가 아닌 일체형 금속 볼펜심으로 바꿨고, 몸체 바깥에는 레이저 각인으로 'monami 153' 로고를 고급스럽게 새겨 넣었습니다.

모나미가 이와 같은 50주년 기념 모델을 출시한다는 소식이 알려진 그날, 온라인 판매로 올라온 물량 1,000개가 삽시간에 완판되었습니다. 그리고 중고거래 사이트에는 웃돈을 얹어서라도 구매할 용의가 있다는 이들의 구매 요청이 쇄도했다고 합니다. 이 성공을 발판 삼아 모나미의 다른 필기구들도 덩달아 인기를 끌게 되면서, 2013년도까지 적자를 면치 못했던 모나미의 문구 사업 분야는 2014년 1분기에 극적으로 흑자로 전환되었습니다. '모나미 153볼펜 50주년 기념 에디션'은 국내 문구제품 사상 최고의 한정판 마케팅 사례로 남게 되었습니다. 이 정도 되는 볼펜이니 제가 선물로 받았을 때 다들 부러워했던 것입니다.

담벼락 같은
인생 와인

모든 생산자, 사업가, 경영자에게 지상과제는 '자신이 생산한 제품이나 제공하는 서비스를 보다 많은 고객에게 알리고 전달해서 매출을 증대시킬 수 있을 것인가'일 것입니다. 때문에 어떻게 해서든 제품을 많이 노출시키고, 접근해서 구매하기 쉽게 만들고, 최대한 짧은 시간 내에 대량으로 만들어낼 수 있는 방법을 고민하는 것입니다. 그러나 반대의 경우도 있습니다. 진정 제대로 잘 만든 물건, 누구나 탐낼 만큼 값어치 있는 물건, 남들이 부러워할 만한 서비스라면 오히려 조금은 장벽을 높게 쌓아서 아무나 쉽게 구입하거나 경험하지 못하게 하는 것도 마케팅의 한 방법입니다.

이른바 '진입장벽'이라는 것입니다. 경제학, 마케팅학 등에서 자주 쓰이는 용어인데, 마케팅에서 사용될 때는 경제학에서 사용될 때와는 조금 다른 의미로 활용됩니다. 어떤 제품이나 서비스를 구매하기 위한 장벽이 높을수록 그 제품이나 서비스를 획득했을 때 그로부터 느끼는 만족도가 높아진다는 것이 마케팅에서의 '진입장벽' 효과입니다.

진입장벽은 크게 몇 가지 방식으로 쌓는데, 아예 기업이 조건을 정해서 특정 고객에게만 문을 열고 들어올 수 있는 정보를 제공함으로써 자연스럽게 일반 고객들에게는 장벽을 치는 초보적인 방법이 있습니다. 그리고 수많은 명품 브랜드가 하는 것처럼 제품의 가격을 높여 구매력이 없는 일반 고객에게 장벽을 치는 방법, (최근에는 인터넷 구매, 통신 판매, 택배 서비스 등이 발달하면서 큰 의미가 없게 되었지만) 지방 특산물처럼 특정 지역에서만 한정적으로 팔아 다른 지역에 거주하는 소비자들에게 장벽을 치는 방법, 기간을 정해 판매함으로써 해당 기간에 구매 의지나 능력이 없는 소비자들에게 장벽을 치는 방법 등 벽을 치는 방법은 수도 없이 많습니다.

몬테 비비아노 포도밭의 높은 돌담은 그를 바라보는 사람들에게 함부로 넘볼 수 없는 진짜 장벽 같은 느낌을 주었을 겁니다. 허허벌판에 줄지어 심어져 있는 포도나무와 달리, 누군가의 정원 담벼락 안에 정성 들여 재배되고 있는 포도는 사람들의 관심과 이목을 집중시키기에 충분했을 겁니다. 이후 그곳에서 정성 들여 만들어진 와인 안드레아는 다소 높은 가격대로 비행기 일등석 라운지와 기내식에 제공된다는 고급스러운 이미지가 중첩돼 또다시 매력적인 장벽 안으로 들어가 버렸죠.

모나미 153볼펜 한정판 모델의 경우도 마찬가지입니다. 일반 볼펜에 비해 다소 비싼 가격이라는 장벽을 쳤지만, 그보다는 한정된 수량을 제한된 시간 내에만 판매한다는 정책이 더 높은 장벽 역할을 했을 겁니다. 그리고 사람들은 그 장벽을 어떻게든 넘어 손에 넣고 싶다는 강렬한 욕구를 느꼈던 것이고요.

들판에 피어 있는 들장미보다 높은 담장 속 정원에 피어 있는 장미꽃을 더 꺾고 싶어 하는 사람들의 심리를 제대로 꿰뚫어 보고 만들어낸 좋은 제품이라 할 수 있습니다.

그래서 안드레아를 마실 때마다, 그때 선물받은 한정판 153볼펜을 사용할 때마다 로마인이 세운 정원과 그 정원을 둘러싼 높은 돌담을 떠올립니다. 로마인들은 모든 길을 로마로 통하도록 했지만, 결국 그들이 궁극적으로 원했던 것은 그런 길로 뻗어나가 원정을 다녀온 뒤 편하게 몸과 마음을 쉴 수 있는 집 안의 정원이 아니었을까라는 생각도 해봅니다. 로마시민이 아닌 다른 이들은 누릴 수 없는 자신들만의 정원과 그 정원에서 키워낸 포도로 만든 와인을 마시며 안주로는 담장을 빙 둘러 심어져 있는 올리브나무의 열매를 따 먹으며 로마인으로서, 로마인만이 누릴 수 있는 행복감을 느끼고 싶었던 것은 아니었을까요.

그런 의미에서 이 안드레아는 제게도 각별한 의미가 있는 와인입니다. 제주도에 머물던 시기, 제대로 풀리는 일이 하나도 없이 모든 것이 꼬여만 가던 시기였습니다. 인생의 길 앞에서 어쩔 줄 몰라 하던 저를 지탱해주고 붙들어주던 아내가 저녁이며 저를 식탁 앞에 불러 함께 마시자고 열었던 와인이 바로 안드레아였습니다. 찬바람 쌩쌩 부는 세상이라는 허허벌판에 저 혼자 서 있는 것 같은 기분이 들 때, 몬테 비비아노의 돌담처럼 든든한 울타리가 되어 주었던 사람과 함께 마신 와인이었습니다. 그래서 감히 제 인생 최고의 와인을 꼽으라 하면 반드시 그 리스트의 최상단에 올리는 와인입니다.

여러분도 오늘 밤, 내 인생의 돌담 안에 들이고 싶은 이와 함께, 그런 돌담 안에서 귀하게 만든 와인 안드레아 한잔 하시면 어떨까요?

친구들의 와인 노트

Wine Friends' Note

♦ 안드레아(L'Andrea)

와이너리(Viña)	카스텔로 몬테 비비아노 베키오 (Castello Monte Vibiano Vecchio)
포도 품종(Uva)	산지오베제(Sangiovese) 카베르네 소비뇽(Cabernet Sauvignon) 사그란티노(Sagrantino)
생산지역(Región)	이탈리아(Italia), 움브리아(Umbria)
와인 스타일 (Estilo de Vino)	중앙 이탈리아 레드(Central Italy Red) 계열의 레드 와인으로 중간 정도의 산미와 적당한 보디감이 인상적이다. 블랙커런트, 블랙베리 등의 잘 익은 과일의 싱그러운 향과 후추의 스파이시함, 다크초콜릿의 진한 달콤함이 잘 어우러져 풍성한 맛과 향을 제공한다. 장기 숙성된(10년) 와인의 경우 상상 이상의 부케와 복합적인 풍미가 환상적이고 여운이 오래도록 지속되는 고급 와인이다.
등급(Grado)	DOCG
도수(Contenido Alcohólico)	14.5%
어울리는 음식(Maridaje)	소고기 등 모든 육류 요리 또는 파스타

변하지 않는 것은
'모든 것은 변한다'는 것뿐이다

왕국은 무너졌지만, 사라지지 않은 맛과 향의

바롤로(Barolo)

_ 움베르토 피오레(Umberto Fiore)

단골들은 다 아는
그 호텔의 매력

명동 시내를 걸어가다 보면 도저히
호텔이 있을 것 같지 않은 자리에 호텔 하나가 자리 잡고 있는 것
을 발견할 수 있습니다. 겨우 차 한 대 들어갈 수 있을 것 같은 골
목길의 안쪽에 호텔의 현관이 떡하니 위치하고 있고, 수십 층 높
이의 마천루들 사이에서 불과 몇 층 되지 않는 야트막한 높이의

호텔은 애써 찾지 않으면 쉽사리 찾을 수 없습니다. 그러나 골목을 지나 앞쪽으로 들어가 보면 사정은 달라집니다. 건물은 낮고 다소 낡았지만, 아기자기하게 꾸민 중정을 품은 모습은 여느 호텔과 다르게 여행 온 느낌보다는 아는 이의 저택에 놀러온 것 같은 느낌을 줍니다. 게다가 평균 근속연수가 국내 유명호텔 중 가장 길다는 베테랑 직원들의 물 흐르는 듯한 환대와 접객 서비스를 받다 보면, 이 호텔이 왜 수많은 특급호텔의 물량 공세와 명동이나 을지로 곳곳에 생긴 저렴한 새 호텔들과의 치열한 경쟁 속에서 꿋꿋이 살아남을 수 있었는지 이해가 갑니다.

이 호텔의 이름은 사보이 호텔Savoy Hotel입니다. '대한민국 최초의 민간자본으로 설립된 호텔'로 각종 연보와 역사책에 기록된 바로 그 호텔입니다. 사실, 제 연배 혹은 저보다 조금 선배인 분들의 기억 속 '사보이 호텔'은 숙박업소보다는 활극의 무대로 더 깊게 인식된 곳입니다. 흔히 '사보이 호텔 습격 사건'이라고 해서 대한민국 주먹의 계보를 일거에 뒤바꿔 버린 폭력 사태가 이 호텔 연회장에서 일어났습니다. 한창 의협심(?)에 불타올라 무공을 연마하던 청소년들에게 사보이 호텔은 두려움과 호기심, 선망과 비난이 뒤섞인 판타지한 무대로 비춰졌죠. 그 외에도 1957년 문을 연 이래 사보이 호텔은 역사의 중요한 시기마다 그 장소를 제공했던 유서 깊은 호텔입니다.

사보이 호텔은 골수팬들이 많기로 유명합니다. 1970~1980년대는 일본인 관광객들이 많이 투숙했는데, 그들 중에는 아예 매년 수십 일씩 장기 투숙 계약을 맺고 자신의 한국 별채처럼 사용한 사업가들이 제법 많았다고 합니다. 이후로는 중국인 사업가들이 그 뒤를 이었다고 하고요. 그 이유로는 여러 가지가 있겠지만, 앞서 이야기했던 것처럼 아늑한 위치에 정갈한 시설 그리고 오랜 연륜이 자연스럽게 묻어 나오는 편안하면서도 격조 높은 서비스가 한몫 단단히 했습니다.

그런데 이 사보이 호텔만의 장점은 비단 이 호텔만의 특색은 아닌 것 같습니다. 출장을 다니다 보면 세계 곳곳 주요 도시에서 같은 이름의 호텔을 마주치게 되는데, 호텔 입지나 건물 규모는 제각각 다르더라도 풍기는 분위기와 느껴지는 이미지는 명동의 사보이와 매우 흡사합니다. 찾는 투숙객에게 위압감을 주지 않는 친근하면서도 잘 관리된 정갈한 시설물, 오랫동안 함께 근무해서 손발이 척척 맞는 직원들이 제공하는 친절하면서도 과하지 않은 친근한 서비스, 그 도시를 찾을 때마다 당연한 것처럼 투숙하는 오래된 골수팬들. 세계 곳곳의 사보이 호텔은 이러한 특유의 모습으로 수많은 대형 호텔의 틈바구니에서 그 존재감을 빛내고 있습니다.

인생 와인

눈부시게 사라져 버린
동화 속 가문

사보이라는 호텔은 이름을 들으면 떠오르는 정감 넘치고 온화한 느낌 그대로 알프스를 등에 지고 레만 호수를 옆구리에 끼고 있는 천혜의 휴양지인 사부아^{Savoie}로부터 유래했습니다. 사부아의 영어식 발음인 사보이를 그대로 호텔 이름으로 가져온 것입니다. 그런데 이름과 달리 이곳 사보이, 아니 사부아 지역은 예로부터 다툼과 반목이 끊이지 않았던 동네였습니다. 1416년 작위를 받아 이 지역을 다스리게 된 사보이아 공국[*]은 약한 국력으로 프랑스, 오스트리아 같은 강대국의 틈바구니에서 살아남기 위해 절묘한 줄타기 외교를 펼쳤는데, 그것이 오히려 독이 되었습니다. 프랑스, 오스트리아가 다른 나라와 전쟁을 벌일 때마다 사보이아 공국은 공연히 남의 전쟁에 휘말려야 했습니다.

그럼에도 불구하고 사보이아 공국을 다스리던 사보이아 왕가는 꿋꿋하게 버텨 나갔습니다. 때로는 영토의 대부분을 잃고 근거지인 사부아에 틀어박혀 패잔병과 다름없는 생활을 해야 할 때도 있었습니다. 또 때로는 이탈리아 전역에 그 정치적 영향력을

---

* 공작 또는 후작의 직위를 받은 귀족이 다스리던 나라로 현재의 모나코나 룩셈부르크 등이 대표적인 공국이다.

미치고, 다스리는 영토를 넓혀 한때는 시칠리아섬까지 지배했을 정도로 융성한 적도 있었습니다.

사보이아 왕가가 한창 잘나갈 때는 온갖 종류의 행사가 그들이 사는 궁정에서 펼쳐졌습니다. 사보이아 공작이 휴양을 온 유럽의 귀족들을 접대하는 파티가 열리는 날도 있었고, 전쟁으로 치닫기 전 마지막 외교적 노력을 기울이기 위해 사보이아 가문을 찾은 프랑스나 스위스의 외교관들에게 만찬을 겸한 협상의 자리를 제공하는 날도 흔했습니다. 그런 날마다 식탁 위 한곳을 차지하고 당당히 손님을 맞는 주인의 역할을 톡톡히 해냈던 와인이 있습니다. 움베르토 피오레Umberto Fiore의 와인들이었습니다.

사보이아 가문은 본래 부르고뉴 지방을 통치하던 아를Arles 왕국의 마지막 왕인 루돌프 3세의 휘하로 알려진 움베르토 비아카마노로부터 유래했다는 것이 정설입니다. 그래서(부르고뉴 출신이어서)인지는 잘 모르겠지만, 사보이아 가문은 대대로 와인의 맛과 향에 민감했고, 좋은 와인을 고르는 데 남다른 선구안이 있었습니다. 그런 사보이아 가문이 '올해는 어떤 와인이 괜찮다'라며 만찬장에서 해당 와인을 제공하면 금세 전 유럽의 와인을 파는 업소에는 해당 와인을 구해 달라는 주문이 밀려들었다고 합니다.

움베르트 피오레는 그 명성에 비해 역사는 길지 않은 와이너리였습니다. 다른 유서 깊은 와이너리에 비하면 훨씬 늦은 시기인 1880년 피에트로 피오레Pietro Fiore에 의해 피에몬테 지역에 문

▲ 움베르토 피오레 와이너리

을 열었습니다. 비록 시작은 늦었지만, 움베르토 피오레는 짧은 기간에 그 명성을 떨치기 시작했습니다. 점토와 석회질이 고르게 섞인 토양은 배수는 잘 시키면서 포도의 생장에 필요한 양분은 충분히 머금고 있었습니다. 또한, 사보이아 가문이 베푸는 연회의 '공식 만찬주였다'는 명성은 홍보에 엄청난 도움이 되었습니다(왜 굳이 과거형으로 쓰는지는 뒤에 말씀드리겠습니다).

움베르토 피오레가 본격적인 성장가도에 접어든 것은 1950년, 와이너리의 이름과 같은 이름인 움베르토 피오레가 와이너리를 이끌면서부터였습니다. 이래저래 수완이 좋았던 그가 와이너리 경영을 맡으면서 움베르토 피오레의 와인은 이탈리아 국내는 물론, 전 유럽 지역으로 판매망을 넓혀 갔습니다. 그리고 그 명맥을 현재까지 이어오고 있습니다. 하지만 움베르토 피오레의 초창기 성장을 든든하게 뒷받침해줬던 사보이아 왕가는 그 명맥이 끊어지고 말았습니다. 물론, 후손들은 살아남아 이탈리아에 정착해서 살고 있고, 왕정 복고를 주장하는 일부 극우 파시스트들의 지원을 받고는 있습니다. 하지만 한때 이탈리아는 물론 전 유럽에 영향력을 미쳤던 명문가로서의 모습은 온데간데없이 사라지고 말았습니다.

사보이아 왕가가 몰락한 원인에 대해서는 역사가들 사이에 여러 가지 견해가 있습니다. 그러나 공통된 의견 중 하나는 '그들은 세상의 변화에 대해 몰라도 너무 몰랐다'는 것입니다. 서구 열강이 정복전쟁에 나서서 아시아, 남미, 아프리카 각국에 식민지를 건설할 때 국내 문제로 정신줄을 놓고 있다가 뒤늦게 경쟁에 뛰어들어 힘은 힘대로 빼고, 알맹이 없는 식민지 몇 곳을 겨우 건졌죠. 그리고 제1차 세계대전 시기에는 독일과 연합국 사이에서 우왕좌왕하다가 양쪽 모두로부터 '넌 우리 편 아니잖아' 취급을 받기도 했습니다. 제2차 세계대전 무렵에는 시대정신을 무시하고 무솔리니가 이끄는 국가 파시스트당을 지원하다가, 전황이 불리하게 돌아가자 또다시 연합군 측에 붙었습니다. 제1차 세계대전에 이어 또다시 이쪽저쪽으로부터 '자네는 여전히 우리 편이 아니로군'이라는 취급을 받게 되었죠.

이후 전후 처리 과정에서 공화정에 대한 국민 여론이 매우 높아졌음에도 불구하고 '이탈리아는 원래 왕정 국가임'을 주장하며 고집을 피우다가 '모든 사보이아 왕가의 남자 구성원은 이탈리아 밖으로 추방하며, 추후 입국을 금지한다'는 규정이 헌법 조항에 삽입될 정도로 수모를 겪으며 이탈리아에서 쫓겨나고 말았습니다. 그렇게 이탈리아에서 사보이아 왕가의 흔적은 사라졌고, 이제 남은 것은 그들이 사랑'했던' 와인 움베르토 피오레뿐입니다.

반면, 움레르토 피오레는 초창기 자신들을 사랑해줬던 사보이아 왕가와는 조금 다른 길을 선택했습니다. 현재의 성공에 만족하지 않고 끊임없이 새로운 시도와 도전을 하는 길을 선택했습니다. 1990년 성장이 한계에 부딪혀 새로운 길을 모색해야 할 시기가 되자 과감하게, 3대째 와인 사업을 이어오며 탄탄한 기술력과 탁월한 경영 능력을 자랑하던 만프레디Manfredi 가문을 새로운 경영자로 영입하였습니다. 그리고 그들과 함께 피에몬테 지역을 대표하는 와이너리로 탄탄하게 성장해가고 있습니다.

잊지 마라,
오늘의 너는 어제의 네가 아니다

기원전 6세기 무렵에 활동한 고대 그리스 철학자 중에 헤라클레이토스Ηράκλειτος라는 인물이 있습니다. 단테Durante degli Alighieri가 지은 불후의 명작《신곡La Divina Commedia》에도 등장하는 그는 이오니아의 에페소스 지역을 다스리던 유력한 귀족 가문의 자손으로 태어났습니다. 하지만 부와 지위를 모두 버리고 오로지 진리의 탐구에만 매달렸죠. 워낙 옛날 사람이라 그가 지은 저작물은 거의 전해지지 않지만, 그가 남겼다는 100편이 넘는 단편을 통해 우리는 그의 사상을 살펴볼 수가 있습니다. 그는 피타고라스Πυθαγόρας, 호메로스Ὅμηρος 등 당대 그리스 최고의 학자 또는 문학가들의 실명을 거론해가며 통렬하게 비난했는데, 과거의 전통이나 권위 등에 굴복하지 않고 끊임없이 의심하며 새로운 질문을 통해 답을 찾아 나가는 것이 그의 철학 사유 방식이었습니다.

한때는 이해하기 어려운 난해한 주장만 늘어 놓았다고 하여 '암흑의 철학자', '눈물의 철학자'로 매도되기도 했습니다. 그러나 근대 이후 서양 철학계에서 그의 철학이 다시금 재조명받고 있습니다. 그 결과 헤겔과 니체Friedrich Wilhelm Nietzsche 등 근대의 위대한 철학자들이 '나의 학문은 헤라클레이토스로부터 영향을 받았다'라고 인정할 정도로 큰 존재감을 자랑하고 있습니다. 또한 '모든 것은 한곳에 머무르지 않고 끊임없이 변화한다'는 그의 철학은 동양의《주역》이나《노자》의 사상과도 일맥상통하는 것으로 해석되어 동양 철학계에서도 뒤늦게 그를 주목하고 있습니다.

인생 와인

그런 그가 남긴 최고의 명언을 들어보죠.

"우리는 같은 강물에 두 번 발을 담글 수 없다."

이 말의 뜻은 읽히는 뜻 그대로입니다. 강물은 끊임없이 흐르므로 오늘 내가 강물에 발을 담그고, 내일 같은 강가에 나가 강물에 발을 담가도 내 발을 감싸고 흐르는 물은 어제의 그 강물이 아니라는 뜻입니다. 더 확대해서 생각해보면, 어제 강물에 발을 담갔던 나와 오늘 강물에 발을 담그는 나 역시 같은 사람이 아니라고 생각할 수도 있습니다. 물론, 같은 이름을 달고, 같은 집에서 같은 사람들과 밥을 먹었을 수는 있지만, 어제 강물에 발을 담그던 나와 정확히 같은 사람이라고 말하기는 조금 힘들 듯합니다. 키가 더 자랐을 수도 있고, 단 1그램에 불과하더라도 어제보다 더 살이 찌거나 빠졌을 수 있기 때문입니다.

헤라클레이토스는 이와 같은 명제를 통해 세상에 변하지 않는 불변의 진리라는 것은 존재하지 않으며, 모든 것은 대립과 조화로 이루어진 역동적인 질서 속에서 끊임없이 변화해 나간다고 주장했습니다. 그러나 헤라클레이토스가 이 이야기를 한 지 수천 년이 지났음에도, 여전히 사람들은 세상의 변화에 둔감합니다. 혹은 알지만 애써 무시하며 방관하다가 참혹한 패배를 맛보는 경우가 빈번합니다.

앞서 예로 든 사보이아 왕가를 포함해서, IBM에 대한 개인적인 원한으로 개인용 컴퓨터PC 시장을 폄훼하고 그에 대한 대처를 거부하다가 파산하고 만 세계 최고의 사무정보시스템 관련 업체인 왕 연구소Wang Laboratories나 저렴하고 서비스 품질이 좋은 개인 간 이동통신의 등장을 무시하고 더 나은 기술력과 차별화된 품질만 집착하다 소리 소문 없이 사라져 버린 이리듐Iridium 프로젝트*, 버락 오바마 전 미국 대통령이 애용해 '오바마폰'으로 불리며 전 세계적으로 승승장구하다가 대화면 스마트폰과 태블릿 PC로 넘어가는 소비자들의 취향에 적절하게 대응하지 못해 정상의 자리에서 한순간에 미끄러져 버린 블랙베리Black Berry 등이 대표적입니다.

물론, 많은 사람이 '잘 될 때는 바꾸기 쉽지 않다. 바꿨다가 이전보다 못하기라도 하면 누가 책임질 것인가?', '지금이 최고인데 변화하라니, 최고의 자리에서 내려오라는 얘기냐?'라고 말합니다. 사실, 이해가 가는 말이기도 합니다. 그러나 바로 그때, 그 자리가 가장 바꾸기 쉬운 순간입니다. 실패에 허덕일 때는 여력이 없어서, 한창 성장할 때는 성장세가 꺾일까 봐, 승승장구할 때는 성공을 만끽하느라. 어느 때고 변화와 혁신이 쉬울 때는 단 한순간도 없습니다. 하지만 변화하기로 마음을 먹으면 바로 그때, 그 자리가 가장 변화하기 쉬운 순간이 될 수도 있습니다.

---

* Iridium Satellite Constellation Project: 저고도 위성을 이용한 위성전화 통신망 구축 프로젝트로 휴대전화가 상용되기 이전에 잠시 각광받았으나, 엄청나게 비싼 통신비와 무거운 장비 등으로 인해 휴대전화가 등장하면서 이용자가 급감했고 현재는 특정 목적 이용자들을 중심으로 명맥만 겨우 유지하고 있다.

인생 와인

혹시 오늘 변화의 기로, 선택의 순간에 처해 있다면 명동 사보이 호텔에 들러 움베르토 피오레의 바롤로 한 잔을 주문해 마셔 보는 것은 어떠실까요(이 호텔에 움베르토 피오레의 바롤로가 입점해 있는지는 한번 확인해 봐야겠습니다만…)?

이름만 빌려왔을 뿐 현실에 안주한 사보이아 왕가와 달리 시대의 변화에 맞춰 끊임없이 개선해 나가며 해방 이후 최초의 민간자본으로 세운 호텔이라는 역사적 간판에 더해 꾸준히 성장하는 작지만 강한 호텔이라는 간판까지 새롭게 내걸고 있는 사보이 호텔. 그리고 네비올로 품종만 사용해 15일간 스테인리스 통에서 발효시킨 뒤에 오크통과 밤나무통에서 3년 넘게 숙성시켜 만들어내는 우직함. 그러나 매 순간마다 현실에 안주하지 않고 제작방식에 새로운 시도를 가미하며 최상의 맛과 향을 만들어낸 과감함. 그런 우직함과 과감함이 절묘하게 조화를 이뤄낸 움베르토 피오레의 바롤로를 마시면서, 이제는 흔적도 없이 사라져 버린 사보이아 왕가를 잠깐 떠올려보면, 변화에 머뭇거리던 마음이 어느 정도는 다스려지지 않을까 싶습니다.

친구들의 와인 노트
Wine Friends' Note

◆ 바롤로(Barolo)

와이너리(Viña)	움베르토 피오레(Umberto Fiore)
포도 품종(Uva)	네비올로(Nebbiolo) 100%
생산지역(Región)	이탈리아(Italia), 피에몬테(Piemonte)
와인 스타일 (Estilo de Vino)	이탈리안 바롤로(Italian Barolo) 스타일의 레드 와인으로 오렌지 색이 가미된 석류 빛깔의 암홍색을 띠며, 붉은 과일 향 등이 기분 좋게 강렬하며, 드라이한 느낌에 개성 강한 탄닌이 강렬하지만 다른 맛과의 밸런스가 잘 잡혀 있어 부담스럽지 않고, 부드러운 맛과 향이 적절하게 어우러지는 와인이다.
등급(Grado)	DOCG
도수(Contenido Alcohólico)	13.5%
어울리는 음식(Maridaje)	양고기 등의 붉은 육류, 다양하게 숙성된 치즈

306

돈을 벌고 나서 마시는 와인, 마지막 병

성공한 그대,
메멘토 모리!

과거의 영광을 잊지 않고 미래를 만들어가는
로다(Roda)
_ 보데가스 로다(Bodegas Roda)

독설가 노예를
마차에 태우고 다니는 장군

　　　　　　　　　　로마 공화정 시대에는 로마가 전
세계(실은 이탈리아반도 인근의 유럽과 북아프리카)로 확장해 나가던 시
기였기에 하루가 멀다 하고 전투가 벌어졌습니다. 당시만 하더라
도 카르타고 정도를 제외하면 로마에 이기기는커녕 맞서 제대로
된 전투를 치를 만한 전투력을 갖춘 세력조차 드물던 시기였기

에, 전투는 곧 로마의 승리를 뜻했습니다. 때문에 숱한 개선 장군들이 탄생하였습니다.

　로마인들의 근원이 되는 에트루리아의 관습에 따라 전쟁에 승리한 장군들에게는 성대한(그러면서도 지금의 상식으로 보면 조금은 괴이한) 개선식이 베풀어졌는데, 장군들은 토기나 옷고름 장식에 사용되던 붉은 염료를 얼굴에 칠하고 번쩍이는 갑옷을 입은 뒤, 네 마리의 백마가 이끄는 휘황찬란한 마차를 타고 로마 한복판을 누볐습니다. 행렬이 지나가면 로마시민들은 하던 일을 멈추고 준비한 꽃을 마차에 뿌리고 개선한 장군의 이름을 부르며 열렬한 환호를 보냈습니다. 말 그대로 인간이 누릴 수 있는 가장 큰 영광을 맛보는 순간이었을 겁니다.

　그런데 개선 장군이 탄 마차의 뒤에는 이러한 영광의 순간에 전혀 어울리지 않는 이가 반드시 타고 있었다고 합니다. 적군으로부터 사로잡은 포로나 여염집에서 부리는 노예였습니다. 제대로 된 치장을 한 것도 아니었습니다. 입던 옷 그대로, 때로는 (평상시 대우를 잘 받고 좋은 옷을 지급받은 노예였다면) 입던 옷을 벗기고 좀 더 허름한 옷을 입혀 훨씬 더 비루하게 보이게 한 후 마차에 태웠습니다. 마차의 뒤에 탄 노예는 퍼레이드가 진행되는 동안 앞에 우뚝 선 개선 장군의 뒤에서 고함을 치는 것이 주어진 역할이었습니다. "메멘토 모리Memento mori! 메멘토 테 호미넴 에쎄Memento te hominem esse!"

노예는 '메멘토 모리'로 시작되는 네 줄 정도의 짧은 시구를 행사 내내 외쳐야 했습니다. 메멘토 모리의 메멘토는 '기억하라 Remember'이고 모리는 '죽는다는 것을to die'이라는 뜻이라고 합니다. 즉 노예가 외치는 시구는 '그대는 죽는다는 사실을 기억하라, 그대는 인간이라는 사실을 기억하라, 뒤를 돌아보라, 지금은 여기 (개선 퍼레이드를 하는 마차)에 있지만 그대 역시 인간에 지나지 않다는 사실을 기억하라!'는 뜻이었습니다. 어느 면에서 살펴보더라도 개선 퍼레이드에는 어울리지 않는 시 구절이었습니다. 아니, 일반적인 상황이라 하더라도 듣는 이에 따라서는 거의 저주에 가까운 막말로 느껴질 만한 것이었습니다.

그러면 로마 사람들은 왜 노예에게 이런 일을 시킨 것일까요? 그리고 이날의 주인공인 개선장군은 기분 나쁠 수도 있는 이런 퍼포먼스를 왜 두고 보고만 있었던 걸까요? 여기에는 로마인들의 깊은 지혜가 담겨 있습니다.

전투에 이기고 로마로 돌아온 장군은 아마도 세상 모든 것이 다 자기 손바닥 안에 든 것 같은 기분에 사로잡힐 겁니다. 뒤로는 자신을 믿고 전장에서 동고동락한 병사들이 늠름하게 서 있고, 로마 시내를 가로지르는 대로는 텅 비어 있으며, 길가에는 수많은 로마 시민이 오직 자신만을 위해 도열해 서서 이름을 연호하는 상황입니다. 누구라도 가슴 벅차오르는 쾌감과 자긍심에 사로잡힐 수밖에 없습니다. 그런 기분을 그대로 간직한 채 다른 전투에 임할 경우 지나친 자만심에 상대를 우습게 보거나, 준비를 소홀하게 해서 전투를 그르치는 일이 발생할 가능성이 큽니다. 실제로 어려운 전투를 마치고 개선한 장수가 다음 전투에서 전사하는 경우가 비일비재했다고 합니다.

때문에 현실의 세계에서 가장 비천한 존재인 적 포로나 노예를 더욱더 남루하게 꾸며서, 퍼레이드 내내 메멘토 모리를 외치게 함으로써 개선 장군의 자만심을 누그러뜨리고 겸손함을 가질 수 있도록 한 것이었습니다.

이 '메멘토 모리'를 외치는 이가 필요한 것은 비단 로마의 개선 장군만은 아닐 것 같습니다. 인터넷 포털이나 신문, 방송 등을 살펴보면 하루가 멀다 하고 최고의 자리에서 몰락한 이들에 대한 뉴스가 잘 보이는 자리를 떡 하니 차지하고 있는 것을 발견할 수 있습니다. 경제학 박사이면서 변호사이고 한 국가의 재정부서 장관으로 국제금융기구의 수장 자리에까지 오른 이가 출장지 호텔에서의 성 추문으로 자리에서 쫓겨난 소식이나, 스포츠화 브랜드를 창업한 뒤 그 수익으로 e스포츠 리그까지 유치해 젊은이들 사이에서 연예인 수준의 인기를 끌었으나 판매한 제품의 품질 이슈와 각종 구설수에 휩쓸리며 모든 것이 망해 버린 이의 소식도 있습니다.

그런데 그런 뉴스만큼이나 반대의 뉴스도 있습니다. 누가 뭐라 해도 대단한 성과, 남다른 성공, 최고의 지위와 명성을 얻었음에도 끊임없이 개선의 노력을 기울여 성공 스토리를 지속해서 써 가고 있는 이들의 소식 말이죠. 물론 와인 업계에도 그런 '훈훈한 소식'의 주인공이 여럿 있습니다. '모던 리오하 와인의 최선봉'이라 불리는 보데가스 로다Bodegas Roda 역시 그런 이들 중 하나입니다.

보르도에게는 재앙이,
리오하에는 축복으로

흔히 프랑스에 보르도나 부르고뉴가 있고, 이탈리아에 키안티가 있으며, 캘리포니아에 나파 밸리가 있다면 스페인에는 리오하가 있다고 합니다. 그만큼 리오하는 스페인을 대표하는 와인 산지이자 최대의 와인 생산량으로 유명합니다. 자존심 강한 스페인 사람들은 리오하에서 포도를 키우고 와인을 만든 역사가 무려, 현명한 황제들이 연달아 로마를 다스렸던 오현제 시대(서기 96~180)부터였다고 우기기는 하지만 지금과 같은 모습과 규모로 포도를 재배하고 와인을 만든 것은 훨씬 이후의 일입니다. 다소간의 이견이 있기는 합니다만, 스페인 와인 산업은 1840년대부터 본격적으로 더군다나 썩 좋지 않은 사이인 프랑스 사람들의 도움을 받아 시작된 것이 정설이라고 합니다. 특히, 리오하 와인의 역사는 그들 스스로의 역사라기보다는 인접한 프랑스 보르도 역사의 연장선상이라고 할 만합니다.

1840년대 초, 보르도 지역에 포도 흰가루병이 창궐했습니다. 규모가 작고 역사가 짧아 이전 빈티지에서 생산한 와인 물량을 충분히 갖고 있지 못하던 일부 와인 생산업자 몇 명이 리오하 지역으로 넘어와 새롭게 와이너리의 문을 열었습니다. 리오하 와인의 시작이었습니다. 그러나 이후 꽤 오랫동안 리오하 와인은 지지부진했습니다. 리오하 지역은 뜨거운 여름이 길게 이어지고, 겨울은 짧지만 매서운 추위를 자랑했습니다. 연중 강수량이 500밀리리터에 채 미치지 못해 보르도에서 온 와인 제조업자들에게는 가뭄으로 느껴질 정도였습니다. 당연히 적응하지 못한 10여 년간은 거의 모든 리오하 와이너리에서 제대로 된 와인을 만들어 내지 못했습니다. 그러다 극적인 반전의 기회를 잡게 되었는데, 그 역시 보르도로부터였습니다.

1850년대 말 유럽은 찰스 다윈Charles Robert Darwin, 그레고어 멘델 Gregor Johann Mendel 같은 진화론자, 유전학자들의 주장이 화제를 불러 모으면서 포도나무의 품종 개량이 마치 유행처럼 번져 나갔습니다. 포도밭의 주인들은 상태가 안 좋은 포도나무를 반복적으로 자연 도태시키거나 다양한 나무들끼리 접붙이기를 하는 방법으로 품종 개량에 매달렸습니다. 그러다 누군가가 북미지역 자생종 포도나무를 들여와 접붙이기를 시도했습니다. 접붙이기는 성공

인생 와인

적이었지만, 북미지역에만 존재하던 무언가가 유럽의 포도나무로 옮겨와 버렸습니다. 흔히 '포도밭의 흑사병'이라는 별명으로 불리는 필록세라 Phylloxera병이었습니다.

첫 시작은 1863년 영국이었습니다. 하지만 영국이 워낙에 와인 업계에서 존재감이 미미했기에 크게 이슈가 되지는 못했습니다. 그러나 몇 년 뒤인 1869년 프랑스, 1875년 이탈리아로 전염되기 시작하면서 상황은 크게 달라졌습니다. 특히, 보르도는 와인 산업 자체가 무너져 내리는 것을 걱정해야 할 정도로 큰 타격을 입었습니다. 그때 많은 보르도 사람이 필록세라 병이 유행하기 이전의 나무를 가져다가 키우고 있는 지역으로 가서 그 나무를 가지고 와인을 만들어 재기해야겠다는 계획을 세웠습니다. 칠레를 포함한 신대륙 와인이 그렇게 해서 탄생했고, 스페인 리오하 지역 역시 그때 이주해온 보르도 와인 기술자 덕분에 포도 재배와 양조 기술 등이 비약적인 발전을 할 수 있었습니다.

보데가스 로다는 이 당시 시작된 와이너리는 아닙니다. 1987년 카르멘 다우렐라Carmen Daurella Aguilera와 그녀의 남편 마리오 롤란트Mario Rotllant Solá가 함께 세운 비교적 젊은 와이너리입니다. 스페인에는 유서 깊은 재벌 가문들이 몇 있는데, 카르멘의 친정인 다우렐라 가문도 그중 하나였습니다. 다우렐라 가문은 일찌감치 여러 가지 사업을 벌여 돈을 막대한 부를 쌓아왔는데, 음료 사업도 그중 하나였습니다. 그들은 스페인 내 코카콜라를 병입하여 판매할 수 있는 권리를 갖고 있었는데, 덕분에 꽤 오랜 기간 땅 짚고 헤엄치기식으로 큰돈을 벌었습니다. 남편인 롤란트 역시 음료와 주류 유통업을 주업으로 하고 있던 알부자였는데, 언제고 기회가 되면 자신만의 와이너리를 만들겠다는 꿈을 갖고 있었고, 이 무렵 그 꿈을 이룬 것이었습니다.

　그들은 리오하 알타Alta 지역의 유명한 역전 마을인 하로 마을El Barrio de la Estación de Haro 인근에 와이너리를 열었습니다. '와이너리를 열었다'라고는 하지만, 실제로 이해부터 와인을 생산해내지는 못했고, 1991년이 되어서야 겨우 첫 와인을 생산해낼 수 있었습니다. 하지만 그때까지도 와이너리는 미완성인 상태였습니다. 그로부터 10여 년이 지난 2001년에서야 뒤늦게 완공식을 할 수 있었죠. 물론, 그 사이에도 계속해서 와인을 생산해냈고, 1994년 빈티지와 1998년 빈티지는 전 스페인을 깜짝 놀라게 할 만한 맛과 향을 선사했습니다.

　남들이 보기엔 '와인에 대해 약간의 지식이 있는' 갑부 부부의 취미 생활 정도로 오해할 수도 있지만, 다우렐라와 롤란트 부부의 와인 양조에 대한 열정과 정성은 상상 이상이었습니다. 그들은 리오하 전통방식을 최대한 존중하되 그대로 따르지는 않았습니다. 더 잘 만들었습니다. 리오하의 유명 와인들을 재해석해 새롭게 접근을 시도했습니다. 일정한 온도를 유지하면서 오크통 속에서 토착 효모로 발효되도록 했고, 1차로 완성된 와인은 새 프

　　　　　　　　　　　　　　　　　　　　　　　인생 와인

▲ 보데가스 로다 셀러

렌치 오크통에 넣어 약 24개월 동안 숙성이 이뤄지도록 했습니다. 그런 이후 병입하여 다시 12개월을 더 숙성한 후에야 출시되도록 했습니다. 병입할 때는 계란 흰자를 사용해 정제 작업을 했지만, 여과 작업은 하지 않았습니다. 그를 통해 필요 이상의 탄닌은 제거했지만, 와인의 탄탄한 보디감은 손상시키지 않을 수 있었습니다.

결국 그런 노력들이 인정받아 유명 와인 전문지인 〈세계의 우수 와인The World of Fine Wine〉의 공동편집자이면서 유명 평론가였던 닐 베케트Neil Beckett가 쓴 《죽기 전에 꼭 마셔봐야 할 와인 1001》이라는 책에서는 보데가스 로다의 시르시온Cirsion을 꼭 경험해야 할 와인으로 꼽았습니다. 그뿐만이 아니었습니다. 보데가스 로다는 온갖 시음회와 경진대회에서 상이란 상은 죄다 휩쓸고 다니는, 와인 업계의 공모전 끝판왕 같은 존재였습니다.

그러나 보데가스 로다는 짧은 시간에 거둔 영광에 도취되어 자세를 흐트러뜨리지 않았습니다. '메멘토 모리'를 외치는 노예까지는 아니었지만, 자신들에게 제대로 된 충고와 조언을 해줄 수 있는 전문가들을 확보하여 보드 멤버로 영입했습니다. 그리고 그들과 함께 치열한 토론과 연구개발 노력을 기울여 늘 내년이 더 기대되는 와이너리로 성장해가고 있습니다.

재벌 회장의 몰락을 예언한
짜장면 한 그릇

우리는 흔히 큰돈을 벌거나, 성공을 거둔 이들이 전과 다른 모습을 보일 때면 '사람이 변했다'라고 말합니다. 물론, 부정적인 의미입니다. '사람 간의 신의가 없고', '옛 도움에 고마워할 줄 모르는' 사람을 비판할 때 주로 사용하는 말들입니다. 때문에 그렇게 사람이 변할까 봐 로마에서는 노예까지 동원해 '메멘토 모리'를 외치게 했고, 수많은 잠언집, 우화, 교과서에서는 '돈 좀 벌었다고, 성공했다고 사람 변했다는 소리 듣지 마라'는 말을 반복적으로 해온 것입니다.

인생 와인

어찌 됐든 사람은 변합니다. 그리고 변해야 합니다. 공부를 하면 공부한 사람답게, 운동을 해서 힘이 세어졌으면 센 사람답게, 돈을 많이 벌었으면 돈 많은 사람답게, 나이가 들었으면 나이 든 사람답게 그에 맞춰 해야 할 책무를 하고, 지켜야 할 것들을 지키며, 바꿔야 할 부분을 바꿔야 합니다.

메멘토 모리를 외치는 노예의 이야기가 우리에게 주는 교훈은 단순히 '성공 좀 했다고 변하지 마라'가 아니라, '인간의 삶이 유한有限하다는 것을 잊지 말고, 끊임없이 개선하고, 항상 성장하는 인간 본연의 역할을 잊지 마라'일 것입니다.

예전에 모 공중파 프로그램에서 성공한 이들의 모습을 담은 다큐멘터리를 방영했던 적이 있습니다. 지인들과 밥을 먹으러 식당에 들어갔는데 식당 내 TV에서 그 다큐멘터리가 방영되고 있었습니다. 제가 본 회차는 시장에서 여성복을 파는 옷가게 주인으로 시작해 종합 패션 기업의 오너가 된 N회장의 스토리였습니다.

고향에서 중학교 중퇴 후 무작정 상경해 공사장 인부, 식당 종업원 등을 전전했던 그는 식당 주인을 거쳐 옷가게 사장이 된 뒤, 패션 산업에서의 성공을 바탕으로 건설업, 레저 관광업 등으로 사업을 확장시켜 서울 강남 한복판에 여러 채의 건물을 소유한 거부巨富가 된 사람이었습니다. 지방 방송국과 백화점까지 소유하면서 한때는 주요 재벌그룹 회장보다도 소득세를 많이 내는 사람으로 이름을 날리기도 했습니다.

방송은 N회장의 일상을 담아내고 있었습니다. 그런데 함께 식사를 하던 일행 중 사업으로 크게 성공한 분이 TV 화면을 보더니 고개를 절레절레 흔드는 것이었습니다. 그러더니 우리를 보고 이렇게 말씀하셨습니다.

"자네들 혹시 저기 저 N회장네 회사에 투자한 것 있으면 얼른 회수해. 보아하니 얼마 못 갈 거 같아."

'무슨 모습을 보고 또 저렇게 생각하시나'라며 TV를 쳐다보니, 화면 속 장면은 N회장이 수조 원대의 자산을 일군 재벌 회장임에도 불구하고 비서를 시켜 자신의 집무실에서 짜장면 한 그릇을 배달해 그걸로 배를 채우는 모습을 담고 있었습니다. 삼선짜장도 아닌, 그렇다고 곱빼기도 아닌 보통 짜장 딱 한 그릇이었습니다. 게다가 배달하는 이에게 '단무지 많이 가져왔냐?'고 꼼꼼하게 체크하는 모습도 보여줬습니다. 저의 눈에는 어려웠던 과거를 잊지 않고 재벌이면서도 여전히 검소한, '메멘토 모리를 잘 실현한 사례'처럼 보였습니다.

그러나 지인의 생각은 달랐습니다. 물론, 극적 재미를 위해 제작진이 연출한 장면일 수도 있지만, 수천 명의 임직원을 거느린 재벌 총수가 더군다나 식사를 하지 않은 비서를 두고 딸랑 짜장면 한 그릇을 배달시켜 자기 혼자 먹었을 때, 그를 보는 비서, 밖에서 촉각을 곤두세우고 있는 중역, 그곳까지 짜장면 그릇 하나

　　　　　　　　　　　　　　　　　인생 와인

달랑 든 철가방을 덜렁덜렁 들고 왔을 배달직원 등이 어떤 생각을 하겠냐는 것이었습니다. 익숙한 폼을 보아 하니 하루 이틀 저런 것도 아닌 것 같고, 점심이면 늘 그래왔던 듯합니다.

"저건 검소하다거나, 소박한 것이 아니라, 그저 자기 생각만 하는 성장하지 못한 어린애인 거야. 수많은 사람의 생계를 책임져야 할 대기업 집단의 수장이 되었지만, 그에 맞춰 변화할 생각은 못 하고 생계 걱정이나 자기 배불리 먹고살 궁리만 하는 고집불통 수준을 벗어나지 못한 거야. 저 수준에서는 나날이 커지는 회사를 감당하지 못할 거야."

지인분이 덧붙인 마지막 '저주'대로(?) N회장이 이끌던 그룹은 얼마 안 가 산산조각 나 버리고 말았습니다. 과감한 인수와 합병으로 회사의 덩치는 나날이 커졌지만, 그에 걸맞은 관리 시스템이나 의사결정 체계를 갖추지 못해 덩치만 크고 속으로는 곪은 상태로 몇 년간 버티다가 그룹 전체가 공중분해된 것입니다. 지인이 진단하고 예측한 모습 그대로였습니다.

메멘토 모리에 대한 이야기가 우리에게 전해주려던 진정한 의미는 단순히 '성공하더라도 겸손하라', '옛 시절을 잊지 말고 똑같은 생활방식을 고집하라'가 아니라 돈을 많이 벌었거나, 권력을 손에 쥐게 되었거나, 어떤 식으로 성공했다고 해도 그 상태에 안주하지 말고 더 발전하기 위해 끊임없이 변화하고, 새로운 시도를 하는 데 주저하지 말고, 항상 노력하라는 것이 아니었을까 합니다.

그런 점에서 볼 때, 영광스러운 시절을 구가하던 리오하 와인의 전성기 시절 맛을 추구하면서도 그 영광에 도취되지 않는 보데가스 로다, 리오하는 물론 스페인을 대표하는 와이너리로 성장했지만 좋은 가격을 유지하며 더 좋은 와인을 만들어내기 위해 늘 가장 참신한 노력을 하고 있는 보데가스 로다야말로 메멘토 모리를 외쳐줄 노예를 찾아보기 힘든 요즘 세상에 늘 곁에 두고 가끔 몸과 마음이 나태해질 때마다 한 병씩 열면 좋을 와인이 아닐까 합니다. 그리고 보데가스 로다를 마실 때는 건배사를 이렇게 바꿔서 하는 것은 어떨까요?

"성공한 그대, 메멘토 모리!"

인생 와인

친구들의 와인 노트
Wine Friends' Note

◆ 로다(Roda)

와이너리(Viña)	보데가스 로다(Bodegas Roda)
포도 품종(Uva)	템프라니요(Tempranillo) 그라시아노(Graciano) 가르나차(Garnacha)
생산지역(Región)	스페인(España), 리오하(Rioja)
와인 스타일 (Estilo de Vino)	밝은 자주색, 검은색 계열 과일 향과 발사믹, 민트의 허브 향, 오크, 시가 박스, 토양 느낌의 다채로운 향이 느껴진다. 구조감, 보디감, 탄닌, 산도, 밸런스까지 고급 레드 와인의 모든 요소가 잘 표현된 와인이다. 전체적으로 화사한 느낌의 풍미가 매력적이다.
등급(Grado)	DOCa(스페인 최고급 와인 산지 두 곳)
도수(Contenido Alcohólico)	14.5%
어울리는 음식(Maridaje)	소고기나 양고기 등의 스테이크, 그릴에 구운 가금류

RIOJA
Denominación de origen calificada

RODA

RESERVA
2016

EMBOTELLADO EN LA PROPIEDAD
BODEGAS RODA, S.A.
HARO - ESPAÑA
~ Bottled   Product of ~

Chapter 5

돈이 되는 와인

Vino, per soldi

Im Winter trink' ich und singe Lieder aus Freude,

daß der Frühling nah ist, und kommt der Frühling,

trink' ich wieder, aus Freude, daß er endlich da ist.

✦ ✦ ✦

겨울에는 봄을 기다리며 와인을 마시고,

봄이 오면 비로소 봄이 왔음을 기뻐하며

와인을 마시게 된다.

_ 프리드리히 폰 보덴슈테트*(1819~1892)

---

* Friedrich Martin von Bodenstedt: 하노버 공국 출신의 소설가이자, 극작가이자 여행가

최고의 순간을 위한
기다림을 선사하라

기다림조차 즐거움으로 바꿔 버린

네로네(Nerone)

_ 몬카로(Moncaro)

만년필 한 자루가 선사하는
한없는 기다림

일본을 대표하는 작가 무라카미 하루키村上春樹의 단편 글들을 모은 에세이집인《코끼리 공장의 해피 엔드象工場のハッピーエンド》에 실린 〈만년필〉에는 이런 이야기가 담겨 있습니다. 무라카미 하루키가 수제 만년필 제작을 의뢰하자 업자가 무라카미를 찾아와 손가락 마디부터 시작해서 팔의 길이, 앉

은 자세, 평상시 필기 습관 등을 꼼꼼하게 묻고 측정하는 과정의 이야기를 너그러우면서도 재치 있는 시각으로 묘사하고 있습니다. 그런데 이 글은 소설이 아니라 엄연히 에세이입니다. 즉 고급 수제 만년필 제작을 의뢰하면서 실제로 경험한 일이라는 거지요.

일본에는 5~7만엔 수준의 엔트리급 모델부터 시작해서 수백만 엔을 호가하는 초고가 모델까지 다양한 만년필을 제작해주는 수제 제작자가 있습니다. 그들에게 만년필을 주문하면 주문한 사람이 사는 곳으로 출장을 와서 용도(글쓰기를 취미로 하고 있는지, 직업으로 하고 있는지, 단순 결재용인지 등)를 묻는 것은 물론이거니와 펜을 쥐는 손의 형태를 살피고 손과 팔 부위마다의 길이, 손의 쥐는 힘 등을 꼼꼼하게 측정하여 그에 딱 맞춰서 제작해주는 것으로 유명합니다. 때문에 몇몇 제작자는 아무리 돈을 많이 준다고 하더라도 일본 이외의 국가에서 오는 주문은 거절하기도 합니다.

무라카미 하루키는 만년필에 대해서만 이야기했는데, 일본에는 자전거 역시 수제로 제작해주는 업자(이쯤 되면 사실 '장인'이라 부르는 것이 더 맞겠지만)가 있는데, 이들 역시 주문을 하면 일본 내 아무리 먼 곳에 살고 있더라도 직접 찾아와서 자전거 타는 모습을 살피고, 팔의 힘과 다리의 힘을 측정한 뒤 엉덩이의 크기, 살집, 허벅지와 종아리의 길이, 발목의 각도 등을 재고 살펴간 뒤 맞춤형 자전거를 만들어 옵니다.

제작기간은 맞춤형 수제 제품답게 주문한 고객의 특성에 따라,

인생 와인

추가적인 주문사항이나 디자인 등에 따라 천차만별입니다. 만년필은 2주에서 12주까지 걸리고, 자전거는 그보다 조금 더 길어서 6주에서 길게는 1년까지 걸린다고 합니다. 세상에! 아무리 자신만의 만년필, 자신의 몸에 꼭 맞는 자전거를 만들기 위해서라지만 문구점에 가면 바로 살 수 있는 만년필을, 자전거점에 가면 바로 혹은 늦어도 일주일이면 조립해 올 수 있는 자전거를 몇 주 혹은 몇 달 넘게 기다리는 이들이 있을까요? 당연히 있습니다.

앞서 무라카미 하루키 같은 전문 작가뿐만이 아니라, 만년필이라고는 쓸 일이 없을 것 같은 학생이나 젊은 회사원들 사이에서 자신의 몇 달 치 용돈이나 월급을 털어 넣어야 살 수 있는 수제 만년필이 큰 인기를 끌고 있다고 합니다. 자전거 역시 지금 주문하면 제작이 아니라 신체 부위를 측정하기 위한 직원의 출장 자체를 몇 달은 기다려야 할 정도로 많은 사람이 주문하고 있다고 하네요.

도대체 무슨 영문일까요? 어제 주문한 물건이 오늘 배송되는 것조차 만족하지 못해서, 웃돈을 얹어서라도 '당일 주문 당일 배송'해달라는 현대인들이, 택배 기사가 출발했다는 문자를 받고서도 내 물건이 몇 번째로, 언제쯤 도착하는지를 조바심내며 기다리는 이들이 어떻게 몇 주, 몇 달, 몇 년의 기다림에는 이토록 너그러울 수 있는 것일까요? 거기에는 '기다림'조차 상품화시켰던 이들의 놀라운 지혜와 수완이 있었습니다.

마법사가 선사한
기다림의 시간

그런 기다림 속에 눈부신 선물을 가져다주는 와인을 꼽자면 저는 이탈리아의 힘 좋은 와인 네로네 Nerone를 첫 번째로 꼽고는 합니다. 네로네를 생산하는 테레 코르테지 몬카로Terre Cortesi Moncaro 와이너리는 이탈리아 반도의 등쪽 부분인 마르케Marche주에 위치하고 있습니다. 해발 2,000미터가 넘는 높은 산지와 눈부신 아드리아해Adriatic Sea를 함께 끼고 있어 무척이나 아름다운 곳입니다. 전반적인 자연환경이 우리나라의 강

▲ 몬카로 와이너리

원도와 많이 비슷하여 혹자는 마르케주를 이탈리아의 강원도라 하기도 하고, 역으로 강원도를 대한민국의 마르케주라고 하기도 합니다. 그런데 사실 테레 코르테지 몬카로는 한 개인이 소유한 하나의 와이너리가 아닙니다. 이탈리아에서는 어렵지 않게 찾아볼 수 있지만 다른 나라에서는 찾아보기 쉽지 않은 대형 협동조합 형태의 와이너리입니다.

마르케주 내에 1,600헥타르 이상의 포도밭을 소유하고 있는 약 1,000여 명의 포도 재배업자가 테레 코르테지 몬카로라는 이름의 와이너리 겸 조합을 꾸려서 매년 평균 1,100만 병 이상의 와인을 만들어내고 있습니다. 규모가 있다 보니 와이너리도 한 곳이 아닙니다. 크게 세 곳의 와이너리가 테레 코르테지 몬카로라는 이름 아래 있는데, 가장 역사가 오래된 몬테카로토Montecarotto, 그리고 아쿠아비바Aquaviva와 카메라노Camerano입니다. 사실 이것도 크게 구분해 놓은 분류이지 그 산하에 다른 곳에서였으면 별도의 와이너리 취급을 받았을 만한 양조장들이 즐비하게 소속되어 있습니다. 그럼에도 별다른 품질 이슈 없이 하나의 포도밭, 하나의 와이너리처럼 관리되고 있는 모습을 보면 참 신기하기만 합니다.

그럴 수 있었던 비결은 이들 양조장을 이끄는 이가 바로 리카르도 코타렐라Riccardo Cotarella였기 때문입니다. 움브리아에 자기 소유의 와이너리를 운영하고 있는 와인 사업자면서, 유수의 와이너리를 순회하며 이른바 원포인트 레슨을 해주는 와인 제조 컨설턴

트이며, 냉철한 평가와 혹독한 비판을 아끼지 않는 유능한 와인 평론가로도 활동하고 있는 코타렐라는 업계에서 불리는 별명이 '마법사The Wizard'였습니다.

그는 탁월한 안목과 출중한 실력, 그리고 그에 못지않는 리더십과 강력한 실행력으로 잘못 운영되고 있는 와이너리에 투입되어 문제를 해결해주고 향후 개선 플랜을 짜주는 해결사로 이름이 높았습니다. 그 모습이 어찌나 신통방통하고 절묘했는지 마치 마법을 부리는 것 같다 하여 어느 때부터인가 그런 별명이 붙여진 것이었습니다. 그의 손길이 닿아서 부활한 와이너리는 프랑스의 1등급 샤토부터 시작해서 남부 이탈리아의 거의 버려져 있던 황

▲ 몬카로 포도밭

▲ 몬카로 셀러

무지 포도밭까지 다양했습니다.

그가 제시한 해결책도 포도 품종 교체부터 발효방식 변경, 병 모양 개선 및 병입 방법과 시기 조정까지 다양했지만, 한 가지 동일한 것이 있었습니다. 그것은 '조급해하지 않는 것', 즉 시간에 대해 솔직하고 겸손하게 기다릴 줄 아는 것이었습니다.

그에게는 '와인은 자연과 사람 그리고 시간이 만들어주는 것' 이라는 굳은 믿음이 있었습니다. 그런 그의 철학이 가장 잘 발현된 와인이 바로 네로네입니다. 네로네는 일단 제조 과정에서 시간이 오래 걸립니다. 숙성조에서 최소 15개월 이상 충분히 숙성시킨 후 병입을 하게 되는데, 병입을 한 이후에도 최소 1년 이상 숙성 기간을 둔 뒤 출시하게 됩니다. 그런데 본격적인 기다림은 그다음에 이어집니다. 테레 코르테지 몬카로가 설명한 자료나 홍보물을 보면 네로네는 10년 정도 두었다가 마시면 최고의 맛을 즐길 수 있다고 적혀 있습니다. 즉 사서 오늘 마시지 말고 10년 정도 잘 보관하면서 지켜보다가 결정적인 순간이 왔을 때 그때 개봉하라는 말이었습니다.

실제로 네로네 두 병을 구입하여 한 병은 바로 마시고, 다른 한 병은 10년까지는 아니지만 충분히 잘 보관해두었다가 열어서 마신 지인의 표현을 빌리자면 확실히 시간을 두고 마실 때가 훨씬 더 맛이 좋았다고 합니다. 사서 바로 마셨을 때는 약간 스파이시함이 두드러지고 느껴지는 과일의 맛과 향이 조금은 풋풋하고 상큼한 느낌이 강했다면, 5~6년 뒤에 연 와인은 그 모든 것이 적절하게 균형을 맞춘 맛과 향을 선사했다고 합니다. 물론, 지인께서는 '인내가 녹아 있는 시간의 맛'이라는 멋진 표현을 해주셨지만 말입니다.

'기다림'이라는
선물

한 가지 재미있는 이야기를 드리자면, 일본의 유명 수제 만년필 제작사 중 한 곳이 몇 년 전 고객들의 거센 항의 속에 하마터면 문을 닫을 뻔한 적이 있었다고 합니다. 이유는 놀랍게도 만년필이 너무 빨리 고객에게 배송되었기 때문입니다. 해당 만년필 제작사는 창업주가 연로하여 은퇴를 앞두고 있었습니다.

손주가 가업을 이어받기로 하면서 명맥은 이을 수 있게 되었는데, 젊은 손주가 회사 운영을 들여다보니 자신의 기준에서는 말도 안 되는 것들이 많았겠지요. 모든 부품을 하나부터 열까지 직접 만드는 데 그걸 미리 만들어 놓는 것도 아니고 만년필 한 개를 주문받을 때마다 일일이 손으로 깎고 구부리고 조여서 만드는 모습을 보면서 이런 것들을 효율화하면 보다 많은 만년필을 빨리 만들어서 고객의 손에 건네줄 수 있겠다고 생각했습니다.

효율화 작업을 통해 만년필 제작 기간은 획기적으로 줄어들었지만, 품질의 차이는 없었습니다. 고객들은 주문 이후 한 달 반은 걸려야 겨우 손에 넣을 수 있었던 만년필을 불과 2주면 받아볼 수 있게 된 것입니다. 게다가 제작 단가가 크게 줄어들어 미리 지불한 금액에서 적게는 수천 엔, 많게는 수만 엔을 돌려받을 수 있었다고 합니다. 그럼에도 불구하고 이 만년필 제작사는 일상 업무를 도저히 할 수 없을 정도로 고객들의 항의전화에 시달려야 했습니다. 왜 그랬던 것일까요?

항의 내용과 방식, 강도는 천차만별이었지만, 그들이 불만스럽게 여긴 것은 한결같았습니다. 그것은 바로 '왜 나의 기다림의 시간을 마음대로 빼앗아가 버렸냐?'였습니다. 그들에게 기다림은 고통의 순간, 어떻게든 줄이고 싶었던 순간이 아니라, 앞으로 손에 넣을 만년필에 대한 기대감을 높이는 기분 좋은 보너스 같은 것이었기 때문입니다.

산업화, 기계화가 이뤄지면서 과거에 비해 놀라운 속도로 비교할 수 없는 양의 재화를 생산해낼 수 있는 시대가 되었습니다. 저역시 사업을 할 때는 '어떻게 하면 남들보다 더 빨리 더 많은 금형을 깎아낼 수 있을까?'를 고민하는 것이 하루 일과의 대부분이었습니다. 그를 위해 더 숙련된 기능공을 뽑아보기도 했고, 기존에 운영하던 장비보다 훨씬 더 비싼 신형 장비를 과감하게 도입해보기도 했습니다. 이도 저도 안 되면 관리자들을 다그치고 똑바로 하라며 윽박지르기도 했지요.

물론, 산업에 따라 아직까지 획일적인 제품을 조금이라도 더빨리, 많이 만들어내는 것이 유일한 경쟁력인 경우가 있습니다. 직업에 따라 1시간에 몇 개의 작업을 더 처리해내느냐가 숙련과 비숙련을 가르는 유일한 기준인 경우도 여전히 존재합니다.

그러나 앞으로는 그런 분위기는 점점 더 바뀔 것 같습니다. 지금은 고인이 되었지만 전 세계 경영학계에 큰 울림을 주었던 석학 피터 드러커Peter Ferdinand Drucker는 자본주의 이후 지식사회에서 제일 중요한 것은 지식이라고 말했습니다. 육체노동자의 뒤를 이어 새로운 지배집단으로 지식근로자Knowledge workers가 등장할 것이라고 했죠. 하지만 이전 농민들은 쉽게 육체노동자가 될 수 있었지만, 육체노동자가 지식근로자가 되는 것은 쉽지 않을 것이라고 말했습니다.

작업 속도와 작업량으로 평가받던 육체근로자에 비해 지식근로자가 이뤄내는 성과의 핵심적인 경쟁력은 '작업의 질'과 '창의적인 개선'입니다. 물론, 짧은 시간 내에 질 좋은 작업과 창의적인 개선활동을 많이 해낼 수 있다면 금상첨화일 것입니다. 하지만 그런 일의 특성상 시간보다는 몰입의 정도와 접근하는 태도, 그리고 동원할 수 있는 정보의 양과 구해올 수 있는 주변의 지원에 의해 판가름 나는 경우가 대부분입니다. 조금은 시간이 더 들어가더라도 완벽한 산물을 만들어낸다면 같은 일을 어설프게 빨리 해낸 것보다 훨씬 더 임팩트 있는 성과를 만들어낼 수 있습니다.

그런 점에서 오늘은 와인을 드시라고 권하지 않으려고 합니다. 뭔가 조급한 마음이 들 때, 남들은 다들 뭔가 하나씩들 하는 것 같은데 나만 뒤처지고 있는 것은 아닌가 하는 조바심이 들 때, 오래 되지 않은 빈티지의 네로네 한 병을 구해 눈에 잘 띄는 적당한 장소(대신 빛과 온도, 바람의 조건도 따져 봐야겠죠)에 올려두는 건 어떠실까요?

"그래, 앞으로 시간을 타고 잘 익어가라. 나도 내 하는 일에 조금 더 매달려볼 테니!"

배포 좋게 한소리 하면서 말이죠. 그리고 언젠가 열어서 마시게 될 네로네의 익어가는 모습을 바라보며 조급한 마음을 한 템포 죽이고, 일본의 수제 만년필처럼 '조금은 시간이 걸리더라도 남들이 따라오지 못할 성과를 만들어내는' 그런 명품으로 나를 가꿔가는 겁니다.

Wine Friends' Note

◆ 네로네(Nerone)

와이너리(Viña)	몬카로(Moncaro)
포도 품종(Uva)	몬테풀치아노(Montepulciano) 100%
생산지역(Región)	이탈리아(Italia), 마르케(Marche)
와인 스타일 (Estilo de Vino)	맑은 루비-레드 컬러가 인상적이다. 체리, 잘 익은 붉은 과일과 오크 향, 바닐라 향의 아로마, 중간 정도의 산미와 미디엄 풀보디 정도의 적당한 보디 감이 인상적이다. 적당히 숙성된 와인은 비단결 같은 탄닌의 우아함과 탄 탄한 구조감과 깊이감으로 응집력이 뛰어나고, 며칠간 생각나는 긴 여운이 남는 고급 와인이다.
등급(Grado)	DOCG
도수(Contenido Alcohólico)	14.5%
어울리는 음식(Maridaje)	모든 육류 요리와 파스타

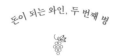

Back to Nature,
자연으로 돌아가라

자연의 힘에 대한 신뢰를 바탕으로, 쉽게 변치 않을 맛과 향을 만들어가는

로카 스베바 아마로네 델라 발폴리셀라 리세르바 DOCG

(Rocca Sveva Amarone della Valpolicella Riserva DOCG)

_ 칸티나 디 소아베(Cantina di Soave)

중년 남성들의 로망이 담긴
영화 한 편

2020년 봄부터 심각해진 코로나 시국은 영화계에 재앙과도 같았습니다. 폐쇄된 공간에서 여러 사람이 함께 짧게는 1시간 30분에서 길게는 3시간 가까이 머물러야 하는 환경상 코로나 방역에 취약하다는 느낌을 줄 수밖에 없었습니다. 때문에 한국영화, 외국영화 가릴 것 없이 매년 최대 관객수를 갱신하며 전성기를 누리던 극장가는 크게 휘청거릴 수밖에 없었습니다.

하지만 그런 가운데에서도 좋은 점은 있었습니다. 그것은 평상시였다면 극장에서 접하기 어려웠던 영화들을 작은 상영관에서나마 접할 수 있게 된 것입니다. 천만 관객을 바라보는 대형 블록버스터가 극장에 걸리면 여러 개의 상영관에서 상영되었고, 심할 때는 거의 80%에 가까운 스크린을 독점하면서 찾는 이가 상대적으로 적은 작품성 있는 저예산 영화, 독립영화, 예술영화들은 평일 조조나 심야시간대를 제외하고는 상영관을 배정받기 어려웠습니다. 심지어 단 한 회차만 상영하고는 바로 막을 내리는 경우도 비일비재했죠.

그러나 코로나19 상황이 갈수록 심각해지고, 극장을 찾는 관객수가 급감하면서 천대받던 저예산 영화, 독립영화, 예술영화들이 오히려 상영관 배정에 유리해지는 아이러니한 상황이 발생한 것이죠. 쉽게 일반화하기는 어렵지만, 블록버스터급 인기영화를 보기 위해 극장을 찾는 관객들 중 상당수는 영화 애호가와는 거리가 있어 영화 대신 다른 오락거리를 찾거나, 극장 대신 다른 영상 매체(예를 들면 넷플릭스, 디즈니 채널 등의 OTT)를 찾아갔습니다. 반대로 관객층의 상당수가 영화 애호가 또는 그를 뛰어넘는 마니아에 가까운 이들이 많았던 저예산, 독립, 예술영화 팬들은 꾸준히 극장을 찾았기 때문입니다.

결국 극장들은 앞다퉈서 괜찮은 시간대에 해당 영화들을 배정하고, 심지어 이벤트 성격의 예술영화제를 개최하거나, 기존(코로나19 시국 이전)에 다른 대형작에 밀려 개봉의 기회를 부여받지 못했던 영화들까지 다시 재상영하는 등 다양한 시도를 하게 되었습니다. 그러한 흐름 덕분에 다시금 빛을 보게 된 영화가 한 편 있었으니, 한국 제목은 〈와인 패밀리〉이고 원제는 〈From the Vine〉인 2019년 캐나다와 이탈리아 합작영화입니다.

영화 〈와인 패밀리〉의 줄거리는 다음과 같습니다. 법률가 출신으로 캐나다의 자동차 회사 CEO로 승승장구하던 마르코 젠틸레 Marco Gentile(조 판톨리아노 분)는 회사의 미래 전략을 인류의 삶에 보다 긍정적으로 기여하는 방향으로 바꾸겠다고 발표합니다. 그러나 이윤의 극대화만을 추구하던 이사회의 반대에 부딪히고, 결국 그는 CEO 자리에서 물러나게 됩니다. 기왕 그렇게 된 김에 그는 자신의 고향이자 할아버지와의 추억이 남아 있는 이탈리아 아체렌자로 돌아가 와인을 만들겠다고 생각하게 됩니다. 이미 어린 시절에 떠나온지라 와인 제조에 대해 아무런 지식이나 경험도 없었고, 가족들의 극심한 반대에 부딪혔지만, 그는 꿋꿋하게 자신의 생각을 실행해 나갑니다.

어린 시절 헤어졌던 친구의 도움을 받아 포도 수확을 도울 농부들을 구하고, 집에 몰래 들어와 살고 있던 노숙자를 설득해 와인 숙성에 필수적인 오크통을 구하기도 합니다. 대도시에 살 때는 관계가 소원했던 아내와 딸이 그를 설득해 캐나다로 데려가기 위해 와이너리를 찾아오지만, 오히려 그녀들이 와이너리의 매력적인 삶에 빠져들게 됩니다. 결국, 우여곡절 끝에 주인공 마르코 젠틸레는 할아버지의 와이너리도 살리고, 가족과의 사랑도 재확인하게 된다는 해피 엔딩 스토리입니다.

조금은 뜬금없지만, 우리의 미래를 위해 중요한 이야기

그런데 영화 속 마르코 젠틸레가 수십 년간 몸 담아오던 회사에서 쫓겨나게 된 장면이 인상적이었습니다. 그는 그다지 큰 경영상의 실수를 하지도, 도덕적 문제를 일으키지도 않았지만, 이사회에서의 발표 자료 하나 때문에 옷을 벗게 되었습니다. 그가 발표한 내용은 '미래 세대를 위한 우리의 책임', '보다 지속적인 성장을 위한 계획'이었습니다. 최근 몇 년간 'ESG 경영', '지속가능경영Sustainability' 등의 이름으로 많은 사람의 주목을 받고 있는 바로 그 내용이었습니다.

1983년 UN총회에서는 장기적인 지구환경보전전략 수립을 목적으로 세계환경개발위원회라는 상설기구를 설립했습니다. 그리고 그 위원회에서는 1987년 〈우리의 미래Our Common Future〉라는 보고서를 발간했는데, 그 책자에는 미래 세대에게 주어질 것들을 훼손하거나 고갈시키지 않으면서도 현재 세대가 원하는 것들을 충족시키는 형태의 발전을 뜻하는 '지속가능한 발전^{Sustainable Development}'라는 단어를 사용했습니다. 그 보고서가 수많은 국가의 지식인, 학자와 혜안을 보유한 경영자의 지지를 받게 되면서 전 세계적으로 확산되었고, 넓은 공감대를 형성하게 되었습니다.

이후 그 보고서를 바탕으로 경제적, 사회적, 환경적 책임을 3대 축으로 한 지속가능한 발전의 개념이 정립되었습니다. 지속가능 발전의 세 가지 측면과 기업을 결부시켜 기업이 환경, 경제, 사회 전 분야에서 지속적인 발전을 위해 노력하는 동시에 경영에 따르는 리스크를 최소화해서 주주 및 기업 가치를 제고시키는 활동을 뜻하는 단어로 '지속가능 경영^{Corporate Sustainability Management}'이라는 화두가 대두되기 시작했습니다. 그리고 지속가능 경영의 개념은 한때의 트렌드가 아닌 모든 국가, 사회, 인류가 공동으로 관심을 갖고 지켜야 할 하나의 경영 원칙으로 자리 잡게 되었습니다.

물론, 처음부터 그랬던 것은 아닙니다. 가격 경쟁력이 기업의 성패를 좌우했던 1980년대 무렵이나, 기술개발과 서비스 향상에 사활을 걸었던 1990년대까지만 하더라도 기업과 그를 경영하던 최고경영자들은 눈에 보이는 이득이나 손에 잡히는 유형자산을 조금이라도 더 늘리기 위해 수단과 방법을 가리지 않았습니다. 그런 그들에게 지속가능 경영은 먼 미래에나 가능한, 혹은 생각 속에만 존재할 뿐 실천할 의지는 없는 그런 개념이었습니다. 그랬던 것이 정보화 사회가 도래하여 인터넷 통신 등 의사소통의 장이 다양해지고, 사람들의 적극적인 의견 개진과 그로 인해 생성된 여론이 힘을 발휘하여 기업의 존폐를 흔들어 놓는 사례가 빈번해지면서 기업들도 시대가 바뀌었음을, 그리고 이제는 지속가능 경영에 대해 다르게 생각하고 실천해야 할 시대가 도래했음을 깨닫게 되었습니다.

UN에서 재정한 지속가능한 발전의 개념으로부터 생겨난 것이 지속가능 경영이기에, 그를 이루는 세 개의 축 역시 지속가능 발전의 세 축과 맥을 나란히 합니다. 지속가능 발전의 세 축 '경제발전', '환경보전', '사회발전'에 대응하여 지속가능 경영은 '기업의 경제적 책임', '기업의 환경적 책임' 그리고 '기업의 사회적 책임'이라는 세 개의 바퀴로 달려나가는 자전거와도 같습니다.

먼저, 기업의 경제적 책임은 기업을 구성하는 핵심적인 요소인 고객, 주주, 종업원에 대한 책임을 다하는 것을 말합니다. 기업이 경영활동을 하며 탁월한 제품과 서비스를 만들어내서 고객에게 지불한 비용 이상의 만족감을 제공하고, 수익을 내서 투자한 주주들에게 이익을 배당하며, 고용한 직원들에게 적절한 보상을 해주는 것은 어찌 보면 기업활동의 근본이라고 할 수 있습니다.

그러나 현실적으로는 그러한 활동이 제대로 이뤄지지 못하는 경우가 빈번합니다. 이문을 많이 남기기 위해 값싼 재료로 불량한 제품을 만든 뒤 포장만 그럴듯하게 해서 고객의 눈을 속인다거나, 주주에게 돌아가야 할 이익을 몇몇 경영자 또는 오너가 독점한다거나, 부산 지역의 모 탁주회사의 사례처럼 노동에 비해 값싼 급여와 열악한 복리후생을 제공한다거나 하는 형태로 말이죠. 모두가 기업의 경제적 책임을 등한시한 결과입니다.

기업의 환경적 책임은 우리가 살고 있는 땅, 우리가 활용하고 있는 자원이 단순히 우리 세대만의 것이 아닌 미래 세대의 것임을 깊이 인식하고, 잠시 그들의 것을 빌려 사용하는 것이니만큼 소중히 아껴 쓰고 고이 물려줘야 한다는 사실을 잊지 않는 것으로부터 시작합니다. 소극적인 의미로는 기업이 자리 잡고 있는 지역의 환경을 오염시키지 않거나, 생산활동을 하며 오염물질을 최소화하는 것 등을 의미하고, 더 적극적인 의미로는 환경 개선 활동에 기업이 보유한 역량을 제공하는 것을 의미합니다. 유한킴벌리가 1984년부터 꾸준히 펼쳐오고 있는 나무를 심고 숲을 가꾸는 캠페인인 '우리 강산 푸르게 푸르게'가 대표적인 사례라고 할 수 있습니다.

기업의 사회적 책임은 작게는 기업이 자리 잡고 있는 지역의 주민과 그 시야를 조금 더 넓혀 동시대를 함께 살아가고 있는 시민사회에 대한 책임 있는 역할을 하는 것을 말합니다. 2000년대 초반부터 유행하는 '1사 1촌 운동'이 전형적인 기업의 사회적 책임활동이라고 할 수 있습니다. 기업 하나와 농어촌의 마을 하나가 자매결연을 맺고 기업이 농번기에 자원봉사를 통해 일손을 보탠다거나, 직거래 장터 개설을 통해 농산물 판매에 일조하는 등의 형태로 지역사회에 기여하는 '1사 1촌 운동'은 현재까지도 기업과 지역사회 양쪽 모두로부터 큰 호응을 받으며 계속되고 있습니다. 이러한 지속가능 경영을 위한 노력은 와인 업계라고 예외는 아니었습니다.

비바! 와인을 마실수록
환경이 살아납니다

볼로냐에 자리잡고 있는 이탈리아 국가 인증기관인 CCPB에서는 비바VIVA라고 하는 인증제도를 운영하고 있습니다. '발루타치오네 델림페토 델라 비티콜투라 술람비엔테Valutazione dell'Impatto della Viticoltura sull'Ambiente의 약자로 우리말로 번역하자면 '포도 재배가 환경에 미치는 영향 평가' 정도가 되겠습니다. 이들은 세부적인 지침과 요구조건 등을 통해 와이너리가 와인을 생산하는 데 있어 환경을 훼손하면서 포도를 재배하고 있지는 않은지, 부당한 노동력(예를 들어 어린이나 불법 이민자 등)을 활용해 작업하고 있지는 않은지, 와인을 제조하는 과정에서 부적

절한 첨가물 등을 사용하거나 불필요한 과정들을 추가하지는 않
는지, 심지어 포도밭을 포함한 와이너리의 외관 등이 농촌의 경
관과 주변 마을의 문화재와 잘 어울리는지 등을 꼼꼼하게 살펴
'VIVA 지속가능 와인' 인증을 발급하고 있습니다.

칸티나 디 소아베는 그러한 VIVA 지속가능 와인 인증을 획득한
대표적인 와이너리일 뿐만 아니라 인증 획득을 위해 필요한 작
업들을 치밀하게 잘해오고 있어, 해당 인증을 획득하려는 수많은
신흥 와이너리들이 벤치마킹을 하기 위해 하루가 멀다 하고 방문
하는 와이너리로 유명합니다.

이탈리아 북동부 베네토^{Veneto} 지방 농촌 마을인 발폴리첼라는

▲ 칸티나 디 소아베 와이너리

유명한 휴양지이기도 한 가르다^{Garda} 호수를 끼고 있어 자연 풍광이 아름답기로 유명합니다. 험준한 산들 사이에 깊고 아늑한 계곡들이 자리 잡고 있고, 그 계곡에서 흘러내린 물은 가르다 호수로 모였다가 인근 마을에 맑고 깨끗한 용수를 제공하고 있습니다.

이러한 천혜의 환경 속에서 칸티나 디 소아베는 탄생했습니다. 100여 년이 넘는 역사 속에서 화려하거나 두드러지지는 않지만 늘 기대 이상의 수준 높은 맛과 향의 작품들을 생산해냈습니다. 탁월하면서도 개성 넘치는 맛과 향의 와인을 제공해오던 칸티나 디 소아베는 그런 역사적 전통을 바탕으로 최근 새로운 도약을 모색하고 있습니다. 앞서 말씀드렸던 'VIVA 지속가능 와인 인증'과 그를 위한 다양한 노력들이 바로 그것입니다. 자신들의 와이너리 홈페이지의 가장 잘 보이는 곳에 '환경에 대한 자세^{Green Attitude}' 섹션을 고정시켜두고, 자신들이 얼마나 환경을 생각하며 와인을 만들고 있는지에 대해 상세하게 설명하고 있습니다. 생산, 판매하는 와인에 대한 설명보다도 더 잘 보이는 곳에 해당 섹션을 배치하였으니, 그들의 진정성은 더 말하지 않아도 될 것 같습니다. 이러한 노력을 통해 1898년도에 칸티나 디 소아베는 지나온 100년보다 앞으로의 100년이 더 기대되는 '오래 갈^{Sustainable}' 와이너리로 인정받고 있습니다.

우리가 흔히 쓰는 속담으로 '개같이 벌어 정승같이 쓴다'가 있습니다. 어떤 이는 정승처럼 떵떵거리고 살려면 개처럼 발발거리

▲ 칸티나 디 소아베 셀러

고 돌아다니면서 천한 일, 궂은 일 마다하지 말고 열심히 해야 한다는 뜻으로 해석하기도 합니다. 또 어떤 이는 돈을 벌 때는 험하고 천하게 벌었더라도 쓸 때만큼은 훌륭하고 값지게 써야 한다는 뜻으로 해석하기도 합니다. 어찌 되었든 돈을 벌 때와 쓸 때 보이는 모습이 달라야 한다 혹은 달라도 된다는 것을 전제로 깔고 말하는 속담입니다.

과거에는 그런 방식이 통했습니다. 돈을 벌기 위해서 제대로 된 시급을 지불하지 않고 아르바이트생을 마구 부려도, 원산지 표기가 제대로 되지 않은 식재료를 써도, 장사나 사업을 하는 과정에서 발생한 폐기물이나 오폐수를 적당히 아무 데나 갖다 버려

인생 와인

도 돈만 벌면 장땡이던 시절이 있었습니다. 혹은 그렇게 해서 번 돈으로 그럴듯한 회사 사옥을 짓거나, 광고를 통해 적절히 포장하거나, 어려운 이들에게 기부를 조금 하면서 '개같이 번' 일들을 슬그머니 덮는 그런 시절이 있었습니다.

그러나 이제는 시대가 바뀌었습니다. '착한 소비', '공정무역', '공정여행', '윤리적 소비', '안전 식품' 등 소비자가 소비 단계가 아닌 생산단계, 그 과정마다 제대로 올바르게 하였는지를 묻고 따지는 시대가 되었습니다. 어린아이에게 노동을 시킨 세계적 스포츠 브랜드가 한동안 불매운동에 휘말려 주가가 휘청였던 일, 무분별한 동물실험에 반대하는 이들의 시위로 생산이 중단된 화장품 업체, 회사 대표가 언론에 등장해 자신들의 제품이 어떻게 만들어지고 있고, 얼마나 올바른 물질로만 만들어지는지를 세세하게 브리핑하는 것이 그다지 신기하거나 희귀한 일이 아닌 세상이 되었습니다.

오늘 밤, 칸티나 디 소아베를 대표하는 자연친화적인 와인 중 하나인 로카 스베바 아마로네 한 병을 열고, 돈을 벌고 성공을 하되 좀 더 주위와 함께, 남들 눈에 눈물 나지 않게 하면서도 오래도록 지속할 수 있는 부와 성공을 거머쥘 방법에 대해 고민해 봐야 할 것 같습니다.

친구들의 와인 노트
Wine Friends' Note

♦ **로카 스베바 아마로네 델라 발폴리첼라 리세르바 DOCG**
(Rocca Sveva Amarone della Valpolicella Riserva DOCG)

와이너리(Viña)	칸티나 디 소아베(Cantina di Soave)
포도 품종(Uva)	코르비나(Corvina) 70% 론디넬라(Rondinella) & 몰리나라(Molinara) 30%
생산지역(Región)	이탈리아(Italia), 베네토(Veneto), 발폴리첼라(Valpolicella)
와인 스타일 (Estilo de Vino)	강렬한 석류의 깊고 진한 루비 레드색의 와인으로, 건포도, 바닐라, 야생 베리, 체리, 열대 과일 등의 강렬한 과일 향이 특징적이다. 드라이한 탄닌이 매우 강한 인상을 주는 반면 훌륭한 밸런스 덕분에 깨끗한 맛과 향이 긴 피니시를 안겨주는 풀보디 와인이다.
등급(Grado)	DOCG
도수(Contenido Alcohólico)	15%
어울리는 음식(Maridaje)	소, 양고기 또는 육향이 짙은 산짐승 요리 또는 치즈류

인생 와인

고향이 어디인지는
중요하지 않다

다양한 시도와 새로운 접근으로 착실하게 미래를 준비하고 있는

플라허티 리미티드 프로덕션(Flaherty Limited Production)

_ 플라허티(Flaherty)

나이가 밥 먹여주던 시대,
그것도 아주 많이, 잘

과거, 아니 오래전으로 거슬러 올라갈 것도 없이 얼마 전까지만 해도 '경험'과 '연륜'은 가장 강력한 사회적 무기였습니다. 농업이 우리가 먹고살기 위해 선택할 수 있는 거의 유일한 산업이었던 시절, 매년 언제 논에 물을 대고, 밭에 씨를 뿌리고, 수확할 것인지를 결정하는 일은 거의 생과

사를 가를 정도로 절실하면서도 중요한 일이었습니다. 자연스럽게 그 '결정'을 제대로 할 수 있는 이에게 권력이 집중되었습니다.

한때는 길흉화복과 자연의 섭리에 대해 점을 치는 사람들이 권력을 잡았던 적도 있습니다. 그러나 대부분의 문화권이나 지역에서는 일반적으로 그 마을에서 가장 나이가 많은 이에게 결정권이 주어졌고, 그들이 권력을 독점했습니다. 자연은 변화무쌍한 듯하지만, 길게 보면 매년 계절의 변화에 따라 일정한 패턴으로 움직이기에 보다 오래, 자주 그 변화를 경험한 이들의 경험과 지식은 분명 무시하지 못할 무기였습니다. 그 무기로 연장자들은 농경시대 사회의 권력을 독점할 수 있었습니다.

뒤늦게 태어난 젊은이들은 힘은 있었지만 경험과 지식이 부족했기에 나이 많은 이들에게 의사결정의 권한과 집단을 다스릴 수 있는 권력이 집중될 수밖에 없었습니다. 젊은이들이 그를 극복하고 싶어도 이는 개인의 노력으로 되는 것이 아니라 시간의 흐름에 따라 결정되는 일이기에 체념하고 연장자를 공경하고 따르며 살 수밖에 없었고, 나이를 먹고 늙어서까지 안 죽고 살아남아 권력을 손에 쥐기를 기대하는 것밖에 방법이 없었습니다.

그런 영향 때문일까요? 아들이 아버지만 못하고, 동생이 형만 못하고, 부하가 상사만 못하며, 후배가 선배만 못하리라는 것이 우리의 오래된 믿음이자 고정관념이었습니다. 그랬기에 형, 상사, 선배가 후배보다 나은 모습을 보이는 것에 대해 이야기한 속담이나 우화, 고사성어는 극히 드뭅니다. 너무 당연한 얘기여서겠지요. 반면, 아들, 동생, 부하, 후배가 더 나은 모습을 보이는 것에 대해서는 온갖 재미있는 일화, 절묘한 속담, 신박한 고사성어들이 난무합니다.

쪽풀에서 뽑아내서 만든 파란색 물감이 정작 원재료가 되는 쪽풀의 색깔보다도 더 짙고 푸른 모습에 빗대 '제자가 키워준 스승보다 더 나은 학문적 업적을 보여줄 때'를 뜻하는 사자성어로 흔히 사용되는 '청출어람靑出於藍',《논어論語》〈자한편子罕篇〉에서 유래한 말로 '후배들은 아직 젊고 열정이 넘치므로 계속해서 학문을 익히고 덕을 쌓으면 선배들이 가히 두려워할 만한 존재가 될 것'임을 이야기한 사자성어 '후생가외後生可畏' 등이 대표적입니다. 이보다 조금 덜 쓰이기는 하지만 '장강후랑추전랑長江後浪推前浪 세상신인간구인世上新人趕舊人'이라는 말도 있습니다.

중국 명청 교체기에 정세가 극히 혼란했던 시기, '살아남기 위한 처세'를 모아 놓은 명나라판 자기계발서의 일종인《증광현문增廣賢文》에 실려 있던 글인데, '장강을 뒤따르는 물결이 앞서 흘러가던 물결을 밀어내고, 세상에는 새 사람(신세대 혹은 젊은 사람)이 옛사람을 대신하네' 정도로 풀이할 수 있습니다.

그런데 그런 사고방식, 고정관념들이 바뀌고 있습니다. 산업구조가 변하여 살아온 시간, 나이를 기반으로 축적된 경험과 경륜에 기대야 했던 농업의 중요성과 전체 산업에서의 비중이 극도로 줄어들었습니다. 대신 인터넷 혁명이라고까지 표현되는 정보통신 기술의 발달로 필요한 정보는 언제 어디서라도 쉽게 구할 수 있게 되었습니다. 업종에 따라서는 20대 신입 직원이 50~60대의 숙련된 선배 직원보다 더 유용한 정보를 훨씬 빨리, 많이 확보할 수 있는 시대가 된 것입니다.

역사와 전통을 중시해, 어떤 품종과 어떤 품종을 조상으로 하는 포도나무가 심어져 있고, 누구누구의 후손인 상속자가 와이너리를 소유하고 있으며, 누구 밑에서 배운 사람이 양조를 담당하고 있는지를 철저하게 따지는 와인 산업에 있어서도 그런 변화가 일어나고 있습니다.

카약을 타고 온
자유로운 영혼들

미국 캘리포니아 출신인 에드워드 플라허티Edward Flagerty와 제니퍼 후버Jennifer Hoover는 연인 사이였습니다. 두 사람은 모두 손으로 노를 저어 배를 조종해 빠른 물살을 타거나 넓은 강을 유유자적 주유하는 카약을 취미로 갖고 있었는데, 풍광이 아름답고 물살이 다채롭기로 유명한 로아강Río Loas과 비오비오강Biobio에서 카약을 즐기기 위해 칠레에 왔습니다. 그리고 체류 비용을 벌기 위해 아콩카구아 계곡에 있던 포도밭에서 수확하는 일을 돕게 되었습니다. 1993년도의 일이었습니다. 목적은 어디까지나 카약을 즐기는 것이었기 때문에 처음에는 필요한 여행경비만 채워지면 곧바로 일을 그만둘 예정이었습니다. 때문에 특정 시기에만 반짝 일하면 목돈을 벌 수 있는 포도 수확일을 택한 것이었죠. 그러나 운명은 그들 둘을 전혀 다른 길로 몰아갔습니다.

포도를 수확하여 와인으로 양조하는 일에 에드워드 플라허티가 푹 빠져 버린 것이었습니다. 그 좋아하던 카약 타는 일도 잊어 버릴 정도였습니다. 캘리포니아 출신이었기에 와인에 대해 어느 정도 이해는 하고 있었지만, 와인을 즐기는 일반적인 소비자 수준이었습니다. 그랬던 그가 일과 중에는 포도를 따고 손질하며 시간을 보냈고, 밤이면 양조 전문가들을 찾아다니며 와인 제조 기술에 대해 묻고 배웠습니다. 다른 길로 빠져들기는 제니퍼 후버도 마찬가지였습니다. 그녀는 풍요로운 칠레의 산물을 재료로 자연의 맛과 향이 그대로 살아있는 요리를 만들고 싶어 했습니다. 재료 손질법을 배우고, 남미 전통의 요리법을 익히느라 그녀 역시 손에서 카약 노를 놓아 버린 지 오래였습니다.

결국 그들은 칠레에 완전히 정착해 와인 산업에 뛰어들게 되었습니다. 에드워드는 이후 수년간 코노 수르Cono Sur, 에라주리즈Errázuriz, 타라파카Tarapacá 등 칠레를 대표하는 와이너리에서 일하며 와인을 만들었습니다. 캘리포니아에서 온 이방인이었지만 진지한 태도로 와인에 미쳐 있었던 그의 모습에 완고하고 고루했던 와인 기술자조차 마음을 열고 성심성의껏 기술을 전수해주었습니다. 10여 년간 거의 포도와 와인에 푹 빠져 있었던 에드워드 플라허티는 2004년 드디어 자신의 이름을 내걸고 자신만의 와인 생산에 착수했습니다. 플라허티 와이너리^{Flaherty Winery}의 시작이었습니다.

시작은 했지만, 어려움이 많았습니다. 칠레는 전통적으로 소수의 대기업이 대다수의 와이너리를 보유하고 와인을 생산해왔습니다. 규모부터 차원이 달랐고 들어가는 인력의 수준과 생산된

▲ 플라허티 부부

인생 와인

와인을 판매하는 영업과 마케팅 실력 역시 비교가 불가능했습니다. 10여 년간 다양한 와이너리와 함께 일하며 업계 최고 수준의 와인 제조 기술자로 평가받고 있기는 했지만, 그것만으로는 부족했습니다. 캘리포니아에서 온 이방인이라는 것도 약점으로 작용했습니다. 워낙에 칠레 자체가 외부에서 들어온 자본, 기술로 많은 와인이 만들어지던 곳이라 유럽의 유서 깊은 지역보다는 조금 덜하다고는 하지만, 그래도 텃세는 있었습니다. 형보다 나은 아우, 청출어람 하기엔 너무나도 힘든 환경이었죠. 그러나 시대는 변하고 있었습니다. 그리고 에드워드 플라허티는 '두려워할 만한 후배', '쪽풀보다 더 푸른 물감'이었죠.

2004년 1,200병의 와인을 생산하며 첫발을 내디딘 플라허티는 규모를 늘리는 대신 자신만의 특색 있는 와인을 만들어내는 데 집중했습니다. '최고의 와인을 최고의 고객에게 선사한다'를 모토로 내걸고 상류층 고객의 입맛에 맞춘 고급스러운 맛과 향을 만들어내기 위해 노력했습니다.

시라 품종을 베이스로 해서 다섯 종류의 품종을 조화롭게 블렌딩해 만든 플라허티의 와인은 '블렌딩 와인의 새로운 역사와 기준이 될 만한 와인'이라는 극찬을 받으며 평론가와 일반 소비자 모두를 만족시키는 와인으로 떠올랐습니다. 와이너리가 안정되면서 수천 병대에 머물러 있던 생산량도 급증하여 현재는 매년 4만 병 이상을 생산해내고 있지만 당분간은 생산량을 늘릴 계획이 없습니다. 또한, 대기업 집단이 독점하고 있는 영업 및 판매망을 뚫기 위해 2009년도에는 자신과 같은 소규모 포도주 생산자 11명을 규합해 MOVI^{Movement of Independent Winemakers}(자영 포도주 상인 협회)이라는 설립했습니다. 이로써 대기업에 맞서 원하는 곳에 판로를 개척할 수 있는 발판을 마련할 수 있었습니다.

싸움은 덩치로 하는 게 아니다, 나이로 하는 것도 아니고

칠레 와인 업계에서 뼈가 굵은 덩치 큰 선배들이나 고참들은 생각지도 못한 플라허티의 참신한 시도는 여기에서 그치지 않았습니다. 매년 11월 플라허티를 포함한 MOVI의 멤버들은 칠레의 수도 산티아고에서 'MOVI의 밤^{MOVI night}'이라는 시음 행사를 개최했습니다. 대기업이 주인인 대형 와이너리를 중심으로 지역을 방문한 소비자들에게 와인 시음 기회를 주거나, 시내 백화점이나 대형 주류 매장에 입점할 때 와이너리 단독으로 시음 행사를 개최하는 일은 일상적이었습니다. 그러나 소규모 판매자 협회에서 대도시의 공간을 빌려 축제 형식으로 시음 행사를 적극적으로 개최하는 일은 매우 드문 일이었습니다. 그들은 이 행사를 통해 칠레 곳곳에 있는 특색 있는 작은 와이너

인생 와인

▲ 플라허티 포도밭

리들을 홍보하고, 이색적인 칠레의 지역문화까지 널리 알려지도록 하였습니다.

플라허티의 안주인 제니퍼의 활약 역시 만만치 않았습니다. 역사와 전통, 관련된 역사적 스토리, 유명한 인물들과의 관계 등 마케팅 소구점이 많은 오래된 유럽 와이너리에 비해 비교적 젊고 (따라서 역사랄 것이 없고), 와인과 관련된 문화도 덜 성숙되어 있고, 마케팅에 활용할 만한 유명한 인물과의 연관성도 찾아보기 힘든 칠레의 와이너리가 경쟁에서 우위를 찾을 수 있는 부분은 덜 오염된 자연, 와인에 대한 너그러운 태도, 그리고 직접 체험해볼 수 있는 환경이라고 생각했습니다.

그녀는 플라허티의 와인과 어울리는 요리를 개발하는 데 매진 했습니다. 아콩카구아 계곡 인근 지역의 특산물인 맛 좋은 돼지 고기와 알이 굵은 달팽이를 사용한 요리와 키위, 체리, 레몬 등 현지에서 재배한 신선한 과일을 사용한 다양한 디저트를 개발했 습니다. 덕분에 플라허티를 방문하는 손님들은 간단한 핑거푸드 정도의 안주에 와인을 시음하는 것이 아니라, 제대로 된 코스 요 리를 즐기며 와인을 충분히 음미할 수 있게 되었습니다.

그에 더해 다양한 투어 프로그램도 만들었습니다. 에드워드와 제니퍼 두 사람 모두 관광객으로 처음 칠레에 왔다가 그대로 정 착한 경우였기 때문에 포도밭이나 양조장을 처음으로 방문한 관 광객들이 무엇을 가장 보고 싶어 하고, 어떤 것이 가장 궁금하며, 무슨 작업을 체험해보고 싶어 할지를 너무나도 잘 알았습니다. 제니퍼는 그런 취향에 맞춰 다양한 체험을 할 수 있는 투어 프로 그램을 만들어 전 세계에서 몰려든 관광객들을 유치했습니다.

프로그램에 참여한 이들은 단 몇 시간부터 길게는 며칠까지 플라허티 와이너리 곳곳을 체험하고 제니퍼가 만든 음식과 그 에 기가 막히게 어울리는 와인을 경험할 수 있었습니다. 음식과 와인이 기가 막히게 어울릴 수밖에 없었던 것은 요리의 조리 방 법이나 소스의 종류, 재료의 익힘의 정도 및 서빙 순서까지 모든 것이 같이 겸하는 플라허티 와인의 맛과 향을 극대화하도록 고 안되었기 때문입니다.

비싼 참가비를 내고 프로그램을 경험한 관광객들은 선물용으로 몇 병씩 사 가는 것은 물론, 자신들의 나라로 돌아가서 자발적으로 플라허티 와인의 홍보대사가 되었습니다. 플라허티는 극히 적은 양의 와인을 생산하는 부티크 와이너리이고, 칠레의 다른 대기업 소유 와이너리처럼 광고 및 마케팅에 대규모 투자를 하지 못합니다. 그럼에도 불구하고 입소문을 통해 전 세계 와인 소비자들 사이에서 '작지만 매운 고추' 같은 탄탄한 실력을 갖춘 와이너리로 인정받고 있습니다.

오늘 혹시 실력이 아닌 나이로 밀어부치려 하는 이에게 시달렸거나, 품질과 내용이 아닌 양과 덩치로 승부를 겨루려는 이들을 만났다면 플라허티의 와인 한 병을 열어보는 것은 어떨까요?

'이봐, 세상은 이미 변하고 있다고!'
'이제는 나이순이 아니라 실력순인 세상이라고!'
'이 와인을 봐, 칠레에서 온 이 와인이 그걸 증명한다고!'

이렇게 속으로 분풀이라도 하면서 말이죠.

친구들의 와인 노트

Wine Friends' Note

♦ 플라허티 리미티드 프로덕션(Flaherty Limited Production)

와이너리(Viña)	플라허티(Flaherty Winery)
포도 품종(Uva)	시라(Syrah) 64% 카베르네 소비뇽(Cabernet Sauvignon) 24% 쁘띠 베르도(Petit Verdot) 6% 쁘띠 시라(Petit Syrah) 3% 템프라니요(Tempranillo) 3%
생산지역(Región)	칠레(Chile), 아콩카구아 밸리(Aconcagua Valley)
와인 스타일 (Estilo de Vino)	진한 보라색 컬러로 오크 향, 가죽 향과 더불어 체리, 박하, 바나나, 복숭아 등 다양하고 풍부한 꽃향기가 압축적으로 모여 있으며, 세련된 맛과 향의 피니시가 긴 풀보디 와인이다. 칠레 명품 와인으로 한정 생산된다.
등급(Grado)	리미티드 에디션(Limited Edition)
도수(Contenido Alcohólico)	14.6%
어울리는 음식(Maridaje)	붉은 육류로 만든 스테이크, 맛과 향 모두 묵직한 치즈

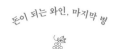
두 눈을 비비고
다시 한번 바라보라

어제와 다른 오늘, 오늘과 다른 내일이 기대되는
상세르 블랑 '레샤세느'(Sancerre Blanc 'Les Chasseignes')
상세르 루즈 '라 크루아 르노'(Sancerre Rouge 'La Croix Renaud')
_비뇨블 베르티에(Vignobles Berthier)

여기저기서 만나게 되는
붉은 여왕

아마도 어린 시절 《이상한 나라의
앨리스Alice's Adventures in Wonderland》라는 동화책을 안 읽은 분들은 거
의 없을 겁니다. 책으로 읽지 않았다 하더라도 주말 아침이면 TV
에서 틀어주던 디즈니 만화영화를 통해서라도 한 번쯤은 접해보
았을 겁니다. '루이스 캐럴Lewis Carroll'이라는 필명으로 더 잘 알려

진 영국의 수학자이자 작가 찰스 도지슨Charles Lutwidge Dodgson이 쓴 이 책은 많은 사람이 어린이를 위한 동화로 알고 있지만, 실제로는 수백 페이지가 넘는 분량에 방대한 내용의 에피소드가 담긴 꽤 어려운 이야기책입니다.

이 책의 속편 격인《거울나라의 앨리스Through the Looking Glass and What Alice Found There》역시 큰 인기를 끌었는데, 이 책에는 독특한 캐릭터가 등장합니다. 바로 '붉은 여왕Red Queen'인데, 소설 속에서 붉은 여왕은 끊임없이 제자리에서 뛰고 있습니다. 그 모습을 이상하게 여긴 앨리스가 '왜 항상 뛰고 있는지?'라고 물어보자 그녀는 이렇게 대답을 합니다.

"제자리에 있고 싶으면 무조건 죽어라 뛰어야 한다!"

알고 보니 이유가 있었습니다. 소설 속 붉은 여왕이 다스리는 나라는 어찌 된 영문인지 무언가가 움직이면 주변의 다른 세상도 그와 같은 방향으로 함께 움직였습니다. 즉 제자리에서 조금이라도 꿈틀거리면 세상이 움직여 버려 오히려 뒤로 처지게 되고, (붉은 여왕처럼) 세상과 비슷한 속도로 달려야 제자리에 있을 수 있고, 미친 듯이 달려야만 그나마 한 걸음이라도 앞으로 갈 수 있었습니다.

그런데 이 붉은 여왕의 사례에 대해 일반인과 달리 지나치게 (?) 진지하게 접근한 사람이 있었습니다. 미국의 저명한 생물학자이자 시카고대학University of Chicago에서 학생들을 가르치던 레이 반발렌Leigh van valen 교수였습니다. 그는 자신의 연구 분야를 일반인들에게 보다 쉽게 설명하기 위한 방편의 하나로 자신이 연구하던 학설에 '붉은 여왕 효과Red Queen Effect'라는 이름을 붙였습니다.

한 생물집단이 진화하면 그와 관련된 다른 생물집단도 진화하는데, 이는 한 생물의 진화가 그 자신과 연관된 다른 생물에 대해 자연 선택의 요소로 작용해 진화를 촉발하기 때문이었습니다. 일례를 들자면 산업화와 도시화가 심해지면서 초원이 황폐해졌고, 먹을 만한 풀을 구하기 힘들어진 영양들이 먼 곳에 있는 풀밭이나 산기슭에 있는 풀들을 먹기 위해 더 빨라지고 강인한 다리 힘을 갖게 되자 그들을 잡아먹고 사는 치타 등의 맹수들도 더욱더 빨리 달리게 되었다는 것입니다. 이를 공식적인 학술용어로는 공진화共進化, Co-evolution라고 합니다.

그런데 한동안 생물학 분야에서 주로 언급되던 '붉은 여왕 효과'는 이후 군사학, 경제, 경영학 등에서 더 활발하게 사용하게 되었습니다. 한창 전 세계가 군비경쟁을 벌이던 시기, 무기나 병력에 대한 추가적인 예산 지출을 하지 않고 그냥 현상 유지만 해도 군사력 순위가 몇 단계씩 뚝뚝 떨어지는 일들을 겪은 각국은 경쟁적으로 국방에 대한 투자를 퍼부었습니다. 소련이 수천억 원을 들여 새로운 장거리 미사일을 만들어내면, 미국이 다시 조 단위로 투자해서 대륙간 탄도 미사일을 만들어냈습니다. 군사적 대치 상태에 있던 파키스탄에서 소규모 핵실험을 하면, 인도는 그

몇 배가 되는 규모의 핵실험을 했습니다. 이러한 과정을 누가 주도한 것은 아니지만, 이를 통해 전 세계적인 군사력 증강, 군사기술의 발전이 이뤄졌는데, 이에 대해 설명하는 과정에서 사용되었던 개념 역시 '붉은 여왕 효과'였습니다.

그러나 이 '붉은 여황 효과'가 가장 활발하게 관찰되는 분야는 뭐니 뭐니 해도 기업 경영의 현장입니다. 치열한 경쟁 속에서 서로 승리하기 위해 기업은 늘 새로운 제품, 새로운 서비스, 새로운 마케팅 전략을 시도하므로 어떠한 기업이 현재의 성과에 만족하고 현상 유지만을 시도하기로 했다면 결국에는 시간이 지날수록 다른 경쟁자에 비해 뒤떨어지게 됩니다.

따라서 어떠한 기업이 새로운 시도를 통해 한발 앞서가면, 다른 경쟁자들도 누가 뭐라 말하지 않더라도 자연스럽게 그보다 더 빨리, 더 좋게 변화하려고 시도하게 됩니다. 그에 따라 업계가 전반적으로 더 나은 모습으로 진화하는 붉은 여왕 효과가 일어나는 것입니다.

그러한 붉은 여왕 효과는 와인 업계에서도 마주치게 되었습니다. 오랜 역사와 전통에 만족해 현실에 안주하고 현상을 유지하는 전략을 구사하던 와이너리들이 새롭게 등장한 신흥 경쟁자에게 밀려 도태되는 일이 빈번하게 일어나고 있습니다. 때문에 한 와이너리가 새로운 기법을 선보이면 다른 와이너리들까지 덩달아 그를 따라 하고, 또 다른 와이너리가 색다른 무언가를 도입하면 다른 와이너리도 마음이 급해지는 일들이 계속되고 있습니다.

그런 상황 속에서 오랜 역사와 전통을 가진 와이너리임에도 새로운 와이너리보다도 더 참신한 변화를 지속하며 세상의 변화 속도보다 더 빠르게 달려나가는 와이너리가 있습니다. '소비뇽 블랑의 고향'이라고 불리는 루아르 계곡^{Valle de la Loire}에 자리 잡은 유서 깊은 베르티에 와이너리^{Vignobles Berthier}가 바로 그 주인공입니다.

형제는 용감했다,
그리고 유능했다

사실 베르티에 와이너리는 역사가 깊으면서도 그다지 길지 않은 와이너리입니다. 이게 무슨 이야기일까요? 자초지종은 다음과 같습니다.

베르티에 가문은 중부 루아르 지방에서 수 세대에 걸쳐 살아온 유서 깊은 가문입니다. 최소한 다섯 세대 혹은 그 이전부터 이곳에 터를 잡고 농사를 지어온 이들이었습니다. 그러나 본격적으로 와인 생산에 나선 것은 1980년대 초반, 후손 중 한 사람이었던 장 마리 베르티에^{Jean-Marie Berthier}가 루아르 계곡의 상세르^{Sancerre} 마을에 도멘 데 클레르노^{Domaine des Clairneaux} 포도밭을 일구면서부터였습니다. 물론, 그 이전에도 포도를 수확하고 와인을 양조했다

▲ 비그노블 베르티에 포도밭

는 기록이 남아 있지만, 제대로 체계를 갖추고 한 것은 아니었던 듯합니다.

약 20여 년간 장 마리는 헌신적으로 포도밭을 일구고 정성껏 와인을 만들어왔지만 크게 발전하지는 못했습니다. 열심히 달리기는 했지만, 전체 프랑스 와인 시장, 전 세계의 와인 생산자들 역시 열심히 달리고 있었기에 티가 나지 않았던 것이지요. 전형적으로 《이상한 나라의 앨리스》 속 붉은 여왕 같은 모습이었습니다. 그랬던 베르티에가 제자리걸음에서 벗어나 앞서 나가기 시작한 것은 세계 여행을 하던 장 마리의 두 아들이 프랑스로 귀국해 와이너리 운영에 참여하면서부터였습니다.

형제 중 동생 플로리언Florian Berthier은 어려서부터 섬세한 감각과 세심한 손길로 유명했습니다. 다년간에 걸쳐 부르고뉴에서 와인 만드는 일을 배우며 다루기 힘든 피노 누아 포도로 다채로운 맛과 향을 뽑아내는 훈련을 받았습니다. 어느 정도 시간이 흘러 책임자급이 된 그는 '이제 배울 만큼 배웠으니 곧 집으로 돌아오겠지'라는 가족들의 예상과 달리 뉴질랜드로 넘어가 신흥 와이너리에서 생산을 총괄하는 역할을 맡았습니다. 부르고뉴와는 또 다른 환경에서 전혀 다른 품종들의 포도를 가지고 훌륭한 여러 종류의 와인을 만들어낸 그는 몇 해가 지나 비로소 고향 루아르 계곡으로 돌아왔습니다. 유럽과 신대륙 와인을 대표하는 두 지역에서 탄탄한 기본기를 쌓은 덕분에 플로리언은 고향 마을의 포도를 가지고 다채로운 와인들을 만들어낼 수 있었습니다.

형인 클레멘트Clément Berthier는 더 색다른 이력의 소유자였습니다. 더 큰 세상을 보고 싶다며 고향을 떠나 미국 여행길에 올랐다가 오레곤주에 정착하여 한 와인 매장의 총책임자로 일했습니다. 매장 주인은 프랑스, 그것도 주요 와인 산지 중 한 곳에서 온 본토박이 프랑스인을 고용하면 매장 분위기도 살고, 판매에도 도움이 되겠다 싶어 그를 잠시 채용한 것이었습니다. 하지만 매장 주인의 생각보다(?) 클레멘트는 무척이나 일을 잘했습니다. 기존의 와인 리스트를 새롭게 정리하여 지역민들의 취향과 구미에 맞는 것으로 싹 정비했고, 보관 및 진열방식도 와인별로 특성에 맞춰 새롭게 바꿨습니다. 덕분에 그 매장은 인근 지역에서 가장 잘나가는 와인 매장으로 성장할 수 있었습니다.

쩨 오랜 기간 성공적으로 매장 매니저로 일해오며 구매와 진열, 물류와 재고관리 등을 익힌 그는 역시 동생과 마찬가지로 고향으로 돌아와 베르티에 와이너리의 마케팅과 영업, 구매 물류 등을 책임지게 되었습니다.

두 형제가 합류해 형이 영업, 동생이 생산을 맡으면서 와이너리 운영의 체계가 잡히기 시작했습니다. 그리고 탁월한 품질의 와인과 이전에 비해 대폭 늘어난 생산량으로 입증되었습니다.

매도 먼저 맞는 게 낫다,
변화는 더욱 그렇다

두 형제의 역할 분담과 협업이 빛을 발한 것은 와이너리의 개선과 미래 준비 부분이었습니다. 형제는 힘들게 이뤄낸 와이너리의 정상화 정도에 만족하지 않았습니다. 그들에게는 보다 원대한 꿈이 있었습니다. 합류한 지 불과 몇 년 만에 베르티에는 훌륭한 와이너리로 성장했지만, 그들은 거기서 만족하면 어느 순간 뒤처져 버린다는 것을 이미 잘 알고 있었습니다.

그들이 처음으로 착수한 것은 '조상이 물려준 땅'에 대한 감사

인생 와인

와 보답이었습니다. 동생 플로리언은 뉴질랜드에서의 경험을 통해 땅의 힘이 없으면 어떠한 방법을 동원해도 좋은 포도를 얻을 수 없으며, 반대로 땅이 튼튼하면 웬만한 병해충에도 포도를 든든하게 지켜준다는 것을 알고 있었습니다. 형과 상의하여 제초제와 화학 비료를 사용하지 않고 농사를 짓기로 했습니다. 당장 그들의 포도밭에서 일하는 고참급 농부들 사이에서 '그래서는 가을에 제대로 된 포도송이를 구경하기 힘들지도 모른다'는 염려의 말들이 돌았지만 플로리언의 생각은 흔들림이 없었습니다.

두 번째는 자연 야생효모Wild Yeast를 사용한 발효였습니다. 자연 야생효모라고는 하지만 산속이나 들판에 존재하는 것은 아니고 포도밭 곳곳, 양조장 구석구석, 심지어 포도열매 자체에 존재하는 것이 자연 야생효모입니다. 실은 1970년대, 심지어 지역에 따라서는 1980년대 중반까지도 이러한 야생효모로 와인을 만들었습니다.

야생효모 발효의 장점은 와인 고유의 풍미를 잘 살릴 수 있다는 점과 자연스러운 맛과 향을 얻을 수 있다는 점이었습니다. 그러나 야생효모에 의존한 발효는 일종의 도박이었습니다. 만들어지는 와인의 알코올 도수를 통제하기 힘들었고, 발효 기간과 정도를 예측하기도 어려웠습니다. 결국 1980년대부터는 인공효모Cultured Yeast를 사용한 발효가 대세가 되었습니다. 베르티에 와이너리도 인공효모를 사용했고요. 형제는 이를 다시 자연 야생효모 사용으로 바꾸려고 한 것이었습니다.

이번에는 양조장에서 근무하는 와인 제조기술자들이 반발했습니다. '또다시 예측 불가능한 도박과도 같은 시대로 되돌아가려고 하느냐'며 따졌습니다. 그러나 이번에도 플로리언의 생각에는 변함이 없었습니다. 앞으로 점점 자연친화적인 와인 제조가 각광받을 텐데, 그 물결에 지금부터 준비하지 않으면 때를 놓치고 말 것이라고 생각했습니다. 다행히 형인 클레멘트가 그의 든든한 지원군이 되어 주었습니다.

자연 야생효모로 발효시킨 와인은 정제 및 여과 공정을 거치지 않은 순수한 와인의 형태로 오크 배럴에 집어넣고 말로락틱 발효Malolactic Fermentation 공정을 거치도록 했습니다. 그를 통해 일명 사과산이라고 불리는 말산Malic Acid의 강한 산미가 젖산Lactic Acid의 부드러운 산미로 바뀌도록 하였습니다. 이후 추가로 오크통에서 12개월간 더 숙성을 시켜 과일 향과 향신료의 향, 거기에 건강한 흙내음이 골고루 뒤섞인 풍요롭고 복합적인 향을 지닌 와인을 만들어 냈습니다.

그들이 만들어낸 와인은 시장의 열렬한 반응을 이끌어냈습니다. 제자리걸음을 하기에 급급했던 베르티에 와이너리는 '붉은 여왕 효과'를 완벽하게 극복하고, 이제 루아르 지역은 물론이거니와 프랑스 와인 산업을 이끌어가는 스타 와이너리로 앞장서 나아가고 있습니다.

인생 와인

흔히 세상의 변화를 은유적으로 일컬어 '쓰나미津波'라고 합니다. 변화가 몰려오는 모습과 그 속도가 마치 해안에서 밀려오는 쓰나미처럼 거대한 공포를 빗대서 표현한 말이겠지요. 그러나 그를 맞이하는 방법에 따른 충격 역시 '변화'와 '쓰나미'는 너무나 흡사합니다. 해안가에 서 있다가 쓰나미가 보이면 도망가 봐야 늦습니다. 근처에 운 좋게 높은 피신처가 있으면 모르겠지만, 파도가 몰려드는 속도를 우리의 걸음이 이겨낼 수 없기 때문입니다. 그런데 정작 먼 바다로 나가면 사정은 달라집니다. 혹은 아예 바닷물 속으로 들어가면 쓰나미는 더 이상 공포스러운 존재가 아니죠.

변화 역시 마찬가지가 아닐까 합니다. 제자리에 가만히 있다가 저만치서 몰려오는 세상의 변화를 맞이하는 것은 쓰나미보다도 더한 공포 그 자체입니다. 피할 수도 없습니다. 가만히 있다 그냥 휩쓸려 버리든지 수동적으로나마 적응하는 척이라도 하는 수밖에 없습니다. 그러나 조금 먼저 변화의 물결에 동참하거나, 미리 미래를 예측하고 변화를 주도하는 위치에 서면 변화는 공포가 아닌 기회가 됩니다. 또한 변화의 방향을 자신에게 유리한 쪽으로 돌려놓을 수도 있습니다. 매도 먼저 맞는 게 낫다는 속담이 있습니다. 이왕 할 거면 진짜 먼저 해 버리면 좋은 것이 있으니, 그것은 바로 변화입니다.

오늘도 세상의 변화에 동참하느라, 혹은 따라가기에 급급해서 또 일부이지만 그 변화를 이끌어가느라 바쁘셨을 분들께 이런 이야기를 드리기는 참 죄송스럽습니다. 하지만 세상의 변화는 필연적인 일이고, 그에 맞춰 자신을 변화시키는 일은 당연히 해야 할 일이며, 조금이라도 더 잘살기 위해서는 그러한 변화의 맨 앞에 서서 미리 예측하거나, 할 수만 있다면 변화를 이끌어나가야 합니다. 그런 삶이 가끔 무의미하게 느껴지고, 포기해 버릴까 느껴진다면 베르티에 형제가 만든 와인 한 잔을 마시며 생각을 다시 바꿔보는 것은 어떨까요?

'그래, 이왕이면 무엇이든 선봉에 서서 이끌어보자!'

◆ 상세르 블랑 '레샤세느'(Sancerre Blanc 'Les Chasseignes')

와이너리(Viña)	비뇨블 베르티에(Vignobles Berthier)
포도 품종(Uva)	소비뇽 블랑(Sauvignon Blanc) 100%
생산지역(Región)	프랑스(France), 루아르(Loire)
와인 스타일 (Estilo de Vino)	옅은 황금빛 색조를 띠며 천도복숭아, 살구, 배 같은 과일이 뒤섞인 듯한 풍부하고 복잡한 아로마로, 첫맛은 부드러우나 그다음에는 꽤 신선한 맛이 이어지며 매우 세련되고 상큼한 경험을 선사한다. 최상급의 상세르 화이트 와인이다.
등급(Grado)	AOC
도수(Contenido Alcohólico)	12.5%
어울리는 음식(Maridaje)	연어나 푸아그라, 염소 치즈 등과 잘 어울리며 생선 요리

◆ 상세르 루즈 '레크로아 르노'(Sancerre Rouge 'La Croix Renaud')

와이너리(Viña)	비뇨블 베르티에
포도 품종(Uva)	피노 누아(Pinot Noir) 100%
생산지역(Región)	프랑스, 루아르
와인 스타일 (Estilo de Vino)	밝은 루비색을 띠는 와인으로 베리류의 과일 향과 섞인 미네랄 풍미, 블랙체리, 블랙베리, 흙내음, 약간의 향신료 향 등이 조화롭게 표현된다. 오픈 후 이틀이 지나도 여전히 세련된 과실 풍미와 복합미를 보여주는 와인이다.
등급(Grado)	AOC
도수(Contenido Alcohólico)	12.5%
어울리는 음식(Maridaje)	다양한 음식에 두루 잘 어울리는 듯하나, 와이너리에서는 와인 그 자체만을 음미하는 것이 좋다고 권하고 있다.